国家社科基金
后期资助项目

柯林武德史学理论研究

The Research on R.G.Collingwood's
Historical Theory

张作成 ◎ 著

国家社科基金后期资助项目
出版说明

　　后期资助项目是国家社科基金设立的一类重要项目，旨在鼓励广大社科研究者潜心治学，支持基础研究多出优秀成果。它是经过严格评审，从接近完成的科研成果中遴选立项的。为扩大后期资助项目的影响，更好地推动学术发展，促进成果转化，全国哲学社会科学规划办公室按照"统一设计、统一标识、统一版式、形成系列"的总体要求，组织出版国家社科基金后期资助项目成果。

全国哲学社会科学规划办公室

目　录

前　言 … 1
第一章　时代背景与学术语境 … 1
　　第一节　时代背景与个人经历 … 1
　　第二节　兰克史学形成与影响 … 5
　　第三节　批判实证主义的传统 … 13
　　第四节　西方哲学传统的反常 … 27
第二章　问答逻辑 … 37
　　第一节　牛津格林学派与实在论者之争 … 37
　　第二节　历史是一个连续的过程 … 42
　　第三节　"活着的过去" … 51
　　第四节　问答逻辑 … 56
第三章　一切历史都是思想史 … 69
　　第一节　牛津与剑桥历史学派 … 69
　　第二节　真切内涵：物质与思想 … 74
　　第三节　理论立场：理性与情感 … 90
　　第四节　历史视角：个人与社会 … 109
第四章　历史思想的重演 … 119
　　第一节　重演思想的学术来源 … 119
　　第二节　重演思想的前提条件 … 125
　　第三节　重演思想的对象 … 134
　　第四节　重演思想的内涵 … 143
第五章　思想遗产 … 158
　　第一节　历史知识性质"同异"之争与批判的历史哲学 … 158
　　第二节　理论意义：超越时空的对话的延续 … 172

第三节　历史解释模式"同异"之争与分析的历史哲学 ……… 178
　　第四节　效用评价：史学理论界的多元反响 …………………… 186
第六章　后现代主义视域下的柯林武德 …………………………… 191
　　第一节　历史哲学：思辨、分析及后现代转向 ………………… 191
　　第二节　历史认识的可能性与后现代主义历史哲学 …………… 196
　　第三节　历史认识的客观性与价值判断问题 …………………… 206
　　第四节　中国学界史学理论研究中的回响 ……………………… 214
结语　在一个复杂世界中保持对理性的追寻 ……………………… 220
参考文献 ……………………………………………………………… 227
后　记 ………………………………………………………………… 239

前　言

一、选题依据与价值

与改革开放带来的国家振兴相伴随的，是历史学研究的全面发展。史学理论方法论研究的深入是其重要表现。中国史学理论研究在改革开放以后，经历了一段重要发展历程。① 柯林武德，是这个发展过程中的重要学者之一。有的学者在总结改革开放三十年来中国学术界状况，列举影响中国学术界的人物中就有柯林武德。"对于'谁在影响中国心智？'这一问题，我们已经有了一个清晰的答案。除了马恩毛邓，就是德（亚里士多德、康德、萨义德、庞德、赫尔德、柯林武德）、尔（海德格尔、卡西尔、黑格尔、托克维尔、韦伯［尔］、贝尔、波斯纳［尔］）、克（哈耶克、洛克、诺奇克、克拉克、布莱克、拉塞克）、斯（诺斯、科斯、霍布斯、罗尔斯、哈贝马斯、吉登斯）。这就是三十年中国人文社会科学发展为当代奠定的阅读和研究语境，是我们思考和回答'中国问题'的起点和归宿。"②

罗宾·乔治·柯林武德③是英国历史学家、哲学家、考古学家和业余画家。他"有着不平凡的双重职业轨迹：既是牛津大学出身的哲学家，又是谙熟罗马不列颠研究的实践考古学家。这样的'研究'经验加强了柯林武德的哲学著作在历史学家中的声誉，因而使他的影响超

---

① 有关中国史学理论研究自1978年改革开放至2008年这30年间发展历程的总结回顾，参见于沛：《中国史学理论研究三十年：1978—2008》，《社会科学战线》2008年第2期，第25—31页；中国社会科学院世界历史研究所主办的《史学理论研究》杂志，连续在2008年第2—4期刊登三组以"中国史学理论研究30年"为主题的圆桌会议文章。

② 凌斌：《走向开放的中国心智》，《读书》2009年第1期，第7—8页。

③ 全名是 Robin George Collingwood，生于1889年，卒于1943年。

出一小部分对历史学感兴趣的哲学家范围"①。但柯林武德学术生涯中的一个奇怪现象是：他生前的学术研究不被学术界的同行重视，但在他去世后却被诸多英国以外的同行给予颇高评价。他生前的学术研究不为人知的表现是："1943 年柯林武德逝世时，《纽约时报》刊登的讣告，仅提到他收集了七千个碑铭，并且说他'对罗马不列颠时期日常生活的了解，可能比任何其他研究权威都深入'。"② 殊不知，柯林武德本身就是一位知名的罗马不列颠史研究专家。他有影响的著作《历史的观念》是在他逝世后诺克斯根据他的演讲和手稿编辑出版的。1946 年这本著作面世后，英国、美国、荷兰等国学术界，开始关注与研究柯林武德思想。他的历史哲学③，就是研究者关注的一个重要方面。他在哲学、美学、考古学、政治哲学、宗教哲学和历史哲学等方面，都有深入研究。

研究柯林武德史学理论的学者，始终很关注一切历史都是思想史这个命题。随着柯林武德手稿资料的发现与部分出版，一些学者研究历史重演思想，并将它看作柯林武德史学理论的核心。近年来，国外柯林武德研究的趋向是，学者们根据已经出版的著作和可以查阅的手稿资料，阐述历史重演思想的内涵，并评价它在柯林武德史学理论中的地位和在学术界的影响。国内学者研究柯林武德史学理论，重点是根据《历史的观念》解释和评价一切历史都是思想史这个命题。国内学者对柯林武德的历史重演思想，未曾进行深入研究。本书研究选题具有下述三方面价值。

一、在国内外已有研究成果基础上，做一些深入研究工作。1946 年后，国外学者开始关注柯林武德思想研究，在哲学、美学、政治学等领域都取得丰硕成果。本书将研究视角限定在柯林武德史学理论上。在这个方面，研究者们众说纷纭、莫衷一是。国外研究者给柯林武德作出众多定位，如唯心主义者、相对主义者、怀疑主义者等。学者们对柯林武德的每一种定位，都能在他的著作中找到佐证，而且往往会有"一仆多

---

① Mark Day, *The Philosophy of History: An Introduction*, London: Continuum, 2008, p. 121.

② David Boucher, *The Social and Political Thought of R. G. Collingwood*, Cambridge: Cambridge University Press, 1989, p. 3.

③ 根据行文语境，笔者交替使用"历史哲学"、"史学理论"两个术语，都指在认识论层面对历史学进行的知识论探讨。这是因为柯林武德使用"历史哲学"这一术语即为这种涵义，并没有改革开放后中国学界赋予这个术语的本体论涵义。

主"的情况。这会产生理解与评价上的困难。例如，柯林武德在1936年的一份手稿中所写的一段文字，经常被柯林武德思想的研究者引用，并据此对他作出上述诸种评价。①

造成这种局面的原因是，英美学界研究者主要是哲学家，他们在研究柯林武德过程中主要寻求哲学的学科定位，不注重柯林武德史学理论研究，也不认为它是一个完整的理论体系，只选取其理论体系中相关问题进行"点对点"的研究。艾伦·多纳根1962年出版的《后期柯林武德哲学研究》② 一定程度上改变了这一现状，全面地评述了后期柯林武德研究的各个论题：情感与意识，概念与命题，问答逻辑，艺术哲学，科学历史学和历史哲学等。比较而言，杜森1981年出版的《作为一门科学的历史学：柯林武德哲学研究》③ 更为关注柯林武德历史哲学研究，资料更为厚实，但这部百科全书式的著作没有连贯的体系，更像一份柯林武德研究动态报告。威廉·德雷1995年出版的《作为重演的历史学：柯林武德历史观念研究》④ 以历史重演思想为研究中心构建了柯林武德的历史观念体系。对柯林武德的这种融贯论解释，些许改变了学界占主导的碎片化研究方式。

就柯林武德史学理论来说，本书研究遵循这样的思路：在考察其所处时代背景与学术语境前提下，以联系的眼光理解柯林武德对实证主义史学传统的批判、问答逻辑、一切历史都是思想史、历史思想的重演等学术论题之间的关系。按照柯林武德的理解，历史哲学是哲学的整体，是从历史的视角理解哲学，而哲学是以历史哲学来表现自身的。因此，他对问答逻辑、一切历史都是思想史和历史重演思想的解释，都是对他整个史学理论体系的说明。柯林武德提出上述命题所面临的学术语境，

---

① 这段文字内容是："圣·奥古斯丁从一个早期基督徒的角度，考虑罗马史；提累蒙特从一个17世纪法国人的角度，思考罗马史；吉本从一个18世纪英国人的角度，研究罗马史；蒙森从一个19世纪德国人的角度，钻研罗马史。问哪一个人的观点是正确的，是没有意义的。每个观点都是提出那个观点的人所接受的唯一可能选择。" R. G. Collingwood, *The Idea of History*, edited with an introduction by Jan Van Der Dussen, Oxford: Oxford University Press, 1994, p. xxii. 本书以后所引用的英文版《历史的观念》，如不特别注明，都指杜森在1994年重新修订的版本。

② Alan Donagan, *The Later Philosophy of R. G. Collingwood*, Oxford: Clarendon Press, 1962.

③ W. J. Van Der Dussen, *History as a Science: The Philosophy of R. G. Collingwood*, The Hague: Martinus Nijhoff Publishers, 1981. 此书2012年由斯普林格出版社重新发行。

④ William H. Dray, *History as Re-enactment: R. G. Collingwood's Idea of History*, Oxford: Clarendon Press, 1995.

是以兰克史学为代表的实证主义史学传统。①

二、就目前国内学术界的研究来看，很少有学者专门研究柯林武德史学理论。国内研究状况相对冷淡，并不表明这个研究课题没有研究价值。实际上，与国外学术界相比，国内的柯林武德研究还需在以下两个方面深入开展下去：首先，就研究材料的利用来看，国内学者研究柯林武德史学理论所依据的主要是《历史的观念》，而对《自传》和《史学原理》以及一些可以得到的手稿资料关注不够。按照"时代不同，解释不同；材料不同，解释不同"的观点来看，国内学者利用的研究资料不够充分，也是限制柯林武德研究深入的一个瓶颈。其次，就研究成果的深度来看，国内学者认识到柯林武德思想的价值，但对其作出唯心主义评价之后，就不再深入挖掘这些价值究竟体现在哪里。与国内学者相似的是，国外大多数学者也认同柯林武德是唯心主义者这个评价。但在柯林武德史学理论价值的研究上，国外学界要比国内深入得多。

三、研究柯林武德这位20世纪西方历史哲学代表人物，有利于深化我们对西方历史哲学发展脉络的认识。柯林武德所处时代的历史哲学，发生了从思辨的历史哲学到分析的或批判的历史哲学的第一次范式转型。思辨的历史哲学探讨整个历史进程，试图解释其规律和发展方向。而分析的或批判的历史哲学主要研究历史认识论领域的问题，注重阐释历史

---

① 有关实证主义史学和兰克史学的关系，及兰克史学定性与评价问题在学界是有争议的。易兰在《兰克史学研究》中通过比较客观主义与实证主义，认为兰克史学不同于实证主义史学，是客观主义的。在《历史的观念》中，柯林武德对实证主义史学提出了两个界定标准：一、奉行"事实+规律"的模式，但由于未能收集到概括规律所要求的事实规模，只是将研究工作限于收集和考订事实。按照这个标准，兰克及其追随者和孔德模式的信奉者，都可以看作实证主义史学的代表。这是因为（一）兰克虽然精于史料考证，但这背后有其神意观念（如实地再现每一个国家的历史，以此来证明上帝的存在）为指导。但其追随者所能直接继承的只是治史过程中对史料的考证这一点。这也是兰克在他的专题研讨班上非常强调的。实证哲学的创立者孔德虽然确定了"事实+规律"的纲领，但是在发展过程中，其追随者都只是埋首于纲领的第一部分，而忘却了纲领的第二部分（在考证事实的基础上发现规律，以此来证明历史的统一性）。（二）无论兰克史学传统还是孔德史学传统，对于历史学的影响主要是史料考证这一点，而非发现上帝赋予历史的统一性，或发现历史中的规律。国内外学者对柯林武德提出的这一衡量标准，都有所关注和评价。但较少关注柯林武德在研究中所应用的另一条衡量实证主义史学的标准即：二、以自然科学思维方式理解历史学，以研究自然事实的态度对待历史事件。柯林武德按照这一标准，批评了狄尔泰、斯宾格勒和汤因比等人的历史思想中体现出来的实证主义倾向。柯林武德这个标准是否合理，我们姑且不论，但这确实是他在应用的。关于柯林武德所理解的实证主义史学的缺陷和对实证主义史学传统的系统分析这两个问题，参见朱本源：《历史学理论与方法》，北京，人民出版社，2007年，第429—460页。

学的学科性质、研究任务和研究方法等问题。柯林武德在其论文、演讲和著作中，阐明了对上述问题的观点。在20世纪70年代，西方历史哲学发生从分析的或批判的到后现代的第二次范式转型，柯林武德史学理论的相对主义倾向影响了海登·怀特等后现代主义者。但后现代主义者批判其理性主义倾向及其对历史知识合法性的辩护。

与历史哲学领域的重点转移相伴随的是，在历史学领域，以兰克史学为代表的传统史学受到挑战。美国著名史学史家格奥尔格·伊格尔斯在《欧洲史学新方向》和《二十世纪的历史学：从科学的客观性到后现代的挑战》中，都以兰克史学为范型的传统史学危机和遵循社会科学研究路线的新史学崛起为开端。历史学的这一转型在欧美各国一般发生在19世纪末20世纪初（德国例外，这一变化发生在20世纪60年代）。

传统史学危机使历史学这门学科的合法性遭到质疑。在新的时代背景下，新史学家和历史哲学家们，从研究方法、内容和理论方面，证明历史学的学科独立性。柯林武德是史学理论领域的辩护者，他要回答的一个重要问题是："历史知识是何以可能的？"柯林武德史学理论影响了"二战"后西方分析的或批判的历史哲学研究。在柯林武德之后，英美分析哲学家更多关注历史解释问题，如历史解释还是科学解释提供了历史学合法性保证问题，历史解释中是否存在价值判断等问题。柯林武德史学理论的支持者与卡尔·亨佩尔理论的追随者，围绕上述论题展开学术争论。这在推动西方历史哲学发展同时，也体现柯林武德史学理论的深远影响。

二、文献整理与批评

（一）英美学界的研究现状

1. 柯林武德著述的梳理与探讨

文本诠释法是研究思想家的基本方法之一。因而研究一个思想家的思想，我们首先需要系统梳理与评价体现其思想的有关文本。柯林武德史学理论方面的著述包括公开出版的著作、发表的论文与演讲、手稿三个部分。而公开出版的著作又分为其生前出版的著作和他去世后由他人编辑出版的著作两类。柯林武德的《历史的观念》由诺克斯编辑出版。《自然的观念》也是柯林武德死后由诺克斯编辑出版的。1994年，杜森重新编辑出版《历史的观念》。1999年，德雷和杜森在牛津大学出版社档案中发现的未完成的《史学原理》手稿和其他历史哲学手稿的基础上，编辑出版《史学原理及其他历史哲学著述》。柯林武德手稿是研究其思想的另一类重要文本资料。

我们首先回顾研究者对《历史的观念》的评价。这指的是诺克斯编辑的版本。莫里斯·曼德尔鲍姆认为"柯林武德对历史观念的解读，是令人兴奋的，在很大程度上也是极其有益的"，但其缺点是，过分强调哲学家的作用，忽视了对普通历史学家的分析。① 查尔斯·比尔德认为尽管这本著作主要根据柯林武德教授1936年的演讲，不是对史学史的系统论述，但在1943年柯林武德逝世之前，它已经是成熟和完美的了。② 亚瑟·墨菲指出，《历史的观念》易读、有启发意义、在思想上吸引人。但它也是一部不能令人满意的著作，因为它是柯林武德死后由他人编辑整理后出版的。这就不能很好地体现柯林武德的思想变化，并使其中的叙述协调一致。③ 迈克尔·奥克肖特指出："尽管《历史的观念》没有完成、不连贯，但它足以表明柯林武德没有被疾病和早亡阻挠，他为历史知识所做的贡献就像康德为自然科学知识所做的贡献那样伟大。"④ 上述学者对《历史的观念》的评价是积极、肯定的，但也指出其中的缺憾。

迈克尔·本特利肯定《史学原理及其他历史哲学著述》一书的两位编者德雷和杜森工作的价值。编者为该书所写的导言指出，诺克斯不仅改动了《历史的观念》中所使用的手稿，而且作出一系列关于出版柯林武德手稿问题的决定，这严重妨碍阐明柯林武德思想和准确理解其思想的酝酿与发展过程。诺克斯只是部分利用埋没于牛津大学出版社档案中的《史学原理》手稿，而这本来是柯林武德打算独立成书的一部分。德雷和杜森高度重视这部分手稿是有其价值的。⑤

---

① Maurice Mandelbaum, "Review: *The Idea of History* by R. G. Collingwood", *The Journal of Philosophy*, Vol. 44, No. 7. (Mar. 27, 1947), pp. 184 – 185.

② Charles A. Beard, "Review: *The Idea of History* by R. G. Collingwood", *The American Historical Review*, Vol. 52, No. 4. (Jul., 1947), p. 704.

③ Arthur E. Murphy, "Review: *The Idea of History* by R. G. Collingwood", *The Philosophical Review*, Vol. 56, No. 5. (Sep., 1947), p. 587.

④ Michael Oakeshott, "Review: *The Idea of History* by R. G. Collingwood", *The English Historical Review*, Vol. 62, No. 242. (Jan., 1947), p. 84.

⑤ Michael Bentley, "Review: *The Principles of History and Other Writings in Philosophy of History* by W. H. Dray; W. J. van der Dussen; R. G. Collingwood", *The English Historical Review*, Vol. 116, No. 465. (Feb., 2001), p. 153.

研究者阐述柯林武德思想主要依据《历史的观念》，往往忽视同样具有启发价值的《自传》。斯拜勒认为《自传》清楚地体现了柯林武德的立场，它的哲学意义在于它评价了英国哲学中实在论运动的整个发展过程，兴起、盛行、衰落。尽管他对实在论的评价并非完全令人满意，但他确实看到实在论的一些缺点。① 霍华德·翰内指出柯林武德厌烦象牙塔式哲学和历史学，严厉批评主张道德哲学对道德行动毫无影响的实在论原则。他声称自己致力于理论与实践的结合。在改变现实方面，柯林武德敬仰致力于解决实际问题的、战斗的哲学家马克思。② 玛莎姆认为《自传》描绘了柯林武德反叛者的形象，他一反其所受的学校教育和牛津大学导师职责，试图建立自己关于哲学和历史学方法的新观念。《自传》的主要内容是理论与实践的相互影响。③ 缪尔海德指出，《自传》记录了柯林武德对当时影响英国思想的两个主要哲学运动的回应；也描述了柯林武德自己的三个不同侧面——割裂理论与实践主张的怀疑者，职业思想家，渴望"无套裤汉哲学"的实践者。④ 这些书评作者概述了《自传》表达的柯林武德思想主张，评价了其在英国思想史上的地位。

柯林武德手稿分未刊手稿和"遗失"手稿两部分。⑤ 关于未刊手稿，柯林武德妻子凯特⑥于 1978 年、1980 年先后两次，将柯林武德大量未刊手稿交给牛津大学图书馆保存。从 1978 年 3 月以来，学者们可以参考牛津大学图书馆保存的柯林武德手稿，但要引用这些手稿，需征得

---

① S. P. L., "Review: *An Autobiography* by R. G. Collingwood", *The Journal of Philosophy*, Vol. 36, No. 26. (Dec. 21, 1939), pp. 717 – 718.

② Howard Hannay, "Review: *An Autobiography* by R. G. Collingwood", *Ethics*, Vol. 51, No. 3. (Apr., 1941), pp. 369 – 370.

③ F. G. Marcham, "Review: *An Autobiography*. by R. G. Collingwood", *The Philosophical Review*, Vol. 50, No. 5. (Sep., 1941), p. 546.

④ J. H. Muirhead, "Review: *An Autobiography* by R. G. Collingwood", *Philosophy*, Vol. 15, No. 57. (Jan., 1940), pp. 89 – 91.

⑤ 关于柯林武德手稿的情况，是笔者根据以下论文和书籍中所述整理而成的。W. J. Van der Dussen, "Collingwood's Unpublished Manuscripts", *History and Theory*, Vol. 18, No. 3. (Oct., 1979), pp. 287 – 315; W. J. Van Der Dussen, "Collingwood's 'Lost' Manuscript of *The Principles of History*", *History and Theory*, 36 (1997), pp. 32 – 62; R. G. Collingwood, *The Principles of History and Other Writings in Philosophy of History*, Edited with an Introduction by W. H. Dray and W. J. Van Der Dussen, Oxford: Oxford University Press, 1999.

⑥ 全名 Kate. F. Collingwood。

柯林武德夫人凯特的同意,因为她拥有这些手稿的所有权。出版和影印手稿,都是不允许的。因为这是柯林武德自己的意愿,他明确表示反对出版他的未刊手稿。在这些手稿中,有约2700页是讨论各种哲学主题的,其余是有关历史学和考古学主题的。这些主题包括认识论、形而上学、经济学、政治学、艺术和历史。这些手稿对于认识柯林武德的史学理论有很大价值。这体现在两个方面:一、关于已经有大量论述的柯林武德思想发展历程问题,这些未刊手稿提供了新材料。二、这些未刊手稿也提供了柯林武德以前不为人所知的思想证据。其中之一是1936年手稿《人类变疯狂》("Man Goes Mad"),清楚表明他对古代及当代社会与政治发展的关注,是真诚的而不是偶尔怪想。这些未刊手稿并非一个连贯一致的整体,也不是对一个体系的系统阐述。但它们生动体现了柯林武德钻研某些问题时的想法。柯林武德写下来的演讲,那些1926年和1928年有关历史哲学的演讲自身是完整的。柯林武德的"遗失"手稿是指他没有完成的《史学原理》。他原来计划将《历史的观念》和《史学原理》作为姊妹书出版。但《史学原理》只完成了三分之一。

2. 一切历史都是思想史

一切历史都是思想史是柯林武德提出的著名论题,也是学者们研究他的史学理论时,发生争议的重要原因之一。研究者根据自己对这一命题的不同解读,对柯林武德的评价也是褒贬不一,既有批评者,也有辩护者。从总体来看,批评意见占主导地位。

(1)片面强调理性自觉,忽略人类行为的非理性方面。汤因比指出,柯林武德看作历史学对象的反思行为,相当于我们有目的地作出的行动。他所谓有目的地作出的行动,除了反思行为外,还包括其他种类的行动,如冲动行为和意志行为。这些冲动行为和意志行为在现实生活中比他强调的反思行为影响更大。① 柴尔德认为:"除了柯林武德看作历史知识唯一对象的思想之外,事件还有其他内在方面:除了思想,还有感觉或感情。"② 哈特更进一步表明:"我意并不在于表明柯林武德有意忽略了人性和历史中的非理性方面。他并没如此。但他明确讨论这些因

---

① A. J. Toynbee, "R. G. Collingwood's View of the Historian's Relation to the Objects that he Studies", in *A Study of History*, Vol. 9, Oxford: Oxford University Press, 1954, pp. 720-721.
② A. Child, "History as imitation", *The Philosophical Quarterly* 2 (1952), p. 200.

素时，否定了这些因素。他认为任何现实力量或任何力量，在位居王座的理性面前，都要退居次席。"① 上述研究者都认为柯林武德将历史学过分理性化，忽略甚至否定其中可能比这更重要的非理性方面。这种观点的支持者还有罗伯茨与加德纳。② 德雷根据《史学原理》手稿分析柯林武德对过分理性化的指责所作的回应是：扩大一切历史都是思想史这个命题的意义，打破思想与感情之间的藩篱，提出一切历史都是思想史也包含感情的历史。但德雷认为这使柯林武德面临一个困境，因为感情能否像思想那样被重演，是值得怀疑的。③

（2）只适用于政治、哲学等意识形态方面的历史，不适用于社会和经济史。鲍曼持这种观点。④ 与此相关，柯林武德因其对社会和自然环境作用的态度，被雷尼尔、罗伯茨与格兰特批评。⑤ 并非所有研究者都质疑柯林武德强调思想作用。沃尔什为柯林武德所作辩护是："说每个行动都有思想的方面，因此所有历史都可以从目的方面解读是一回事。说所有历史都是理性的，都可以从有目的地思考方面来解读，则是完全不同的另一回事了。"⑥ 这既维护了柯林武德对思想的强调，也为他开脱了将历史学过分理性化的指责。哈里斯认为："柯林武德并没有忽略任何方面。他不能忽略外在方面，因为那是他所要寻找的一切的证据。但唯独这个也并非历史知识的开始，只有当内在经验被认识与理解时，才能获得历史知识。"⑦路易斯·明克指出："怀疑柯林武德忽略自然事实，主要是个误解"，"他的观点很简单：只有在这些自然事实进入人类意识这个

---

① J. N. Harrt, "Metaphysics, History and Civilization: Collingwood's Account of their Interrelationships", *The Journal of Religion* 33 (1953), p. 209.

② T. A. Roberts, *History and Christian Apologetic*, London: Society for Promoting Christian Knowledge, 1960, p. 13.; P. Gardiner, *The Nature of Historical Explanation*, Oxford: Oxford University Press, 1952, p. 49.

③ William H. Dray, "Broadening the Historian's Subject-Matter in *The Principles of History*", *Collingwood Studies*, Vol. 4. (1998), p. 23.

④ B. Baumann, *Imaginative Participation: The Career of an Organizing Concept in a Multidisciplinary Context*, The Hague: Martinus. Nijhoff, 1975, p. 131.

⑤ G. J. Renier, *History: Its Purpose and Method*, London: George Allen & Unwin, 1950, p. 45; T. A. Roberts, *History and Christian Apologetic*, p. 13; C. K. Grant, "Collingwood's Theory of Historical Knowledge", *Renaissance and Modern Studies* 1 (1957), p. 69.

⑥ W. H. Walsh, "R. G. Collingwood's Philosophy of History", *Philosophy* 22 (1947), p. 155.

⑦ E. E. Harris, "Collingwood's Theory of History", *The Philosophical Quarterly* 7 (1957), p. 40.

意义上，它们才与历史学相关"。① 上述研究者或者肯定柯林武德强调人类行为思想方面的正当性，或者证明柯林武德并没有忽略物质因素的影响。

（3）只关注个人行动，不关注群体或集体行为。金斯伯格认为柯林武德的"历史学在于发现要解释的事件内部的观点，只有针对外交史这样关注个人具体行动的历史学来说才说得通"，"当应用于大范围的、集体性的历史时，例如经济史、语言史或制度史，它就束手无策了"。② 加德纳、怀特和卡尔③也持这种观点。与上述批评不同，一些研究者认为柯林武德的理论能解释集体性的行为与动机。代表人物是艾伦·多纳根和路易斯·明克。路易斯·明克分析，柯林武德忽视解释社会制度等集体性现象的原因之一，是他认为只有在这些社会制度进入个人意识的意义上，才与历史解释有关。而柯林武德的绝对假设理论，也指出个人思想和行动与人类社会制度的联系。④

3. 重演思想

国外学者在解释柯林武德历史重演思想过程中，提出多种解释。这些解释可以分为方法论解释和非方法论解释两类。前者认为重演是一种历史认识方法。后者认为重演属于非方法论范畴。一些非方法论解释者，明确反对重演的方法论解释。笔者根据自己收集整理的文献资料，将研究者解释与评价柯林武德重演思想的学术史分为三个阶段。

（1）从1945年到1955年，这一阶段的标志性年份是1946年，柯林武德的《历史的观念》出版，学者们开始关注柯林武德史学理论。历史重演思想就是学者们研究的问题之一。这一时期内，学者们对重演理论的解释主要是方法论解释。

《历史的观念》出版后，研究者主要将历史重演思想看作一种直觉

---

① Louis O. Mink, *Mind, History, and Dialectic: The Philosophy of R. G. Collingwood*, Bloomington &London: Indiana University Press, 1969, pp. 171 - 172.

② M. Ginsberg, "The Character of a Historical Explanation", *Aristotelian Society, Supplementary Volume 21* (1947), p. 70.

③ P. Gardiner, *The Nature of Historical Explanation*, p. 49.; M. White, *Foundations of Historical Knowledge*, New York: Harper & Row, 1965, p. 148; E. H. Carr, *What is History*, New York: Vintage Books, A Division of Random House, 1961, p. 65.

④ Alan Donagan, *The Later Philosophy of R. G. Collingwood*, p. 206; Louis O. Mink, *Mind, History, and Dialectic: The Philosophy of R. G. Collingwood*, pp. 174 - 178; "Collingwood's Historicism: A Dialectic of Process". in Michael, Krausz Ed., *Critical Essays on the Philosophy of R. G. Collingwood*. Oxford: Clarendon Press, 1972, p. 163.

方法。对重演的直觉主义解释,成为方法论解释的主要表现形式。代表性人物是沃尔什和加德纳。他们认为,重演是解释或理解历史事实的一种直觉方法。重演意味着努力研究人们的头脑,直觉地重演人们所想的,而又不需要证明这种努力结果的合理性。沃尔什质疑与批评柯林武德:"很遗憾的是,柯林武德虽然敏锐意识到思考受历史局限的程度,却没有太在意历史思考受历史局限的范围。当柯林武德试图重建罗马不列颠历史时,对那种重建结果的正当性,他能确定到何种程度呢?"沃尔什认为,柯林武德忽视这个问题的原因,在于他历史判断观念中的一个错误,即"柯林武德认为历史学家的中心任务是两个人精神上的联系;一个人对另一个人精神的理解是独特的和自我理解的。尽管并非通过任何简单的方法,但只要努力审查各种证据后就能获得这种理解"①。沃尔什显然并不接受柯林武德这个观点。

加德纳认为柯林武德在对过去的个人进行"内省式认知"后,要"探查人的精神,侦察他的思想"。因此,重演相当于"洞察"、"同情"、"直觉"、"心灵感应联系"。② 大多数法论解释者都赞同对柯林武德重演思想的这种解读。这些支持者包括汤因比、柯亨、海登·怀特和亚瑟·马威克。③ 上述对重演理论作出直觉主义解释的研究者,对重演理论的评价是消极的,态度是怀疑与讽刺的。在重演理论的直觉主义解释成为普遍认可的观点后,研究者对重演理论的批评主要有:重演理论抬高了直觉、感知等主观因素在历史解释中的作用,使历史真理成为主观性的。重演理论排除了一般性知识在历史解释中的运用。提出这种批评的研究者有加利和芒兹。④

---

① W. H. Walsh, "R. G. Collingwood's Philosophy of History", p. 158.

② P. Gardiner, *The Nature of Historical Explanation*, pp. 29, 39; "The Objects of Historical Knowledge", *Philosophy* 27 (1952), pp. 211–220.

③ A. J. Toynbee, "R. G. Collingwood's View of the Historian's Relation to the Objects that he Studies", in *A Study of History*, Vol. 9, pp. 730–734; J. Cohen, "A Survey of Work in the Philosophy of History, 1946–1950", *The Philosophical Quarterly* 2, (1952), p. 177; Hayden White, "Collingwood and Toynbee: Transitions in English Historical Thought", *English Miscellany* 8 (1957), p. 166; Arthur Marwick, *The New Nature of History: Knowledge, Evidence, Language*, Hampshire: Palgrave, 2001, pp. 40–44.

④ W. B. Gallie, *Philosophy and the Historical Understanding*, New York: Schocken Books, 1964, p. 18.; P. Munz, *The Shapes of Time: A New Look at the Philosophy of History*, Middletown: Wesleyan University Press, 1977, p. 68.

(2) 从 1955 年到 1975 年。学者们在这一时期内对重演理论的解释主要是非方法论解释。在 20 世纪 50 年代中后期,一些研究者认真思考重演理论,开始反思、批评之前的直觉主义解释。他们指出:那些直觉主义解释者认为,通过一种非推理的、直觉的渗透,就能理解思想,确定历史事实。他们不赞同对柯林武德的重演理论作出直觉主义解释。但起初他们的人数很少,影响也小。多纳根认为,柯林武德提出的"如何或在什么条件下,历史学家能认识过去"、"为了认识过去,历史学家必须做什么"等历史学论题,不是就历史学方法论方面提出的。因而对重演理论作出方法论解释是种误解。① 其他研究者后来评论重演理论的直觉主义解释时,都支持多纳根的观点。还有一些方法论解释者,如加德纳和德雷放弃了此前立场。尽管如此,在 20 世纪 60 年代晚期和 70 年代早期,仍然存在重演理论的直觉主义解释。研究者对重演理论作出直觉主义解释的可理解之处在于,柯林武德经常使用"内部"、"外部"的隐喻,而且他在已刊和未刊著述中,并没有否认这种直觉主义观点。

从 20 世纪 60 年代以来,对重演理论的非方法论解释逐渐突显。代表人物有多纳根、德雷、路易斯·明克、休梅克与斯佳盖斯塔德。②

(3) 从 1975 年到现在,这一阶段的标志性年份是 1978 年,牛津大学图书馆允许研究者参阅柯林武德未刊手稿。柯林武德大量手稿的发现与公开,使研究者能够更全面地认识柯林武德史学理论,特别是其重演思想。研究者开始重新认识与评价重演理论。这一时期的研究重心,已不是对重演理论作出何种解释的问题,而是如何评价重演思想的地位与如何认识重演思想的影响。

研究者关注的第一个问题是重演思想的定位问题。德雷指出关于重演思想定位的争论是,重演思想是想在方法论上,还是在概念上立论。

---

① Alan Donagan, "The Verification of Historical Theses", *The Philosophical Quarterly*, Vol. 6, No. 24. (Jul. , 1956), pp. 206 – 208.

② W. H. Dray, "R. G. Collingwood on Reflective Thought", *Journal of Philosophy* 57 (1960), pp. 157 – 163.; Alan Donagan, *The Later Philosophy of R. G. Collingwood*, pp. 213 – 216.; L. O. Mink, "Collingwood's Dialectic of History", *History and Theory* 7 (1968), pp. 7 – 33.; *Mind, History and Dialectic: The Philosophy of R. G. Collingwood*, pp. 22 – 53.; "Collingwood's Historicism: A Dialectic of Process", in Michael Krausz ed. , *Critical Essays on the Philosophy of R. G. Collingwood*, pp. 72 – 123.; R. G. Shoemaker, "Inference and Intuition in Collingwood's Philosophy of History", *The Monist* 53 (1969), pp. 101 – 113.; P. Skagestad, *Making Sense of History : The Philosophies of Popper and Collingwood*, Oslo: Universitetsforlaget, 1975, pp. 52 – 54, 87 – 89.

方法论上,重演是历史直觉发挥作用的体现。概念上,重演的目的在于说明历史理解由什么构成,而不是如何去实现它。① 杜森认为柯林武德的重演思想并不是历史学方法论的建议,并不是对如何获得有关过去的可靠知识的方法论建议。重演思想是对"历史知识何以可能"这个问题所作的回答。② 列昂·戈登斯坦指出,将重演思想看作理解或解释已经发生事情的一种方法,只是忽略重点。③ 卡斯顿·斯杜伯认为,柯林武德正确之处在于坚持重演思想在解释理性个体思想方面,在认识论上处于核心地位。柯林武德并非将重演仅仅看作历史学方法,而是看作研究其他人精神的一般性方法。④

研究者关注的第二个问题是重演思想的评价。科迪认为柯林武德对历史知识的勾画,如谈论证据、证词等,接近于幻想或虚构。柯林武德一直努力使历史学家的资料完全依赖历史学家理论化的想象。他怀疑历史学资料和历史学家对证词的依赖,但这种怀疑是不成功的。⑤ 沃尔夫冈·冯·莱登质疑柯林武德期望一个完全"建构主义的"历史理论,而且否认"重演"的可行性。柯林武德基于两个思想的同一性而实现的思想重演,低估了两个思想之间的差异。要重演过去的思想,历史学家必须站在过去人物的立场上,必须将自己放在过去,采取他们的观点,接受他们的信仰与价值观。但这些都是不可能的。⑥杜森指出,柯林武德对传记的讨论表明,历史哲学并不必然片面地关注个体。而这正是柯林武德受指责之处。柯林武德认为环境对文明的影响并不是直接的,自然环境在历史中的作用是重要的。但他的观点却被理解为"忽视物质与社会客观环境的作用"⑦。

---

① W. H. Dray, "Review: *Re-enactment: A Study in R. G. Collingwood's Philosophy of History*", *The American Historical Review*, Vol. 91, No. 4. (Oct., 1986), pp. 930–931.

② W. J. Van der Dussen, "Collingwood's Unpublished Manuscripts", pp. 287–315.

③ Leon J, Goldstein, "Dray on Re-enactment and Constructionism", *History and Theory*, Vol. 37, No. 3 (Oct., 1998), pp. 409–421.

④ Karsten R Stueber, "The Psychological Basis of Historical Explanation: Reenactment, Simulation, and the Fusion of Horizons", *History and Theory* 41 (February 2002), pp. 25–42.

⑤ C. A. J, Coady, "Collingwood and Historical Testimony", *Philosophy*, Vol. 50, No. 194. (Oct., 1975), pp. 409–424.

⑥ Wolfgang von Leyden, "Categories of Historical Understanding", *History and Theory*, Vol. 23, No. 1. (Feb., 1984), pp. 53–77.

⑦ W. J. Van der Dussen, "Collingwood's 'Lost' Manuscript of *The Principles of History*", pp. 32–62.

研究者关注的第三个问题是重演思想的影响。罗伯特·贝恩和杰弗里·米莱尔指出，柯林武德帮助我们认识到，重演过去的思想是获取真正历史知识的重要步骤。① 迈克尔·基塞尔认为，取得一致意味着理解他者，这是作为柯林武德历史知识理论核心的、重演思想的情况。基吉塞尔表明，为了达到相互理解而进行沟通的过程中，从两个方面重演他者思想的必要性。而且互相理解是以假设具有共同话语基础为前提的，没有共同话语基础，是不可能取得一致意见的。取得一致意味着自我纠正两种冲突的态度，这是一种不同于科学理论思考的行为。② 大卫·布歇认为，柯林武德重演思想克服了思想与其对象间的二分法，这种二分法是自然科学思想预设的，也是柯林武德认为自然科学低于历史学的原因。布歇还指出，重演理论是柯林武德一贯坚持的核心思想。③ 大卫·贝茨将重演理论看作柯林武德历史哲学的核心原则、《历史的观念》的核心立场。柯林武德的影响体现在对叙事分析的深远贡献，成熟的历史主义立场，对历史学实践的"解构"以及对"证据"与问题间紧密联系的新颖想法。这使他处于20世纪初期西方历史哲学研究的前沿。④ 久塞匹纳·迪奥罗指出，重演思想对柯林武德的意义是，重演不仅巩固了理解历史个体的可能性，而且巩固了理解所有个体的可能性。柯林武德对重演的解释完全超越了狭义历史哲学所关注的问题，因为柯林武德是在捍卫历史理解的自主性。柯林武德分离可理解性与可信任性、意义与真理，目的是捍卫一个自主的解释学科。⑤

4. 历史认识客观性问题

关于历史认识客观性问题，研究者对柯林武德作出客观主义和主观

---

① Robert Bain; Jeffrey Mirel, "Re-Enacting the Past: Using R. G. Collingwood at the Secondary Level", *The History Teacher*, Vol. 15, No. 3. (May, 1982), pp. 329 – 345.

② Michael A. Kissell, "Progressive Traditionalism as the Spirit of Collingwood's Philosophy", *History and Theory*, Vol. 29, No. 4, Beiheft 29: Reassessing Collingwood. (Dec., 1990), pp. 51 – 56.

③ David Boucher, "Human Conduct, History and Social Science in the Works of R. G. Collingwood and Michael Oakeshott", *New Literary History*, Vol. 24. (1993), pp. 697 – 717; "The Significance of R. G. Collingwood's *Principles of History*", *Journal of the History of Ideas*, April 1997, Vol. 58. No. 2, pp. 309 – 330.

④ David Bates, "Rediscovering Collingwood's Spiritual History (In and Out of Context)", *History and Theory*, Vol. 35, No. 1. (Feb., 1996), pp. 29 – 55.

⑤ Giuseppina D'Oro, "Re–enactment and Radical Interpretation", *History and Theory* 43 (May 2004), pp. 198 – 208.

主义两种解释。前一种解释认为，柯林武德的史学理论能够获得对过去思想与行动的客观认识。后一种解释持相反观点，认为柯林武德的史学理论只能得到主观主义或怀疑主义的历史认识。

客观主义解释的主要支持者是柯亨和沃尔什。柯亨分析，"柯林武德认为一切历史都是'过去思想在历史学家头脑中的重演'。每个人类行动都有个'内部'或思想方面，历史学家通过重新创造这种思想，才能了解过去行动的真相"[1]。沃尔什指出，柯林武德为了避免怀疑主义，采用重演思想。这种重演是针对思想而言的，并非针对感情的，因为只有思想才能被准确无误地理解。[2] 相对于主观主义解释的支持者，客观主义解释的支持者人数很少。而且这种解释的支持者沃尔什，还在两种观点间游移，既支持客观主义解释，也支持主观主义解释，认为柯林武德的思想中同时存在这两种矛盾因素。

柯林武德研究者大多支持主观主义解释。主观主义解释的主要表现形式是怀疑主义。曼德尔鲍姆认为："柯林武德的论题——历史知识是历史学家在其头脑中重演过去行动的思想——不可避免地导致怀疑主义。"柯林武德在其早期著作《精神镜像》中，支持这种怀疑主义立场。[3] 哈特宣称："柯林武德的历史解释，使我们更深地陷入了怀疑主义。"[4] 沃尔什认为"在历史主义的影响下，柯林武德强烈倾向于怀疑主义判断。尽管这个观点如何与他的历史判断确定性观点匹配，体现得并不明显。"[5]迈基沃指出："奥克肖特或柯林武德将伯罗奔尼撒战争史，称为一种'经验模式'，意为他自己在20世纪的牛津或剑桥大学教室中的经历。他忘记构成历史的是，数个世纪以前成千上万可怜百姓的经验。"迈基沃否定柯林武德这种观点，并将其定位为唯心主义哲学家。[6] 戈登斯坦反对上述主观主义或怀疑主义解释，认为早期柯林武德的立场是怀疑主义的，但他后来明确放弃了怀疑主义观点。戈登斯坦表明："那些《历史

---

[1] J. Cohen, "A Survey of Work in the Philosophy of History, 1946–1950", p. 172.

[2] W. H. Walsh, *Philosophy of History: An Introduction*, New York & Evanston: Harper & Row Publishers, 1960, pp. 91–93.

[3] M. Mandelbaum, "Review of *The Idea of History*", p. 187.

[4] J. N. Hartt, "Metaphysics, History and Civilization: Collingwood's Account of their Interrelationships", *The Journal of Religion* 33 (1953), p. 209.

[5] W. H. Walsh, "R. G. Collingwood's Philosophy of History", p. 159.

[6] A. M. MacIver, "The Character of a Historical Explanation", *Aristotelian Society*, Supplementary, Volume 21 (1947), p. 33.

的观念》的评论者,在其中看到因柯林武德不能超越每个历史学家似乎都支持的主观性而导致的一个怀疑主义原则。我认为评论者们的这个结论是错误的","因为我并不认为柯林武德关于历史学所阐明的思想线索,就使他必然支持主观主义"。①

(二) 国内学界的研究现状②

国内学者对柯林武德史学理论的研究,起步于20世纪80年代。在90年代,柯林武德史学理论研究成为国内学者关注的问题之一。与国外学者的研究相比,国内学者的研究范围和深度有限,但由于理论立场与研究方法不同,国内学者的研究也取得了一些有价值的成果。学者们的研究内容,主要有以下六个方面。

1. 对实证主义史学的批判

国内学者从柯林武德区分历史学与自然科学的角度,阐述他对实证主义史学的批判。于沛分析,"柯林武德反复强调史学的确切对象是思想,目的在于强调史学的对象不是被思想的事物而是思想本身的行为",这可以将历史学和自然科学区分开。③ 何兆武指出,柯林武德论证了历史学与自然科学"两者不仅方法不同,而且其所要证实的假说,性质也根本不同"④。王晴佳、张志刚和罗冬阳也指出,柯林武德批判实证主义史学的积极意义在于:区分了历史学与自然科学,维护了历史学的独立地位。⑤ 张艳国、黄长义认为,柯林武德分析"实证主义史学的根本谬误在于混淆了历史过程和自然过程",不知道二者的区别所在。"把史家主体的主观精神排斥于历史之外恰恰是最大的不客观,而且严重歪曲了历史科学的神圣使命。"⑥ 胡辉华指出,柯林武德认为19世纪末以前的

---

① L. J. Goldstein, "Collingwood's Theory of Historical Knowing", *History and Theory* 9 (1970), pp. 3, 22.
② 这部分内容曾在下述论文中发表——张作成:《近20年来国内柯林武德历史哲学思想研究综述》,《江西社会科学》2008年第1期,第153—156页。
③ 于沛:《爱德华·卡尔历史思想述论》,《史学理论研究》1994年第3期,第83页。
④ 何兆武:《从思辨的到分析的历史哲学》,《世界历史》1986年第1期,第55页。
⑤ 王晴佳:《思想之树常青——评柯林武德的〈历史的观念〉》,《读书》1987年第2期,第6页;张志刚:《论克罗齐和柯林武德的历史观念》,《社会科学家》1989年第3期,第13页;罗冬阳:《柯林武德历史哲学思想发展简论》,《学习与探索》1989年第3期,第134页。
⑥ 张艳国、黄长义:《评"一切历史都是思想史"》,《学习与探索》1991年第6期,第126—127页。

历史学家都"并未真正认识到历史学自律的真确内涵","没有认识到自然过程与历史过程的不同"。① 他从研究对象、方法和推理类型三方面,介绍了柯林武德对历史学与自然科学的区分。董淮平指出,柯林武德批判实证主义史学,是为了保持历史学自身的特性,避免历史学成为自然科学的附庸。②

上述各位学者对柯林武德批判实证主义史学,基本持肯定态度。因为按照实证主义史学的思路和方法,历史学有沦为自然科学附庸的倾向和危险。柯林武德强调历史学与自然科学的区别,强调史学家的主体性和能动性,提出了维护历史学自身合法地位和历史学家尊严的要求。

2. 一切历史都是思想史

国内学者对柯林武德这一命题涵义的分析与评价较为一致,承认它强调历史学家主体地位的积极意义。但在柯林武德处理物质与思想、历史研究中的主体与客体、主观与客观的关系方面,学者们作出了不同的评价。

何兆武认为,物质力量"有如海水之下的冰山,至于思想则不过是水面上浮露出来的那一小部分顶尖罢了","并没有任何理由把历史全部归结为思想史"。③ 袁吉富指出:"在什么是历史的问题上,柯林武德认为,历史事件是外部实在物质与内部思想的统一体",但他却"把历史事件的外部物质实在归结为内部思想了"。④ 对于国内一些学者提出的柯林武德将历史归结为思想史、忽视物质因素的批评,罗冬阳指出物质力量只有通过思想过程才能作用于人的行为,在这个意义上物质因素在柯林武德那里并没有被忽视。这在一定程度上是为柯林武德辩护。⑤

王晴佳认为,柯林武德"根本不承认历史学中存在着主客体","把历史思想提到了至高无上的地位,即既把它看作历史研究的起点,又把

---

① 胡辉华:《柯林武德对历史哲学发展的贡献》,《江西社会科学》1991年第6期,第52页。

② 董淮平:《章学诚与柯林武德史学思想比较散论》,《四川大学学报》(哲学社会科学版)1992年第1期,第81页。

③ 何兆武:《评柯林武德的史学理论》,《〈历史的观念〉译序》,北京:商务印书馆,2003年版,第42页。

④ 袁吉富:《对"一切历史都是思想史"观点的反思》,《北京大学学报》(哲学社会科学版)1995年第2期,第71页。

⑤ 罗冬阳:《柯林武德历史哲学思想发展简论》,第132页。

它视作历史是否真实的标准"。① 张志刚也认为，柯林武德过分夸大了历史的思想性，"以致错误地否定了历史过程中存在的主客体关系"②。在柯林武德处理主观与客观关系方面，田晓文指出，以柯林武德为代表的批判的历史哲学家的本体论是："历史进程本身不是客观存在的，而是依赖于人们的思想而存在的，即依赖于历史学家的思维而存在的。"③

3. 重演思想

重演思想是柯林武德史学理论体系中的另外一个重要思想。但国内学者对这个思想的重视程度远远不如一切历史都是思想史这个命题。鉴于重演思想的重要性，笔者从以下三个方面介绍国内学界的研究状况。

（1）关于重演思想的前提条件及可能性。张志刚指出，柯林武德阐述的思想重演的可能性，在于历史的过程性。④ 罗冬阳分析，思想重演得以进行的条件"一方面是由于证据的存在，另一方面是由于反思思想的特性。反思思想具有两个特性，即直接性和间接性"⑤。胡辉华认为，柯林武德思想重演的前提是问答逻辑，也就是要重演过去，必须以具体的问题为开端。而资料又是问答逻辑的前提，即历史学家的问题必须在证据的范围内作答。袁吉富认为，柯林武德思想重演的两个前提条件是"思想的超越时间性"与"思想的可理解性和相对独立性"。"要重演过去，就需要想象和推理，而这又须借助现今存有的过去历史的证据进行。"⑥ 陈宇光指出，柯林武德的历史思维是历史思想借以实现自我认识的一种存在方式，是通过史家心灵的重演活动得以实现的。作者进而驳斥了有些学者因误解柯林武德重演思想，而否认思想重演可能性的观点。⑦

（2）关于重演思想的过程。赵家祥认为，柯林武德的思想重演"并不是对过去思想的原封不动的重复，而是指对过去的思想批判性的审视和重构"，"它是积极的，因而也就是批判的思维的一种努力"。⑧ 张文杰

---

① 王晴佳：《思想之树常青——评柯林武德的〈历史的观念〉》，第5—7页。
② 张志刚：《论克罗齐和柯林武德的历史观念》，第13页。
③ 田晓文：《"批判的历史哲学"的批判》，《历史研究》1990年第3期，第87页。
④ 张志刚：《论克罗齐和柯林武德的历史观念》，第10页。
⑤ 罗冬阳：《柯林武德历史哲学思想发展简论》，第132页。
⑥ 袁吉富：《对"一切历史都是思想史"观点的反思》，第71页。
⑦ 陈宇光：《柯林武德历史思想概念的解析》，《华东理工大学学报》1994年第6期，第50页。
⑧ 赵家祥：《历史过程的时空结构和时空向度——兼评西方历史哲学的两个命题》，《北京大学学报》（哲学社会科学版）2005年第5期，第47页。

指出:"柯林武德重演过去的思想有似于克罗齐关于历史同时代性观点,即'一切历史都是当代史'的思想。"①

(3) 关于重演思想的评价。于沛认为:"在进行历史认识时,从'历史是过去思想的重演出发',不可避免地会将主观和客观、历史认识的主体和客体混淆在一起,进而在它们之间划上等号,实际上彻底否定了人类历史的客观存在。"② 田晓文指出,柯林武德认为每个历史学家在进行思想重演时,都是从自己的角度观察历史的,因此任何一个历史学家写出的历史都不能反映全部客观的历史。③ 何兆武指出:"如实的思想重演,正如如实的历史复述,是不可能的。"因为我们不可能复制历史当事人的生活,不可能还原他的思想赖以产生的条件;历史叙述由于其不可能完全如实,因而根据它所作出的思想重演也是不能如实的。

4. 对柯林武德史学理论的定性问题

于沛指出,柯林武德"将历史认识主体的意识绝对化,走上了历史唯心主义的道路"④。王晴佳、张志刚和田晓文都认为,柯林武德是按主观唯心的思维方式思考问题,其基本立场是唯心主义的。胡大牛指出,柯林武德历史哲学"是一种主观唯心主义的史学本体论和史学认识论","特色是相对主义"。⑤ 赵家祥认为,柯林武德否定了决定人们思想的物质根源,其历史观点"无疑是历史唯心主义的"⑥。与上述各位学者略有不同的是,贾海涛认为,柯林武德的"'形而上学'就是我们通常所说的客观唯心主义的东西,纯属个人虚构",他是"没法消除其客观唯心主义的特征的"。⑦

国内学者基本将柯林武德史学理论归为唯心主义思想体系。与这种定位相联系的是他们对柯林武德史学理论的批评。这种批评在于,柯林武德过分夸大了思想作用和历史学家主观能动性。田晓文分析柯林武德

---

① 张文杰:《"历史会重演论"新说》,《史学月刊》2006 年第 4 期,第 6 页。
② 于沛:《历史认识:主体意识和主体的创造性》,《历史研究》2003 年第 1 期,第 10 页。
③ 田晓文:《"批判的历史哲学"的批判》,第 86 页。
④ 于沛:《历史认识:主体意识和主体的创造性》,第 10 页。
⑤ 胡大牛:《柯林武德历史哲学观点评述》,《探索》1992 年第 4 期,第 61 页。
⑥ 赵家祥:《历史过程的时空结构和时空向度——兼评西方历史哲学的两个命题》,第 48 页。
⑦ 贾海涛:《评柯林武德的〈历史的观念〉——兼谈历史观和历史研究的方法》,《南京理工大学学报》(社会科学版)1999 年第 2 期,第 31 页。

的谬误在于:"片面夸大精神在人类历史发展中的作用,片面夸大精神的独立性,否认精神受物质因素尤其是人类实践活动的第一性的制约,否认人类实践活动归根到底是人类历史发展的原动力。"① 陈宇光也指出柯林武德将思想作为人类行动终极说明原因的片面性与局限性。

5. 柯林武德思想影响的评价

王晴佳指出,"柯林武德强调历史思想的重要性","对于过分迷恋史料、推崇事实而贬低哲学思辨的十九世纪实证史学,无疑是一次有效的冲击","在强调历史学的自律性、创造性方面是有功绩的"。② 张艳国、黄长义认为,柯林武德历史哲学思想在历史与现实关系、历史发展过程背后的思想动机和历史研究主体的能动作用三个方面,对马克思主义史学有借鉴作用。田晓文分析,以柯林武德为代表的新黑格尔派的贡献"主要在历史认识论和方法论方面",强调历史学家的思想对历史的影响,这是对实证主义历史理论的批判。③ 董淮平认为:"借鉴柯林武德史学中求'自知'的观点,可以弥补我们史学传统中的缺陷,使我们能够对史学中各种思维类型、各种学派竞争的价值认识,多一点学术方面的考虑。"④ 张文杰认为,柯林武德的重演思想"在历史哲学的两个不同领域里作出了重要贡献:第一,它对历史的解释的问题提供了确切的解答;第二,它驳斥了历史怀疑主义"⑤。

上述各位研究者从柯林武德强调史学家的主体性和能动性、对历史哲学发展的影响、以及对中国马克思主义史学的借鉴作用等方面,肯定和分析了柯林武德思想的积极意义。

6. 柯林武德思想的局限及产生局限的原因分析

何兆武认为,柯林武德在"处理历史与思想的统一性时的那种绝对化的强硬态度会有一种不可救药之感"。其原因在于,柯林武德将历史与思想的同一性,等同于历史和思想的统一性;认为全部的历史就是思想。⑥ 王晴佳指出,在批判思辨历史哲学对历史规律和趋势的宏大概括

---

① 田晓文:《"批判的历史哲学"的批判》,第86页。
② 王晴佳:《思想之树常青——评柯林武德的〈历史的观念〉》,第7、11页。
③ 田晓文:《当代西方人本主义历史哲学》,《历史研究》1991年第1期,第189页。
④ 董淮平:《章学诚与柯林武德史学思想比较散论》,第85页。
⑤ 张文杰《"历史会重演论"新说》,第6页。
⑥ 何兆武:《从思辨的到分析的历史哲学》,第55页。

方面,"柯林武德在泼掉洗澡水的同时,也把孩子,即历史哲学势必要解答历史运动的奥秘这一核心问题,一同倒掉了"①。田晓文指出,柯林武德的谬误体现在,"片面夸大精神在人类历史发展中的作用,片面夸大精神的独立性,否认精神受物质因素尤其是人类实践活动的第一性的制约,否认人类实践活动归根到底是人类历史发展的原动力"②。张艳国、黄长义认为,"柯林武德把史家主体的主观能动作用推向了极端,把历史认识论的相对性绝对化,这就否认了历史学的客观性和科学性"③。胡辉华指出,柯林武德"从科学主义滑向相对主义",这是他"否定人们的物质资料生产活动作为客观的历史事实是历史学的基础的必然结论"。④ 胡大牛认为,柯林武德在批判前人的过程中走向了极端,"即把历史仅仅视为人的思想的产物,把历史过程仅仅看作是人的某种思想的过程,这就取消了历史本身所具有的客观性"⑤。袁吉富指出:"柯林武德不是没有看到人类活动的客观方面,但是他却认为只研究主观方面就够了,这就犯了唯心主观主义的错误。"⑥

在取得上述成就的同时,国内外学界的现有研究还存在下述三方面局限:(1)忽略柯林武德整体的思想脉络和思想形成背景,断章取义地理解和引用他的文字,并将其作为立论的根据。这就忽略了引用文字所处的语境和它在柯林武德论述中所处的逻辑地位。孤立、片面地理解柯林武德的现象,不仅存在于对他著作的引用上,也表现在对他各个学术观点的理解上。(2)过分夸大柯林武德对历史过程思想性的强调,这尤其体现在一切历史都是思想史这个命题的分析和评价上。(3)对柯林武德史学理论的影响,尤其是重演思想影响的研究还有待深入。

柯林武德作为20世纪西方历史哲学发展史上的一位重要人物,给我们留下了宝贵的知识财富。在后现代主义对历史学合法地位提出质疑的背景下,我们有必要深入研究柯林武德史学理论体系,以期从他在当时条件下为维护历史学合法地位进行的辩护中获得启示。

---

① 王晴佳:《思想之树常青——评柯林武德的〈历史的观念〉》,第10页。
② 田晓文:《"批判的历史哲学"的批判》,第86页。
③ 张艳国、黄长义:《评"一切历史都是思想史"》,第128页。
④ 胡辉华:《柯林武德对历史哲学发展的贡献》,第148页。
⑤ 胡大牛:《柯林武德历史哲学观点评述》,第61页。
⑥ 袁吉富:《对"一切历史都是思想史"观点的反思》,第71页。

三、思想发展阶段分析①

国内外学界对柯林武德的现有研究主要集中于其史学理论观点阐释上，忽略了对其思想发展历程的分析。而理解柯林武德的思想发展历程，把握其理论倾向的变化，是我们准确理解其史学理论观点的关键所在。就理论倾向来说，柯林武德经历了由实在论者向唯心主义者的逐渐转化，他的思想发展也由此划分为三个阶段。结合柯林武德哲学研究与史学理论研究发展历程，在学界已有研究成果基础上，笔者将柯林武德思想发展分为三个阶段：（一）1916年至1924年，实在论时期。（二）1925年至1934年，从实在论到反实在论的转变期。（三）1935年至1943年，唯心主义时期。笔者分析柯林武德思想发展历程，以期为理解其史学理论观点提供一个恰切语境。

需要说明的是，一方面，这种阶段划分方式在一定意义上是"武断的"。因为尽管实在论、唯心主义两种理论倾向确实勾勒出柯林武德的思想发展脉络，但考察柯林武德的学术生涯与著作，又可看出柯林武德在相应时期既非传统的实在论者，也不是严格意义上的唯心主义者。柯林武德《自传》展现了他自身通过系统批判实在论者消极的认知观与当时唯心主义者非历史的思考方式，从而构建自己的史学理论体系的整个过程。

关于柯林武德思想发展历程的研究，最早、在一定时期内也是最有代表性的观点是诺克斯提出的。他在1946年版《历史的观念》的"编者序言"中，从哲学角度出发，将柯林武德的哲学著述分为三组：一、《宗教与哲学》（1916年）与《精神镜像》（1924年）；二、《哲学方法论》（1933年）、《自然的观念》（1945年）以及《历史的观念》（1946年）中的大部分内容；三、《自传》（1939年）、《形而上学论》（1940年）和《新利维坦》（1942年）。诺克斯认为这种划分也体现了柯林武德的思想发展轨迹。与上述三组划分相应，柯林武德的三个思想发展阶段是：一、1924年之前的形成期。二、鼎盛及转变期。1933年到1936年，《哲学方法论》、《自然的观念》及《历史的观念》中大部分内容的完成，标志柯林武德达到了其事业的顶峰。1936年至1938年，柯林武德

---

① 这部分内容曾作为下述论文一部分发表——张作成：《柯林武德史学理论的阶段性、连续性与体系性》，《史学集刊》2012年第4期，第88—91页。

的思想发生了一个重大转变：他原来坚信形而上学能够成为一门独立研究，后来放弃了这种想法。三、怀疑主义时期。柯林武德发展了一种极端历史主义观点，陷入怀疑主义之中。①

诺克斯指出，尽管柯林武德认为哲学应该是体系性的，但他的哲学著述却没有形成一个体系，而是一系列体系的分立。柯林武德的思想发展经历了一个"根本性转变"，即从坚信形而上学研究的独立性，到放弃这种观点，进而主张将形而上学研究历史化。随着这种转变而来的，是柯林武德研究事业的低谷和理论倾向上陷入怀疑主义时期。在英美柯林武德研究充分发展之前，即在20世纪50年代威廉·德雷、艾伦·多纳根和路易斯·明克等人的研究出现之前，诺克斯的观点支配着学者们对柯林武德思想发展历程的理解。这是因为当时学者们的研究重点是，撰写《历史的观念》的书评和分析评价一切历史都是思想史这个命题，还未能也无暇顾及柯林武德的思想发展问题。因此，即使那些对柯林武德思想发展历程有所思考的学者，在当时的情况下也只能对诺克斯的观点采取"拿来主义"的态度了。

诺克斯的观点，在当今英美学界也不乏支持者。与诺克斯的观点相似，罗顿斯特雷希批评后期柯林武德将形而上学历史化的做法。图尔明也指出柯林武德在思考中没有关注连续性问题。② 针对柯林武德对历史学和哲学关系问题的看法，上述学者认为柯林武德在发生思想转变后，降低了哲学的地位甚至完全取消了哲学的学科自主性。在这一点上，这些学者对柯林武德持批评态度。

与上述认为柯林武德思想发生根本变化的观点不同，路易斯·明克认为柯林武德的著作是一个展现出一种辩证哲学的统一体。在《宗教与哲学》之后，柯林武德形成了一种辩证的观点。鲁比诺夫认为，从《精神镜像》到《新利维坦》，柯林武德是有一贯的哲学体系的。鲁比诺夫甚至将《精神镜像》看成柯林武德后来著作所阐述观点的集中表达。雷克斯·马丁强调，在柯林武德后期思想中，哲学仍然具有自主性地位。③

---

① R. G. Collingwood, *The Idea of History*, Oxford: Clarendon Press, 1946, edited by T. M. Knox, p. vii.

② Gary K. Browning, *Rethinking R. G. Collingwood: Philosophy, Politics and the Unity of Theory and Practice*, London: Palgrave Macmillan, 2004, p. 5.

③ R. Martin, *Historical Explanation: Re-enactment and Practical Inference*, Ithaca: Cornell University Press, 1977.

上述学者无论是赞成"转变说"还是"统一说",其研究主要是从哲学方面展开的,较少关注柯林武德史学理论的发展及其总体思想倾向。正如杜森指出的:"柯林武德的立场,更准确地说他的思想发展,是件复杂的事。对于具体的唯心主义或实在论思潮来说,他不属于其中的任何一种。这并不是说,柯林武德思想中没有唯心主义和实在论的因素。"① 就柯林武德对历史学的总的立场而言,他认为柯林武德经历了由实在论向唯心主义的转变。

在《精神镜像或知识地图》中,柯林武德对历史学的观点是实在论的:"历史学是关于一个无限世界的知识,这个无限世界是由事实构成的。因而历史学自身是一个无限的思想整体:历史学本质上是一种普遍史,关于单个事实的知识都被包含其中的一种知识整体。但这个整体从未被获得过。所有的历史知识都是这个整体中的片段。历史学家是某个研究领域的专家。但没有人能够将全部历史作为自己的研究领域,除非他对任何问题都愿意表达自己的无知和一偏之见。但对于我们已陈述的历史知识观,这是一个致命的缺陷。历史学是有关一个世界整体的知识,这个整体的组成部分体现着其内部的计划。只有参照各部分间的关系,我们才能认识这种计划,才能认识这个世界。"②

在《历史哲学的性质与目标》(1925年)中,柯林武德对历史学的观点与《精神镜像或知识地图》中所表达的立场类似,但也出现变化的迹象。这篇文章表明柯林武德的理论立场,处于从实在论到唯心主义的过渡阶段,其中的观点既有实在论的,又有对实在论的怀疑。相应地,关于历史认识的真理性问题,柯林武德此时的态度就不如《精神镜像或知识地图》中那么坚定了,表现了从历史认识的实在论立场的退步:"没有任何事实曾被完全确定,但一个事实能被逐步确定。随着历史学家的工作向前推进,他们认识越来越多的事实,而且越来越自信地否定许多对这些事实的错误解释。但是没有任何历史陈述曾表达出对任何单个事实的全部真理性认识。"③

1925 年以后,柯林武德关注历史认识论问题,而且从 1926 年到

---

① Jan van der Dussen, *History as a Science: The Philosophy of R. G. Collingwood*, p. 24.
② R. G. Collingwood, *Speculum Mentis or The Map of Knowledge*, Oxford: Clarendon Press, 1946, p. 231.
③ R. G. Collingwood, "The Nature and Aims of a Philosophy of History", in R. G. Collingwood, *Essays in the Philosophy of History*, Edited with an Introduction by William Debbins, Austin: University of Texas Press, 1967, p. 43.

1930年，他都在研究这一问题。在《历史知识的界限》（1928年）中，他对历史学的看法发生根本性转变，由实在论变为反实在论了。这种反实在论立场，在《自传》（1939年）中得到了系统、深刻的阐述。在这种观点的基础上，杜森区分出柯林武德思想发展中的两个标志性年份：1925年——柯林武德对历史学的观点发生转变，和1935年——柯林武德的历史思想基本形成。他按照理论倾向将柯林武德史学理论发展分为两个时期：第一个时期，从1925年到1930年，是从实在论到反实在论的转变期；第二个时期，1935年以后，唯心主义时期。① 就柯林武德史学理论发展的阶段性问题，笔者赞同杜森的观点。但在杜森两阶段划分法的基础上，笔者再增加一个阶段，即从1916年到1924年，实在论时期。杜森也意识到了这一阶段的存在，他没有将其作为一个划分阶段，是因为：不同于诺克斯等人，他主要是从史学理论方面，而不是哲学方面分析柯林武德的思想发展历程的。根据本书行文语境，笔者将1925年之前称为柯林武德思想发展"早期"，1925年之后称为"后期"。

柯林武德在《某物的一种哲学观念，特别是一种历史哲学的观念》一文中，分析了历史哲学的三个层次：一、直接由历史思考中的具体方法论问题构成的联合体；二、回答"历史是什么"这一问题的尝试；三、与一般的哲学同一的内容。三个层次之间的关系是，第一层次是历史哲学的内容，第二、三层次是历史哲学的形式。迪奥罗·久塞匹纳教授通过分析柯林武德著作，概括柯林武德表达的三种历史观。这三种历史观各自的侧重点分别是：第一、表明一种关于过去事件知识的研究方法；第二、分析历史解释的结构；第三、研究构成各个历史时期统一性，以及借以理解历史个体行动的根本原则和信念。笔者认为，久塞匹纳概括的三种历史观，和柯林武德区分的史学理论的三个层次，大体上可以认为是相对应的：分别对应着历史理论中的方法论、认识论和本体论。柯林武德对史学理论和历史学理解上的层次性，体现了他史学理论发展的阶段性、连续性和整体性。②

---

① 杜森划分的两个阶段，存在五年间歇期，即从1930年至1935年。因为柯林武德在这一时期内，没有进行历史哲学方面的研究。因而，杜森在划分阶段时没有考虑这一时期。

② R. G. Collingwood, "The Idea of A Philosophy of Something, and, in Particular, A Philosophy of History", in R. G. Collingwood, *The Idea of History*, p. 349. ; D' Oro Giuseppina, "On Collingwood's Conceptions of History", *Collingwood Studies*, Vol. 7. (2000), pp. 45 – 69.

柯林武德思想发展呈现出明显的阶段性。但在最终的思想倾向中，又部分保留着之前每个思想发展阶段的印记。在这个意义上，可以说，柯林武德的思想既是变化发展的，又是整体一贯的。

梳理和分析柯林武德史学理论的发展过程，能够为我们理解柯林武德的观点提供恰当的参照点和适当的语境。因为柯林武德的史学理论也并不是"铁板一块"，而是经历了一个发展过程。按照"同情之理解"的观点，我们要在承认柯林武德史学理论是一个有机统一的理论体系的前提下，具体分析、评价他在不同时期提出的理论观点及其发展。这种理论上的自觉，尤其适用于阅读、理解《历史的观念》。

柯林武德理论立场的变化彰显其史学理论中的"活东西"与"死东西"。"死东西"是为后期柯林武德放弃并持续批判的实在论观点。"活东西"是构成柯林武德历史认识论根基的历史过程思想，以及构成其历史方法论根基的问答逻辑。这不仅体现了柯林武德史学理论的连续性与体系性，也使其史学理论观点不断为当代学者阐释与援引。就历史过程思想来说，"柯林武德是一位一贯的现代主义者"①。这使他的史学理论成为学者们在评析后现代主义史学理论时援引的主要对象。② 就问答逻辑来说，其理论蕴含影响了海登·怀特等后现代主义者。海登·怀特对故事与情节的区分类似于柯林武德的批判与建构的两种解释策略（按：分别体现于柯林武德对其界定的批判的历史学与科学的历史学的评析中）。③ 弗兰克·安克斯密特也指出，在分析的历史哲学家们研究柯林武德的历史重演理论呈现"回报递减"趋势的状况下，"一些历史哲学家日益关注柯林武德的问答逻辑"。④

我们要在意识到柯林武德史学理论发展的过程性基础上，去分析、评价柯林武德的不同理论观点。深刻理解柯林武德的史学理论，不仅有利于我们探究分析的或批判的历史哲学在20世纪40年代中期至60年代

---

① Michael O'Neill, "On the Role of Time in Collingwood's Thought", in Alexander Lyon Macfie ed., *The Philosophy of History: Talks Given at the Institute of Historical Research, London, 2000 - 2006*, New York: Palgrave Macmillan, 2006, p. 82.

② 请参见彭刚：《叙事的转向——当代西方史学理论的考察》，北京，北京大学出版社，2009年，第9—33页；第116—170页。

③ Hayden White, *Tropics of Discourse: Essays in Cultural Criticism*, Baltimore & London: The Johns Hopkins University Press, 1978, p. 59.

④ F. R. Ankersmit: *History and Tropology: The Rise and Fall of Metaphor*, Berkeley & Los Angeles: University of California Press, 1994, p. 51.

中期这段时期内的发展历程①，也有利于我们清晰认知西方历史哲学从思辨的到分析的或批判的，再到后现代叙述主义的两次转型历程。

四、研究思路与方法

本书主要考察柯林武德史学理论体系的构成及其对20世纪西方史学理论研究的影响，旨在理清这一历史过程的发展脉络，并进而分析20世纪西方史学理论的发展历程与当代发展趋势。具体而言，主要从两个方面展开论述。

（一）本书以整体的视角、联系的观点审视柯林武德提出的各个命题。在柯林武德史学理论体系分析方面，围绕以下四个问题展开：1. 形成语境：实证主义传统。在19世纪末20世纪初，随着社会的进步和科学的发展，新史学家与史学理论家对实证主义史学家的"如实直书"的理想提出了挑战，从而在理论和实践两个方面，也即在历史哲学和历史学两个层次批判和质疑实证主义史学传统。柯林武德反对实证主义史学按照自然科学的模式来理解历史学，认为历史学不需要借助自然科学来确保自身的独立性。他分析了历史学自身的独特性，以及历史学与自然科学的差异，并批判了忽视这两点的实证主义史学传统。2. 逻辑前提：问答逻辑。柯林武德认为，历史学家并不是机械地反映和认识历史，历史学家自身的状况影响他对历史的理解与评价。历史学家所处的历史环境，会提出需要历史学家进行解答的问题。整个历史认识过程就表现为，不断延续的、提出与解决问题的问答循环。因而，过去并没有完全湮没，而是构成了历史学家回答问题所处的社会背景。而历史学家对问题的解答，又会形成新的历史问题出现的背景。在这一意义上，过去仍"活在"现在之中，历史是一个连续的过程。在历史研究过程中，历史学家要主动向史料提出问题，深入挖掘史料的意义，以便更全面地认识历史。3. 一切历史都是思想史：学术语境与内涵阐释。柯林武德将历史学家置于历史认识活动的中心，使历史学家成为历史认识的主宰。这相对于偏重史料批判考证的实证主义史学来说，是有积极意义的。所有历史资料和历史事件，只有在经过历史学家的考证和评判后，才能进入历史认识领域。这是对历史学家主体性的极大肯定。历史学家的"思想"，成为

---

① 有关柯林武德在这一时期西方历史哲学发展史上的意义请参见于沛主编：《20世纪的西方史学》，武汉，武汉大学出版社，2009年，第285—297页。

历史认识的标杆：所有历史事件，只有成为历史学家的思想对象，才有可能成为历史认识的对象。柯林武德强调历史认识过程的思想方面、理性特点和个人视角，但他并未将这种立场发展到极端的程度，也考虑到了历史中的物质因素，情感方面和社会群体。分析柯林武德对这三组对立关系的态度，可以比较全面地揭示一切历史都是思想史这个命题的意义。笔者通过上述三个方面的解读，认为柯林武德并未妥善地处理历史认识中主观与客观（物质与思想）、主体与客体（理性与情感）、微观视角与宏观视角（个人与社会）之间的关系。但柯林武德为解决这些历史哲学中的难题，提供了有益的尝试。需要指出的是，柯林武德强调历史学家的主体地位及其思想的作用，但他并未忽略对史料的批判和考证。柯林武德对历史学家的主体性和史料的真实性并重。4. 历史思想的重演：学术渊源与体系构成。柯林武德认为，历史学家是通过重演过去的思想来认识历史的。这一重演过程是按照下述程序展开的：历史学家在问题意识的引导下，分析文本资料或其他种类的资料，设身处地地构想历史事件所发生的情境，并重演历史当事人在那种情境下所进行的思想活动。柯林武德主张的这种"同情式理解"的历史认识方法，是以历史的过程性和历史学家的主体性为前提条件的。在柯林武德看来，过去与现在相联系，过去并未完全消失，其中的部分仍留存于现在之中，现在是对过去的扬弃，这体现出历史的过程性。这要求历史学家在进行历史认识时，要去理解、解释和想象。历史中有后世可以借鉴的经验和可以吸取的灵感。重演过去的思想，是为了更清楚地认识历史，避免重蹈过去的覆辙或重走过去的弯路。

（二）本书以柯林武德史学理论的个案研究为切入点，从纵向（按研究对象区分的史学理论研究范式的更替）与横向（按研究问题整理的不同史学理论流派间的争论）两个角度梳理与评价20世纪西方史学理论的总体状况。在柯林武德对20世纪西方史学理论研究的影响方面，围绕以下四个问题展开：1. 历史知识性质"同异"之争与批判的历史哲学。梳理柯林武德与19世纪传统实证主义者在历史知识性质问题上的分歧。柯林武德从研究对象、方法与目标方面分析了历史学与自然科学的差异，以此证明历史学的学科独立性与合法性地位。在理论阐述上，柯林武德分析了问答逻辑，一切历史都是思想史，历史思想的重演等论断。这体现了柯林武德彰显历史认识主体的地位与强调认识主体思想的作用后，在历史认识论领域，阐述不同于传统实证主义观点的逻辑论证过程。柯林武德在继承狄尔泰、克罗齐的基础上，推动了批判的历史哲学的发展。2. 历史解释模式"同异"之争与分析的历史哲学。主要回顾分析历史哲学内覆盖率与重演论两个传统，围绕历史知识的解释模式与历史学的学科定位问题进行的争鸣。卡尔·亨佩尔与卡尔·波普尔提出覆盖率模型作为历史学与自然科学共有的解释模式。在继承柯林武德史学理论表述的因果观、历史认识客观性与价值判断观点的基础上，威廉·德雷与艾伦·多纳根论证历史学与自然科学解释模式的差异。他们提出"行动合理解释"、"逻辑关联论证"作为历史学特有的解释模式，以此证明历史学的学科独立性与自律性。两种传统的持续争论推动了认识论历史哲学的发展，也彰显了柯林武德理论对分析的历史哲学的影响。3. 历史认识的可能性与后现代主义历史哲学。后现代主义者质疑历史认识的可靠性与可能性，突出历史研究中隐喻、情节建构等文学性因素，隐匿理性、真实性等科学性因素，将历史写作与文学写作等同起来。后现代主义者认为历史知识没有独立性可言，否认历史认识的客观性。柯林武德的理性主义立场成为后现代主义者攻击的对象。在历史认识可靠性问题上，柯林武德要求历史学家在研究中要进行理解、解释和想象，建构一种既尊重历史事实，又不抹杀或回避自身主观性的历史认识。在可能性问题上，柯林武德问答逻辑所表述的历史过程观，保证了具有"不在场"特性的历史认识在无限的问答循环中延续。在这场超时空对话中，柯林武德理论提示着我们西方史学理论领域士气正盛的后字号显学的局限与过激之处。4. 历史认识客观性与价值判断问题。新、老实证主义者遵循一种机械的、照镜子式的认识论，要求研究者完全摆脱价值束缚，在价值观念上严守中立。他们所理解的客观性是排斥价值判断的。与此相对，柯林武德认为确定历史事实的过程，也是历史学家对事实进行价值判断的过程，价值判断是历史认识客观性的构成要素而非对立面。后现代主义者质疑甚至否定历史认识的客观性，认为历史研究不过是一种与文学写作无异的写作方式。当前新文化史、微观史的兴盛就是这种史学理念实践效果的表征。在客观性问题上，柯林武德理论的建构论立场为我们理性评价实证主义者的重构观与后现代主义者的解构观提供了有益借鉴。

20世纪西方史学理论的两次范式转型，是20世纪西方历史与历史学深刻变化的反映,研究重心由本体论到认识论再到语言叙述依次演替。20世纪西方史学理论研究围绕历史知识性质,历史认识客观性与历史解释三个问题展开,各种理论观点异彩纷呈又不失其内在关联。柯林武德的史学理论是考察20世纪西方史学理论的重要参照点。柯林武德批判实证主义传统重构论的历史知识观与否定价值判断的观点,推动了史学理论的认识论转向。柯林武德从主体与客体、主观与客观及理性与情感层面阐述的史学理论体系,是认识论历史哲学的重要组成部分。后现代主义史学理论继承了柯林武德的相对主义立场,又将柯林武德的理性主义立场作为批判对象。后现代主义者将历史研究中的价值判断泛化,并由此质疑历史认识客观性,否认历史知识的可能性,将历史学等同于文学。

针对以上研究内容,本书的研究方法主要有三种:

实证研究。重视史料考证,对史料作出合理的编排和说明,尽量从柯林武德的原作与国内外重要学术著作中分析柯林武德思想及其对20世纪西方史学理论的影响。在研究资料利用方面,笔者根据柯林武德的著作、论文及可见到的手稿资料,说明柯林武德思想的发展变化。在了解其作品内容实质的前提下,在必要时从学术的角度进行补充阐释,以期引领读者领会柯林武德的原意,并分析现在学界对柯林武德的理解与评价。在研究资料解释方面,笔者结合柯林武德所处的学术语境和社会情境,努力揭示历史文本原意,力求如实地反映其理论原貌。

比较研究。这种方法主要应用在:柯林武德自身关于某个具体问题,例如自然科学与历史学关系,观点的前后发展变化。从这种比较中,发现柯林武德论述的异同,以此去把握柯林武德的思想脉络。柯林武德与克罗齐、布莱德雷、迈克尔·奥克肖特观点的比较。柯林武德与卡尔·亨佩尔、威廉·德雷观点的比较。柯林武德与后现代主义历史知识观的比较。

语境研究。笔者将柯林武德理论置于当时的学术和社会语境之中进行考察,将他的主体思想创造与他独特的个人经历联系起来进行考察,尽量澄清其思想文本的本意。

第一章 时代背景与学术语境

第一节 时代背景与个人经历

柯林武德1889年2月22日生于英格兰西北部兰开夏州,1943年1月9日去世,享年54岁。他经历了英国历史上最为辉煌的维多利亚时代(1837—1901)后期,参与并见证了第一次世界大战,目睹并反思了法西斯主义的兴起和第二次世界大战的发生。如果要对他的一生作出阶段划分的话,上述三个历史事件是比较恰当的参考坐标。

柯林武德生于一个中产阶级家庭,在四个孩子中排行第三。他的父亲威廉·格肖姆·柯林武德(William Gershom Collingwood)是一位画家和普利茅斯兄弟会的业余讲道者。柯林武德出生时,维多利亚时代的英国已经显示出它在世界历史上的优势地位,尤其在工业生产能力与对外贸易规模方面雄踞世界之首。"从绝对数字上看,英国的经济仍在增长,英国仍是世界上最富有的国家,维多利亚时代的显著特征之一就是它的富庶,直至它结束时都是这样。"[①] 在英国国内,从19世纪60年代以后,自由党与保守党轮流执政、竞相改革,广泛社会改革的结果之一是提升中产阶级社会地位,改善社会福利。

1902年之前,柯林武德与其姐妹在家庭中接受父母系统而有成效的家庭教育。柯林武德后来的学术创造与他在这13年里所受的家庭教育是分不开的。当然,这种稳固、持续的家庭教育的基础与其说来自其父威廉的有限收入,倒不如说是受惠于维多利亚时代。因为柯林武德的父亲威廉是英国艺术家、哲学家约翰·罗斯金(John Ruskin)的忠实追随者和免费秘书。柯林武德少年时,威廉的生活重心就是照顾晚年患病的

---

① 钱乘旦、许洁明:《英国通史》,上海,上海社会科学院出版社,2002年,第270页。

罗斯金，他的家庭并无太多收入。在一段时间里，他们家借住在别人空置的寓所里，而且柯林武德后来就读拉格比公学的费用也是他人赞助的。

虽说家境并不富裕，但是柯林武德父母却为他们的子女营造了良好的家庭氛围并在子女教育上尽心竭力。这和当时英国女王维多利亚为中产阶级树立的榜样作用有关。因为维多利亚的丈夫早亡，她独自勤勉地照顾9个子女，"她自己生活严谨，工作刻苦，对别人又充满责任感。在许多英国人眼里，她就是她自己时代的缩影，她漫长的在位时期则是国家繁荣昌盛的顶峰"①。重视家庭并多生子女，是那个时代英国的普遍现象。

在13岁之前，柯林武德在父亲的指导下接受多方面教育。他"按照父亲的课程表，在四岁开始学拉丁文，六岁开始学希腊文。在这个十分主张平等主义精神的家庭中，男孩与女孩和他们年长的姐姐一样学打气筒和锁头的使用方法，油灯和冲水便桶的工作原理，以及'屋子中其他机械装置的使用'"②。他通晓德语、法语和意大利语，并且能阅读拉丁语和希腊语古典文献。他学习过唱歌、弹钢琴和绘画。他少年时就对哲学和各种自然科学感兴趣。他的哲学爱好和语言才能，也为他以后进行哲学和考古学等方面的研究打下基础。他还努力学会驾驶帆船，这项运动成为他人生中最大的业余爱好。

柯林武德在相对宽松的家庭环境中接受教育，使他养成了学以致用、知行合一的精神。例如，他为了使课堂教学效果更好，专门练习发声。这方面的训练再加上他流畅的讲述与清晰的逻辑，使他的课堂深受学生欢迎。他在收集罗马碑文过程中，依靠自己的绘画基础亲手绘制图表和地图。这方面的考古学出版物也因他高超的绘画技艺而增色不少。而且，他八岁阅读康德著作，后来接触意大利哲学界并翻译克罗齐的著作，都展现其语言能力。除此之外，他广泛的业余爱好与专精程度在学界是闻名的，如绘画、驾驶帆船。

威廉在进行家庭教育过程中，也影响了柯林武德后来的学术与政治观点。威廉是英国唯心主义哲学家格林（T. H. Green）的仰慕者，受教

---

① 钱乘旦、许洁明：《英国通史》，第251页。
② Fred Inglis, *History Man: The Life of R. G. Collingwood*, Princeton: Princeton University Press, 2009, p. 5.

于格林的学生伯纳德·鲍桑葵（Bernard Bosanquet）。他将自己接受的观点传递给柯林武德。虽然柯林武德后来系统地批判了格林和鲍桑葵的唯心主义观点，但是他的父亲带领他进入这个哲学堂奥的。格林关于公民意识与英国自由主义原则的论述，也经由威廉而成为早期柯林武德所接受的教诫。

柯林武德早期家庭教育中另外一个不可忽视的人物是约翰·罗斯金。"柯林武德家庭教育……由罗斯金指导。正如我们所见，家庭教育课程的正式内容以绘画、音乐、古典、民俗和英国文学为核心。但课程首先是实践的、积极的，是一种在实践中学习的教育，要画画，要写诗，要为一出剧目搭建一个小剧场。"① 柯林武德后来的学术观点主张理论与实践的统一，与这种注重实践的早期教育密不可分。

1903 年 9 月，柯林武德进入英国著名的拉格比公学，并在此度过了五年不太愉快的时光。他不满于拉格比公学的教育方法，也因此对英国的公共教育体系怀有抵触情绪。他认为这种公共教育体系"远不是发展人的智力，而是抑制求知欲，使年轻人的敏感性变得迟钝"②。1908 年，他赢得牛津大学奖学金，以"像被释放出狱一样"③ 来描述他离开拉格比公学的感觉。

第一次世界大战是世界历史上的重要事件，也是柯林武德的人生经历之一。"当一战于 1914 年爆发时，柯林武德已流畅地使用德语，并与德国学者通信，驾驶帆船从德国西北海岸启航，至少熟悉德国的罗马疆界。柯林武德的英国人作风并未影响他的军事热情或骨子里反德国的狂热。"④ 1914 年至 1918 年，他自愿在位于英国皇家地理学会的海军情报部门从事后勤工作。他年逾花甲的老父亲也自愿在同一部门工作。1918年，他因结婚而终止服役，并有时间从事牛津大学导师的研究工作。在服役这段时间内，他并未终止哲学研究，抽出时间筹备《宗教与哲学》的出版事宜并撰写了一本知识理论方面的重要著作。

"一战"的巨大影响，在此不赘。相对于这个柯林武德人生的参照

---

① Fred Inglis, *History Man: The Life of R. G. Collingwood*, p. 6.
② David Boucher, *The Social and Political Thought of R. G. Collingwood*, Cambridge: Cambridge University Press, 1989, p. 4.
③ R. G. Collingwood, *An Autobiography*, Oxford: Oxford University Press, 1951, p. 12.
④ Fred Inglis, *History Man: The Life of R. G. Collingwood*, p. 86.

点，对其学术生涯影响更大的是他在牛津大学的时光。他在大学期间了解了当时牛津的哲学地图——实在论学派和唯心主义学派代表人物的观点，并开始自己的学术思考。纵观柯林武德的学术生涯，身在牛津的他是一位"不安分的"实在论者。随着学术研究的成熟与问题逻辑的提出，他成为实在论的坚定批判者。拒斥实在论立场之后，他并未满心满意地投入唯心主义者的怀抱。相反，他对当时牛津的唯心主义者心存不满，认为其存在"非历史化"或自然主义倾向，将其称作"传统唯心主义"。柯林武德的学术理想是将历史的维度引入哲学，实现哲学的历史化，进而打造其"新唯心主义"。而"历史化"就是柯林武德的"新唯心主义"区别于其批判的"传统唯心主义"的一个重要标志。因此，诺克斯认为后期柯林武德的理论立场是"绝对历史主义的"有一定道理，但认为这导致了怀疑主义立场则是成问题的。[1]

世界历史的重大变化牵动着学者所思所想。"从全球的观点来看，第一次世界大战的主要意义恰恰在于它开始了欧洲霸权的削弱——这一过程在第二次世界大战之后宣告完成。"[2] 德国学者斯宾格勒以《西方的没落》表达了"一战"后欧洲学者对西方文明命运的忧思。柯林武德在目睹法西斯主义兴起与第二次世界大战爆发后，也系统反思西方文明。

"二战"初期，柯林武德放弃历史哲学写作转而关注政治哲学研究，其目是认识20世纪欧洲文明的危机。当时，他正在进行《史学原理》写作。但"二战"爆发使他认识到反思西方文明问题的紧迫性。他这方面的研究成果是《新利维坦》。《新利维坦》并非柯林武德最满意的著作（指《哲学方法论》），也非学界评价最高的著作（指《形而上学论》），但体现了他作为一位学者对世界历史与现实的责任感。他在政治哲学领域的研究，与其在哲学、历史学领域的研究紧密相连。

1912年起，柯林武德担任彭布罗克学院（Pembroke College）哲学教员，一直持续到1935年。1933年以后，因为在哲学和考古学领域的杰出成就，他被授予一系列专业头衔。1934年，他当选英国科学院院士。1935年起，他开始担任牛津大学形而上学哲学教授，直至1941年退休。

---

[1] T. M. Knox, "Editor's Preface", in R. G. Collingwood, *The Idea of History*, Oxford: Clarendon Press, 1946, p. vii.

[2] 〔美〕斯塔夫里阿诺斯：《全球通史：从史前史到21世纪》，吴象婴等译，梁赤民审校，北京，北京大学出版社，2006年，第7版，第661页。

1938年，他被圣安德鲁大学（University of St. Andrews）授予荣誉法学博士学位。

贯穿柯林武德哲学、历史学、考古学、历史哲学等诸多学术研究领域的核心线索是——"历史地思考"。阐明历史思维方式对人类历史发展的必要性是柯林武德孜孜以求的。他从"证伪"与"证明"两方面阐述这个主题线索。在"证伪"方面，历史学在19世纪的学科化是历史思维方式兴起的契机。但他认为，遵循实证主义传统使兰克学派及其追随者并非真正在"历史地思考"。因而他通过梳理西方史学发展史，系统地评判了其中影响"历史地思考"的因素。在其主张的真正"科学的历史学"出现之前，在史学史上出现了诸多非科学的、不够科学的历史学体现形式。他冠之的名称是：剪刀加浆糊历史学、鸽子笼式史学和批判的历史学。这些历史学形式的影响并非完全消极的，对柯林武德理解的"科学历史学"是有奠基之功的。他始终通过关注历史学实践的发展进行史学理论反思。兰克史学是实证主义史学传统的代表。柯林武德的史学理论思考也是从反思与批判实证主义传统开始的。

第二节 兰克史学形成与影响[①]

19世纪下半叶，自然科学迅速发展。自然科学被分为数学、物理学、化学和天文学等学科。由于自然科学对人们生活的实用性，往往能得到政府资助。"到1880年时，自然科学享有极大声望。很多学者热心于没有本质和精神实体的非神秘的世界图像，热心于将科学方法作为确定的和永恒的真理。由于技术能带来更多的食物、产品、健康、舒适及流动性的前景，给公众留下了很深的印象。"[②] 自然科学的发展也为包括历史学在内的人文社会科学的发展创造了一个有利条件。一些哲学家试图以自然科学方法探讨人类社会问题，其中比较有影响的是法国哲学家孔德的实证主义哲学。

孔德强调一切知识都来源于经验并可以证实。他提出应该采用实证

[①] 这部分内容是笔者硕士学位论文的一部分。张作成：《论十九世纪德国实证主义史学的批判性》，东北师范大学硕士论文，2006年。

[②] Ernst Breisach, *Historiography: Ancient, Medieval & Modern*, Chicago: The University of Chicago Press, 1994, p. 269.

的或科学的方法研究社会和历史,并声称实证哲学是人类理智发展的最高阶段。这源于他对人类理智发展所划分的三个阶段:神学的(或虚构的);形而上学的(或抽象的);实证的(或科学的)。与此相对应,人类社会的发展也要经历相应的三个阶段。他指出在不同社会发展阶段,知识来源与人们获得知识的方法也不同。以孔德为代表的第一代实证主义者形成于19世纪30年代,主要以所谓哲学科学化为目标。孔德坚持"我们必须开始于直接来自经验的东西,要克制自己,不得试图深入到现象背后,他把他的学说叫做实证主义。实证主义的得名正是出自这一源泉"①。实证主义者认为自然科学"由两件事构成:第一个是确定事实,第二个是构成规律。事实是由感知直接确定的。规律是用归纳法概括这些事实而构成的。在这种影响下,出现了一种新的历史编纂学,它可以称为实证主义历史编纂学"②。就认识规律而言,实证主义以经验为中心,对完整规模性资料的要求,迫使历史学家必须将自己的主要精力放在第一项任务上:即确定事实。实证主义"对历史纪录的考证和历史材料的积累所给予的推动,它突出地标志着19世纪历史编纂学的特色"③。

实证主义史学的影响更多地是在历史学方法论方面。实证主义史学大师兰克④并没有写下历史哲学方面的专门著作,但可以从他所写的历史著作中体会他的历史思想。1824年,兰克在其成名作《拉丁和条顿民族史》中第一次在近代史研究方面实践了批判史料的方法。他提出的准则是:"最接近事件的人是最好的证人;当事人的信件比史家的记录具有更大的价值。"⑤ 兰克阐述了自己这样做的目的:"历史向来是为了现在和将来的利益而评判过去,本书并不敢期望这样崇高的职责,它的目的只在于如实直书。"⑥ "几乎没有一个短语像兰克的'如实直书'这样如

---

① 〔英〕伯特兰·罗素:《西方的智慧》,崔权醴译,北京,文化艺术出版社,1997年,第596页。
② R. G. Collingwood, *The Idea of History*, pp. 126 – 127.
③ 〔英〕沃尔什:《历史哲学导论》,何兆武、张文杰译,北京,北京大学出版社,2008年,第155页。
④ 全名是利奥波德·冯·兰克(Leopold von Ranke),生于1795年12月21日,卒于1886年5月23日。他是德国19世纪最重要的历史学家,也是西方近代史学的奠基者之一。
⑤ 〔英〕乔治·皮博迪·古奇:《十九世纪历史学与历史学家》,耿淡如译,卢继祖、高健校,谭英华校注,北京,商务印书馆,1997年,第179页。
⑥ John Barker, *The Superhistorians*, New York: Charles Scribner's Sons, 1982, p. 151.

此频繁,如此赞同地被引用,他宣称他不想评判过去,而只是记录过去。这已被用作兰克成就的象征性描述,他在著作中充分地将文献学家、博学家和法律学家的方法论成就和基本阐释与传统叙述史学结合起来。"①《拉丁和条顿民族史》给兰克带来去柏林大学讲课的机会。但当时真正给兰克带来发挥空间的是一个由柏林文化界的知名人物所开办的"沙龙"。在这里,他结识了一些柏林知识妇女,并对档案馆产生了浓厚兴趣。这"使他确立了以旁观者不偏不倚的态度编写历史的习惯,而且他还从威尼斯共和国的有经验的外交家那里懂得了一些他们的审慎作风和精密判断力"②。兰克利用他在档案馆中发现的16、17世纪的外交报告编成《奥斯曼人与16、17世纪的西班牙君主国》一书,这是《南欧君主和人民》丛书的第一部。这为他赢得了一次有资助的旅行机会。兰克在四年时间里到意大利、奥地利和塞尔维亚等国的档案馆中广泛收集档案材料。兰克重视原始资料,认为档案馆是发现原始资料的主要场所。

1834年,兰克《教皇史》第一卷出版,1836年,第二卷、第三卷相继出版。他的目的在于"阐明教廷是欧洲发展的一个因素,而它本身也像欧洲体系的其他成员一样在不断变革着"。"那些反对宗教改革的教皇在他笔下成为合乎人情的和可以理解的人","约翰内斯·缪勒曾称颂中世纪的教会,说它们是反对世俗专制主义,提倡智慧解放的代表者;浪漫主义作家曾表现出对教会和圣徒的热情。兰克不理会当时的争论,也不带有浪漫主义的热情,而是平心静气地把教廷作为一个伟大的历史现象来论述"。"《教皇史》的出名是由于它的客观叙述,但同样也是由于它的资料丰富。他把那三百年间的梗概搞得如此清楚,后来的研究只不过是充实工作而已。这不仅应归功于他搜集到的新资料,而且应归功于他批判地处理他的史料——无论是已刊的或未刊的史料——的方法。"③"判定历史真相的最好办法就是利用原始史料,特别是档案材料。所以兰克才在柏林、维也纳、巴黎、罗马,特别是威尼斯的档案库里工作,他从这些地方得到大批迄今没人知道的材料。兰克正是使用威尼斯驻欧洲诸大使写的那些了不起的报告的第一位历史家,特别是写他的

---

① Ernst Breisach, *Historiography: Ancient, Medieval & Modern*, p. 233.
② 〔英〕乔治·皮博迪·古奇:《十九世纪历史学与历史学家》,第181页。
③ 〔英〕乔治·皮博迪·古奇:《十九世纪历史学与历史学家》,第189—190页。

《教皇史》时使用的最多。"① 《教皇史》使兰克赢得世界著名历史学家的声誉。为了撰写《宗教改时期的德意志史》,兰克查阅了德国从1414年到1613年的九十六卷文献,包括法兰克福议会代表的报告,而且在魏玛、德累斯顿等地找到了一些资料,同时又在布鲁塞尔找到了查理五世的大批信件。他在此书中写道:"我看到这样的一个时期正在到来,那就是,我们在编写近代史时,甚至不再依靠当代历史家的记载(除非是他们提供了原始知识的地方),当然对于利用他人著作的作者就更少依靠了;我们将依靠目击者的叙述和原始的文献资料。"②

除上述著作外,兰克还写了一系列著作,包括《英国史》、《法国史》、《德国史稿,1555—1618年》和《革命战争的起源》等。在这些著作中,可以体会到兰克对历史的基本主张和看法。我们可以通过了解兰克所开创的历史学传统与以往历史学共享的前提假设理解他的史学主张。"自从利奥波尔德·冯·兰克以来,'科学的'取向就和从修昔底德到吉朋的文学传统共同享有三项基本的前提:(1)他们都接受了真理的符合论(Correspondance Theory of Truth),认为历史学是描绘确实存在过的人和确实发生过的事。(2)他们都假设人的行为反映了行为者的意图,而历史学家的任务则是要理解这些意图以便重建一篇完整一贯的历史故事。(3)他们是随着一种一维的(One-dimensional)、历时的(diachronical)时间观念在运作的,其中后来的事件是在前一个完整一贯的序列之中随着较早的事件相续而来的。"③

这些观念决定了兰克著作的基本结构,一定程度上也决定了他的历史观。第一,从真理符合论观点出发,兰克认为历史著作应该而且能够如实地反映过去。第二,人的行为反映了他的意图,因而辨别出记述历史事件的真实史料并将它们按照一定次序编写出来,这样就可以"重建"过去,并不需要掺杂历史学家个人的主观意志。第三,兰克的时间观念是一维的,因而他所描述的历史也是一维的。这符合历史的时间特性,因为历史的发展就是从过去到现在,是不可逆转的。如果将这一点

---

① 〔美〕J. W. 汤普森:《历史著作史》下卷第三分册,孙秉莹、谢德风译,李活校,北京,商务印书馆,1996年,第250页。
② 〔英〕乔治·皮博迪·古奇:《十九世纪历史学与历史学家》,第193页。
③ 〔美〕伊格尔斯:《二十世纪的历史学:从科学的客观性到后现代的挑战》,何兆武译,济南,山东大学出版社,2006年,第3页。

看作历史的自然属性，兰克忽略了历史的社会与时代属性。因为历史是关于人类事件的，人又有价值属性，人类历史也必然包含价值因素。

兰克认为历史学家应避免将自己的价值观渗透到历史著作中，避免对历史事件作价值评价。从这种观点来看，兰克认为历史与现实、过去与现在是彼此独立的。如果要客观地认识历史，历史学家就不应该将现在的因素渗透到对过去的认识中。而现实生活中的兰克给人留下的完全是另一种形象。为了抗拒法国大革命带动的民主思想对普鲁士的影响，1832年《历史政治评论》在普鲁士政府的授意下创刊并出版。兰克担任该刊物的主要撰稿人。兰克忠诚与信任普鲁士政府，敌视与排斥民主与共和思想，清晰地体现在他为刊物撰写的旨在"鉴于往事，资于治道"的历史性论文中。因此，汤普森评价说："兰克本人也是他那个时代的产物，他是普鲁士王国的忠诚奴仆，教会和国家的辩护士；他写的一切都是他的思想偏见和利益的反映。"① 这体现了兰克"如实直书"主张的相对性。但这并不能掩盖兰克对西方历史学发展的贡献。

兰克在历史研究中非常重视收集原始资料和史料批判考证，形成了自己的史料观与评判史料的标准和方法，而且能将它们贯彻到自己的史学实践中。"以熟练的批判手段利用这些资料似乎保证了历史学家著作所确立的历史事实的客观性。实际上，兰克详尽的方法论是建立在古典哲学基础上，古典哲学的格言是：在资料所处的文本下检查其真实性。兰克因其方法论贡献而被尊为批判历史学的先驱。他获得那种声誉是因为他遵循了自己的原则。例如，他拒绝让他自己对法国大革命和教皇的厌恶影响他的发现。"② 兰克的影响在于统一了历史学方法论，这种历史研究的关键是让真实史料"说话"。

兰克在总结前人成就基础上，提出重视原始史料的原则与史料批判方法。他提出的史料批判方法包括"外证法"（通过同时代不同史料的对比校勘来确定史料的真伪）和"内证法"（通过不同来源的相同史料的对比来确定史料的可信度）。这种史料批判方法在兰克的影响下，逐渐成为历史研究中通行的学术原则，其影响至今仍然存在。这是兰克的重要影响，也是他在历史方法论方面的贡献。他在历史方法论方面的影响之大，也使很多人也包括他的弟子把他的方法论和哲学观念分开了。"美

---

① 〔美〕J. W. 汤普森：《历史著作史》第三分册，第253页。
② Ernst Breisach, *Historiography: Ancient, Medieval & Modern*, p. 233.

国历史学家因为不能理解兰克历史思想的哲学意义,就把兰克对文献的分析批判(这是他们所理解的,也是适合于他们赋予历史以科学尊严所需要的)和兰克的唯心主义哲学(这是他们所不熟悉的)分裂开来了。"①"很多将兰克看作准乐观主义者的人忽视了或有意忽视了他研究的第二个层面,以及与之相联系的兰克的形而上学部分,这给他的方法论提供了基础。对于路德教徒兰克来说,上帝这个'神圣的字眼'及其计划和意志屹立于过去所有现象背后。只要历史学家们关注'人类本来的样子,可理解的或不可理解的个人、几代人或各个国家的生活以及位于它们之上的上帝之手',研究人类事件就能产生真理。受康德和威廉·冯·洪堡影响,兰克发现了思想中世俗和形而上学领域之间的联系,发现了那些在现象世界中部分或暂时证明它们自身的永恒力量。"② 后世学者重视兰克方法,忽略其历史观念,这种状况无论是出于有意选择还是无意曲解,都未影响兰克在史学发展史上的地位。

世界观、认识论和方法论是统一的。兰克所主张的经验方法是以他对世界的思辨观点为前提的。"像赫尔德和浪漫派一样,冯·兰克在他与理性主义和乐观主义的进步观的争论中强调个体性的重要性。如果进步命题的根源在于因果决定论或目的决定论的话,那么人类自由就随之被取消了。但是,历史发展蕴含着'自由的诸阶段'。历史学家们必须能把历史现象追溯到行动。只有行动这个概念才能使我们把事件理解为历史事件。进一步说,在冯·兰克看来,进步的命题是与所有时代和民族均有平等价值(如冯·兰克所说,'与上帝同等接近')这条原则不相容的。多样性本身就是上帝之宽厚的表现。从永恒的角度(上帝的角度)来看,所有世代和时代都具有同等价值。我们可以说,冯·兰克把历史著述从哲学思辨(黑格尔)中解放了出来。历史编纂学被建制化,成为一门严格的经验学科,首先要追溯到冯·兰克和他的学派。"③ 与强调均质、同一的进步史观相比,兰克强调历史认识的个体性与多样性。

兰克十分重视个体或个别,他考证或辨析史料就是为了确立历史现

---

① 〔美〕格奥尔格·伊格尔斯:《美国和德国历史思想中的兰克形象》,何兆武译,载于《二十世纪的历史学:从科学的客观性到后现代性的挑战》,沈阳,辽宁教育出版社,2003年,第240页。

② Ernst Breisach, *Historiography: Ancient, Medieval & Modern*, p. 233.

③ 〔挪〕G. 希尔贝克、N. 伊耶:《西方哲学史——从古希腊到二十世纪》,董世骏、郁振华、刘进译,上海:上海译文出版社,2004年,第400页。

象的真实性。他认为个体反映整体,只有通过真实的个体才能把握整体的历史精神。同时他又认为历史的动力是理念,在理念的背后是上帝。无论是个人、制度,还是国家、时代,都受其背后的理念支配。说到底,这些作为支配力量的理念就是"上帝的思想"。"历史决不是像它初看起来那样混乱一团。这里面有创造力和道德力量在起着作用,它们赋予历史以价值和意义。国家是智慧的实体,是人类精神的创造物,是上帝思想的表现。""所有的世代都同样可以在上帝面前说明它的发展是有道理的,而每一个世代都同样可以同上帝直接联系。道德概念只能在范围上而不能在性质上扩展。要想超出于基督教教义之上,是不可能的。人类本身包含着没有尽头的发展,看来像是遵循着一些不可知的律法。历史是没有被完全理解的神意的显现。"① 综上所述,兰克虽然强调史料批判考证,重视原始资料并力图如实地再现历史,但这背后是有其神意观念(如实地再现每一个国家的历史,以此来证明上帝的存在)为指导的。

兰克的巨大成就和影响并非源于课堂,而是来自他所倡导的研究班式培养人才方式。"兰克所倡导的专题研讨班(Seminar)是其史学思想的一个重要组成部分。兰克的'如实直书'理念、客观公正的精神,以及史料研究的方法,在很大程度上都是通过这种专题研讨班的形式传播开来的。可以这样认为,这种专题研讨班是兰克史学思想得以传播最重要的原因之一。不仅如此,这种专题研讨班所带来的协作研究,还大大促进了历史研究的进步。最重要的是,专题研讨班在培养历史学高级人才方面的影响也是深远的,在19世纪有着巨大影响的兰克学派的形成与发展都与这种专题研讨班紧密相连。"②《科维修道院编年史》、《萨克森朝德意志编年史》等就是研究班上所产生的协作研究成果的表现。

兰克以这种教学和科研相结合的方式培养出魏茨、吉泽布雷希特和聚贝尔等多位享有崇高声誉并在各自领域作出突出贡献的弟子。兰克以研究班为基地为德国各大学培养出一百多位历史学家。这些历史学家又以兰克的方式培养自己的学生,为德国、美国等国家培养了许多历史学家。这使兰克影响日益扩大,形成声势显赫的兰克学派。"只有那些想把历史作为自己的专业的人才能参加兰克的研究班。他布置学生们研究中世纪史,因为只有在中世纪才可以找到最困难、最重要的问题,他还允

---

① 〔英〕乔治·皮博迪·古奇:《十九世纪历史学与历史学家》,第188、213页。
② 易兰:《兰克史学研究》,上海,复旦大学出版社,2005年,286—287页。

许学生们选择自己的课题。兰克的角色只是一位友好的向导,不过他很严厉。他很少讲大道理,他的观点始终是实事求是的,这位老师教导学生的原则可以简单归纳成这样:弄清史实真相并钻研资料的来源。兰克告诉他的学生说,每篇文献都包括一些主观因素;历史家的职责就是从主观的东西里把客观的东西找出来,换句话说,即追溯其实质。他总是要求学生记住进行工作的三条准则:批判、准确、透辟。"[1] 这种研究和教学方式有重要意义。在兰克及其学派的努力下,实证主义史学成为19世纪影响最大的史学流派之一,历史学取也得了作为一门独立学科的合法地位。

由于近代理性精神影响,实证主义史学家认为,采用"科学的"方法批判史料并合理地将其编排起来就能反映出真实的历史。第一次世界大战体现了人非理性的一面,因而使人们对实证主义史学家按照理性精神作出的历史解释表示怀疑。实证主义方法论在认识方法领域的偶像地位开始动摇。人们认识到公正、客观的历史研究,仅仅是个幻想而已。柯林武德诘问实证主义史学家:"历史知识是何以可能的?如何以及在什么条件下,历史学家才能够知道,那些现在已超出回忆或重复范围之外,不能成其为知觉对象的那些事实呢?他们通过假设科学事实与历史事实之间的相似性,就排除了提出这个问题的可能性。由于这个错误的相似性假设,他们本以为这样一个问题可以无需回答。但正由于这同一个错误的相似性假设,他们始终误解历史事实的性质。因此他们就以我曾描述过的那些方式,歪曲历史研究的实际工作。"[2] 由此可见,柯林武德反对按照自然科学思维模式认识历史学,或者将二者进行类比。他对历史学与自然科学关系的这种观点,成为他阐释自己的史学理论,维护历史学自主性地位的逻辑起点。

柯林武德所要回答的一个重要问题就是:"历史知识是何以可能的?"这个问题对他来说包含着两层涵义:一,历史学是不同于自然科学的,因而自然科学的方法和理论不能应用于历史学领域。他通过批判实证主义史学传统,区分历史学与自然科学,系统阐明了这一点;二,历史学家要运用历史学自身特有的方法获取历史知识,进而证明历史学的合法性。柯林武德是在实证主义史学传统占支配地位的学术语境中阐释

---

[1] 〔美〕J. W. 汤普森:《历史著作史》,第三分册,第242页。
[2] R. G. Collingwood, *The Idea of History*, p. 133.

自己的史学理论的，期望从历史学自身寻找维护历史学自主地位的依据。他强调历史学与自然科学的差异。那么他是如何分析两者区别，以突出历史学独特性的呢？

第三节 批判实证主义的传统

兰克史学虽然注重通过史料批判方法确定史实，放弃实证主义纲领的第二部分，但这仍体现出实证主义精神的影响。这种影响体现在：一、兰克派史学家仍然以实证主义思维方式设想那些事实，即将历史事实看成独一无二的、不再重复的个体。二、这些史学家要确定史实的实在性，还需要另外一个原则："历史学家必须消除自己观念中的一切主观成分。"① 这也体现了实证主义精神的影响。因为新、老实证主义者都要求，科学研究者完全摆脱价值羁绊，在价值观念上完全中立。"实证主义作为19世纪的一个巨大的思潮，是对自然科学方法的一种哲学的反思。"② 上述兰克史学的历史理念和方法论观念，表明兰克史学受实证主义影响，以自然科学思维方式理解历史学。

> 历史学的学者……将研究自然的观点和方法转移到研究人类现象中来。历史学家们不久发现，历史编纂学不能仅仅遵循经过一些改变的自然科学模式。那样他们将不仅必须接受自然科学的研究方法，而且也要接受它对世界的基本观点。模仿严格的、科学的经验论将付出很大代价，要驱逐独特的人和他的特殊背景在一般的、因而是可预见的现象或力量中的优势地位。历史学家将不得不放弃非决定论而转向决定论。③

这是柯林武德反对将历史学消解于统一的自然科学，批判实证主义传统的背景和原因。因为他认为历史学是一门独特的学科，历史学自身特有的方法和理念能够确保其科学地位。这是他在《历史的观念》、《史学原理》等著作中阐述的立场。在前期著述中，他并未持有这种观点。

---

① 朱本源：《历史学理论与方法》，第431页。
② 朱本源：《历史学理论与方法》，第431页。
③ Ernst Breisach, *Historiography: Ancient, Medieval & Modern*, pp. 268–269.

因为他的思想观点不断变化，他对历史学与科学关系的理解也经历一个变化过程。柯林武德有关历史学与自然科学关系的观点，有助于我们了解他对历史学的看法，也是他批判实证主义史学传统的理论基础。

柯林武德1922年发表于《心灵》上的论文《历史学和自然科学是不同的知识吗？》，开篇就指出："从知识理论或逻辑理论的角度看，我们必须区分出两种分别称为历史学和自然科学的知识种类吗？人们经常作出这种区分。我们将论证，这种区分是虚假的。"① 他此时反对区分历史学与自然科学。这首先是因为，二者的任务是相同的："科学家当然进行概括。但这种概括是从属于他作为一名科学家的真正任务的，也就是从属于解释个体事实的。历史学家也并非处在低于概括的思想水平上。历史学家也进行概括，而且是怀着与自然科学家相同的目的进行概括。"② 其次，二者的主要动因是相同的："人们常说自然科学的主要动因是批判的思想，历史学的主要动因是权威著作。这种说法是完全不能成立的，除非我们在谈论自然科学的初始阶段和历史学的收尾阶段。因为只要没有得出结论，每种工作都是批判性的；当得出结论时，每种工作就都是教条的了。进行研究的历史学家，与进行研究的自然科学家一样，都是有批判精神的。一位作出研究成果并将它公之于众的自然科学家，就像罗马教皇那样独断。如果他不这样的话，他通常就是个迂腐的书呆子，或者是在矫揉造作。"③ 此外，他还从思维方式入手阐述其原因："历史学和自然科学之间的这些以及其他的虚幻区分，是人们将自然科学的内部视角与历史学的外部视角进行比较的结果。也就是说，是将体现为一个实际思想过程的自然科学与体现为定稿论文的历史学之间，进行比较的结果。当两者被看作实际的研究时，方法与逻辑的差异就全然不见了。"④

柯林武德表达的观点是：历史学与自然科学作为知识门类，其获取知识的方法与思路是相似的。历史学即使不是科学，那它也不是低于自然科学的。"实际的历史思考，是一般与个别的持续交替，个别是目的，

---

① R. G. Collingwood, "Are History and Science Different Kinds of Knowledge?", in R. G. Collingwood, *Essays in the Philosophy of History*, p. 22.
② R. G. Collingwood, "Are History and Science Different Kinds of Knowledge?", p. 30.
③ R. G. Collingwood, "Are History and Science Different Kinds of Knowledge?", pp. 32–33.
④ R. G. Collingwood, "Are History and Science Different Kinds of Knowledge?", p. 33.

一般是手段……确定事实与利用事实作为概括的素材，不是两个分离和独立的活动，一个归于历史学，另一个归于历史哲学。它们是历史内部两个互相联系和彼此影响的因素。通过适当注意自身的概括因素，历史学变成科学的。但是试图分离两个因素，将一个给历史学家，另一个给科学家，我们将十分尴尬地得到一种非科学的历史学和一种非历史的科学（如果它愿意，可以称自己为一种哲学）。"① 因而我们不能按照绝对化的非此即彼思路认为，如果柯林武德反对区分历史学与自然科学，那么他就支持历史学附属于自然科学了。

柯林武德认为："历史学与自然科学都处理事实，具体的事实——唯一的事实是存在。现在理解一个事实，就是从正确的角度理解它，从它与其他事实之间的联系理解它。这是历史学与自然科学都试图做的。但科学家通过建立一个抽象和概括的网络理解事实，这使他幻想自己真正研究的并不是事实而是概括。因而他误解了自己的目的，认为自己正在研究的是'自然规律的体系'，一个在现实世界中并不存在的体系，只是逻辑分析中的一个错误的形而上学称谓。现在，历史学家正在做与科学家相同的事情，即理解事实。但历史学家在认识自己所做的这一点上，不同于自然科学家。历史学家知道自己的研究对象不是抽象的'自然规律'，而是事实……这种观点差异有重要影响。"② 尽管科学家以研究事实为基础，但他寻求的"共相"是虚幻的。这是柯林武德在划定五种经验模式时认为历史学高于科学的原因。但是，从科学到历史学，是有继承的发展，这决定了两者的相似性。

柯林武德强调历史学与自然科学的相似性，但反对混淆历史学与自然科学。"柯林武德可能是英语世界对下述观点最著名的支持者：人类过去的历史有一种不同于自然科学与自然史的目的与方法。"③ 在《奥斯瓦尔德·斯宾格勒的历史循环理论》一文中，柯林武德在评述斯宾格勒的文化形态史观时，批评他以自然科学思维方式研究历史：

> 比较解剖学现在不是历史学，而是科学。斯宾格勒的形态学就

---

① R. G. Collingwood, "The Nature and Aims of a Philosophy of History", p. 36.
② R. G. Collingwood, "Science and History", *Collingwood Studies*, Vol. 4. (1998), p. 203.
③ Aviezer Tucker, *Our Knowledge of the Past: A Philosophy of Historiography*, Cambridge: Cambridge University Press, 2004, p. 200.

是用比较解剖学的方法分析各个历史时期。历史形态学者不关心发生了什么，而是假设他知道发生了什么，概括其结构以与其他事情的结构进行比较。他的任务不是研究历史，而是谈论历史，假设其他人已经进行研究工作了。这项工作就是历史学家的任务即发现事实。在这个意义上，斯宾格勒丝毫没有显露出进行历史研究的愿望，也没有表现出已经进行研究的愿望。他的历史是由他在书中发现的现成事实构成的；他要做的就是将这些事实安排进各种模式中。①

依柯林武德看来，斯宾格勒不但混淆了历史学与自然科学，也混淆了历史与自然。斯宾格勒"继续没将世界看作历史来研究，而是看作自然来研究。也就是说，他从自然科学而不是历史学的视角来研究世界"②。从这个角度看，斯宾格勒混淆历史与自然是必然的，因为这是他混淆历史学与自然科学的前提条件。自然科学的迅速发展与辉煌成就，使它的方法几乎在社会生活的所有领域都受到推崇。"在思想史上一种习见的现象是把某一个思想领域的某些概念拿到另一个迥然不同的思想领域去用。这种挪用概念的一个突出例子就是自然科学对历史阐释的影响。"③ "毫不令人吃惊的是，在所有领域包括历史学的学者感受到模仿如此成功的尝试的刺激，而且将研究自然的观点和方法转移到研究人类现象上来。"④ 历史学中的实证主义传统体现了自然科学影响。因此，斯宾格勒也是实证主义史学的典型。

柯林武德反对混淆历史学与自然科学，实际上是反对历史学中的实证主义传统。他"强烈反对的理论是，只有普遍是可理解的，而个别永远都无法理解。这种实证主义理论，使历史学只能以这种或那种方式被吸收到各门科学中，或者保持非理性状态而不能理解事物"⑤。但因为柯林武德的思想发展阶段，他此时还未主张截然区分历史学与自然科学。

在《精神镜像或知识地图》中，柯林武德按照获得真理程度的差异，将人类精神生活划分为五种经验形式：艺术、宗教、科学、历史与

---

① R. G. Collingwood, "Oswald Spengler and the Theory of Historical Cycles", in R. G. Collingwood, *Essays in the Philosophy of History*, p. 67.
② R. G. Collingwood, "Oswald Spengler and the Theory of Historical Cycles", p. 67.
③ [美] J. W. 汤普森：《历史著作史》，第四分册，第601页。
④ Ernst Breisach, *Historiography: Ancient, Medieval & Modern*, p. 269.
⑤ W. J. van der Dussen, *History as a Science: The Philosophy of R. G. Collingwood*, p. 52.

哲学。他在论述中世纪艺术、宗教与哲学时指出："艺术与哲学影响宗教的程度，与宗教影响它们的程度是一样的。事实是，人类精神的不同活动之间彼此渗透，每一个都受其余的影响。如果我们将艺术与宗教构想为分离的活动，将会得出的结论是：宗教艺术是一种奇怪的艺术形式，在某些明确的方面不同于纯粹的艺术。"① 依此推理，历史与科学作为经验形式，也是互相渗透和影响的。因此，柯林武德反对在历史学与自然科学之间作出各种区分的观点就可以理解了。他作为一个辩证的思想家，虽然认识到各种经验形式之间的联系，但这是以他承认它们之间存在差别为前提的。我们现在继续以上面引用的例子，说明历史学与自然科学之间这种"和而不同"的关系，"艺术、宗教与哲学并不完全相同，彼此之间存在差异。当它们的发展水平较低时，这些差异就不显现出来；当它们发展成熟时，这些差异总是骤然出现"②。

在《历史的观念》中，柯林武德一改此前立场，系统分析了历史学与自然科学的差异。这种观点以区分历史过程与自然过程为前提，"自然过程能够被完全描述为仅仅是事件的序列，但历史过程不能。历史过程不是单纯的事件过程，而是行动的过程。这些行动过程有一个由思想过程所构成的内在方面"③。历史过程与自然过程的差异，决定了历史学与自然科学的研究对象与任务也是不同的。"历史学家研究过去的任何事件，都要区分事件的内部与外部。我用事件的外部，指可以从形体及其运动方面描述的事情……事件的内部，指只能从思想方面来描述的事情"。历史学家的"工作可能从发现一个事件的外部开始，但不能在那里结束。他必须一直记住：事件是一个行动，他的主要任务是自己思考这个行动，辨别行动者的思想"④。"就自然的情况来说，事件的这种外部与内部的区分是不存在的。自然事件仅仅是事件，不是科学家努力探求其思想的行动者的行动。科学家像历史学家一样，并不仅仅是发现事件。但科学家的努力方向，与历史学家恰好相反。科学家并不将事件构想为一个行动，并不透过事件的外部深入到其内部，以发现行动者的思想。科学家超越事件阶段，观察事件之间的联系，因而发现事件符合自

---

① R. G. Collingwood, *Speculum Mentis, or The Map of Knowledge*, p. 27.
② R. G. Collingwood, *Speculum Mentis, or The Map of Knowledge*, p. 29.
③ R. G. Collingwood, *The Idea of History*, p. 215.
④ R. G. Collingwood, *The Idea of History*, p. 213.

然的一个一般公式或法则。"① 历史学与自然科学的研究对象、研究任务不同，决定了二者的研究方法也是不同的。历史学家要发现历史事件所表达的思想，要通过从内部重演行动者思想的方法。自然科学家要发现自然现象之间的规律，要通过从外部观察的方法。

柯林武德在《历史的观念》中从研究对象、方法与任务三个方面，分析了历史学与自然科学的差异。在《史学原理》中，他仍然坚持这个立场，继续从理论上阐述二者的差异。笔者根据《史学原理》的相关论述，制作一个对比表格，② 以更直观地反映二者差异：

比较项目	比较对象	历史学	自然科学
组织形式	研究起点	事实	假设
	研究结论	关于有时空特性的事物的	关于没有时空特性的事物的
研究形式	方法形态	发现	发明
	结果形态	时间上有前后序列的历史叙述	逻辑上相互关联的前提与结论

英国历史学家爱德华·卡尔概括了当时学术界流行的自然科学与历史学之间区别的观点。"尽管在数学与自然科学之间或在不同科学之间，存在很大差异。但是这些科学门类与历史学之间存在一个根本差异。这个差异误导性地以科学名义称呼历史学，或者也如此称呼其他所谓社会科学。简要来说，这些反对意见中的一些可能比其他更可信，具体如下：(1) 历史学只关注特殊，科学只关注一般；(2) 历史学不垂训后世；(3) 历史学不能预言；(4) 历史学必然是主观的，因为人类在观察其自身；(5) 不像科学，历史学涉及宗教与道德问题。"③ 作为柯林武德史学理论的继承者，卡尔并不完全赞同上述观点。但这些概括基本体现了柯林武德在强调历史学科独特性过程中阐述的观点。

---

① R. G. Collingwood, *The Idea of History*, p. 214.

② 表格内容参见：R. G. Collingwood, *The Principles of History and Other Writings in Philosophy of History*, Edited with an Introduction by W. H. Dray and W. J. van der Dussen, Oxford: Oxford University Press, 1999, p. 5. 柯林武德《史学原理》中论述的理论基调就是，历史学与自然科学是有区别的。因此在这本书中，柯林武德有关历史学与自然科学差别的论述，也并不仅限于此处。

③ Edward Hallett Carr, *What Is History?* New York: Vintage Books, A Division of Random House, 1961, pp. 78–79.

从以上论述中，我们可以看出柯林武德有关历史学与自然科学关系观点的变化过程：从反对区分历史学与自然科学，到系统分析二者的区别。在这个问题上，无论柯林武德持何种观点，他有个一贯的立场：反对混淆历史学与自然科学。这是因为在柯林武德所处的时代，有种倾向是将自然科学的研究方法照搬到历史学中，用以解释历史现象。他从维护历史学自主地位立场出发，批判实证主义史学传统，强调历史与自然、历史学与自然科学的差别，反对将自然科学的思维模式应用到历史学领域。此处涉及的问题是，他如何理解实证主义史学？又是如何批判实证主义史学的？

（一）柯林武德与塞缪尔·亚历山大：物理学是历史科学吗？

柯林武德是一位睿智、高产和高效的学者，虽然其史学理论观点在当时的英国学术界并未引起太多关注，但他通过他手中的"枪杆子"不断书写着批判当时学界通行观点的"战斗檄文"，进而系统阐述自己的理论。"柯林武德在其著述中与不同流派的哲学对手论战：现代心理学、实证主义、突现论和过程哲学、G. E. 穆尔、尼采和法西斯主义政治学。实证主义指19世纪的实证主义史学理论和20世纪的逻辑实证主义。……柯林武德的总体原则是，倾向于选择那些他认为在心灵研究中威胁到历史思想自主性的作为自己的哲学论战对手。他的哲学论战旨在为关于心灵的历史思考清理和保存空间。"① 从这一意义上说，柯林武德在其学术研究道路上并不"孤独"，在与学术观点相左者不断对话与论辩中推进自身的研究与思考。

在哲学研究领域，他"遭遇一位哲学对手，似乎将历史研究性质与柯林武德时间理论问题一起提了出来。在《事物的历史性》这篇文章中，塞缪尔·亚历山大严重挑战了历史学是适用于研究心灵的科学观念；心灵不同于自然。然而，亚历山大没有将自然科学领域的方法与概念扩展到人文科学领域（像19世纪的实证主义者那样），他论证，被理解为研究空间与时间的当代物理学的特点实际是历史的"②。亚历山大的这个立场显然不同于学术生涯后期竭力证明历史学科独特性的柯林武德。更重要的是，柯林武德史学理论是人文主义的，是关于处于时间、空间中

---

① Michael O'Neill, "On the Role of Time in Collingwood's Thought", p. 88.
② Michael O'Neill, "On the Role of Time in Collingwood's Thought", p. 89.

的人的学问，不只是关于时间、空间本身的。

亚历山大将当代物理学与历史学进行类比，并得出物理学是一门历史科学的结论。"当代物理学与历史学的相似性对亚历山大来说是意味深长的。正如物理学研究空间与时间发展到新形式过程中突现的形式与变化一样，历史学研究新历史形式的出现。亚历山大论证，新兴物理学及其空间时间理论包含了世界本质上是时间性的、运动中的、常新的（一个变化中的世界）观念。随着这些结论而来的建议是，哲学需要一种能够解释实质性变化的认识论，一种研究与理解个体事件（新生事物）的认识论。亚历山大认为，历史学是具备这些特点的科学。他主张，通过历史学的影响，哲学能在理解存在的过程中受益。进而，他得出结论说，当代物理学是一种历史科学。"① 柯林武德努力将历史学从亚历山大所理解的物理学中解脱出来。从学术史角度来看，柯林武德无疑是成功的，否则我们现在所理解的历史学就是另一番模样了。

学者是其所处历史时代的"产儿"。正如前文所述，持续批判实在论观点的后期柯林武德，前期也深受实在论观点影响并一度成为实在论观点的"追随者"。同样，与柯林武德同处一个时代的亚历山大，也是其史学理论观点的影响者。他在《自传》中指出，亚历山大、怀特海与罗素等人的实在论观点，可称为新实在论，其中含有问答逻辑成分却未进一步发展。但正因为有他们对实在论的宣扬，才使柯林武德自身的问答逻辑具备得以澄清自己问题与要义的背景和语境。"柯林武德在其著述中有时对影响其思想的思想家含糊其辞。然而，塞缪尔·亚历山大是一位明显而毫无疑义地影响了他的哲学家。亚历山大是他的同时代人，在曼彻斯特大学度过其大部分职业生涯。在早期，亚历山大像柯林武德一样，受牛津唯心论者（格林、布莱德雷和鲍桑葵）影响。然而，亚历山大宣布放弃唯心主义立场，转而支持罗素与穆尔的实在论。后来，亚历山大从劳埃德·摩根的思想中吸取了'突现论'这个术语，并将唯心主义与实在论有趣地嫁接起来。柯林武德主要对亚历山大基于其突现论上的宇宙论感兴趣。亚历山大在其主要著作《空间、时间与神性》中试图阐发20世纪物理学理论的形而上学蕴含。这些蕴含使他得出的结论是，所有存在都是历史的，物理学是一门历史科学，物理学与历史学应当了

---

① Michael O'Neill, "On the Role of Time in Collingwood's Thought", p. 91.

解哲学。这些结论在他的论文《事物的历史性》中得到阐发。"① 亚历山大与柯林武德虽然面临相同学术背景，却作出不同学术选择，这使他成为柯林武德学术上的"对话者"。

柯林武德"没有批判亚历山大的如下断言：发现事物'时间性'要求重新评价物理学与哲学。他批评的是，亚历山大误解了过去如何在现在表现自身的意义，因而误解了历史学的对象——心灵。历史学不仅仅研究时间限定的存在，也不仅仅研究从一个历史事件到下一个历史事件的变化。历史学理解由其过去所建构的现在。"因而，他"尽力将历史学研究领域与自然科学区分开来，并提出研究人性的可能性。简单说，对柯林武德来说，物理学研究自然，历史学研究心灵。亚历山大的时间空间物理学，将物理科学的研究方法强加到柯林武德用历史学方法研究的对象上。然而，在这种情况下，不是历史学被迫遵守物理学的方法，而是物理学必须变成历史的。两个研究领域有不同的对象，但是包括亚历山大在内的一些学者，试图将自然科学的研究方法扩展到心灵研究上来。柯林武德论证，这已经导致混淆自然过程与历史过程的错误。尽管提出了让人印象深刻的宇宙论，亚历山大确实犯了这个错误"②。柯林武德批判亚历山大将物理学研究方法扩展到历史学领域并混淆两者研究对象的做法。亚历山大学说体现了试图将自然科学思维模式引入历史学的实证主义做派。

柯林武德指出，实证主义者的自然科学观包括确定事实和制定规律两个方面。但实证主义史学家却"满怀热情地实践这个纲领的第一部分，尽可能地确定他们所能确定的所有事实"③，放弃了纲领的第二部分。那么，实证主义史学家这样做的出发点是什么呢？柯林武德对此进行详细评述："如果一件事或一种事态要在历史上被理解，首先需要的是某个人必须熟悉它；其次，他必须记住他；再次，他必须以另一个人能够理解的术语陈述自己的回忆；最后，其他人必须承认那个陈述是真的。历史学因而就是，相信另外某个人说他记住了某件事。那个相信者是历史学家；那个被相信的人就是那个历史学家的权威。"④ 因此，实证主义史学

---

① Michael O'Neill, "On the Role of Time in Collingwood's Thought", pp. 89 – 90.
② Michael O'Neill, "On the Role of Time in Collingwood's Thought", p. 92.
③ R. G. Collingwood, *The Idea of History*, p. 127.
④ R. G. Collingwood, *The Idea of History*, pp. 234 – 235.

家认为：历史真相就存在于其权威的现成陈述中，根据权威记忆而整理成的文本是他们获得历史真相的重要依据。

柯林武德从史学发展史和史学理论发展史两个角度，批判实证主义史学传统。在史学史层面，他认为在20世纪出现真正的科学历史学以前，历史学有剪刀加浆糊历史学与批判历史学两种形态。这两者都是历史学发展的不成熟状态。这三种历史学形态的顺序是：在古代和中世纪时期，历史学处于剪刀加浆糊状态；从17到18世纪，出现批判的历史学，这种历史学仅仅是剪刀加浆糊历史学的一种高级形态；从19到20世纪，历史学的发展达到顶点，出现了与剪刀加浆糊历史学没有关系的科学历史学。

剪刀加浆糊历史学是"一种完全依赖权威证词的历史学"，是"通过摘录和合并不同权威的证词撰写而成的"。这种历史的撰写过程是：历史学家在确定了写作目的后，就去查阅有关的权威文献。"如果他发现了与其目的有关的文献，他就对这份文献进行摘录、合并以及必要的翻译，然后以他认为合适的方式编排这份文献。"在发现互相矛盾的权威陈述时，"如果他不能找到一种方法调和它们，就必须放弃其中的一个。如果他是有责任心的，就会批判地思考说法矛盾的权威陈述，以确定它们的相对可信度"①。但结果常常是，剪刀加浆糊历史学家写出自己都不相信的历史。因为其中可能充满了他所处时代的迷信，或所处生活氛围中的偏见。柯林武德对剪刀加浆糊历史学的评价是："它并非历史学，但是我们没有其他名称称呼它。"② 剪刀加浆糊历史学在某个方面体现了柯林武德所批判的实证主义史学传统，如依赖权威证词。但它还不属于他批判的实证主义史学传统。因为它还处于历史学发展的最简单状态，即使是有方法确定史料的真伪和可信度，那也是历史学家们各自"闭门造车"提出来的，并没成为历史学界公认的方法。

批判的历史学是在自然科学影响下形成的。自然科学革命在17世纪完成，这使历史学家反思自己的研究方法：像自然科学成为探究自然现象的科学那样，力图使历史学也成为研究历史现象的科学。从18世纪以来，历史学一直处于自然科学学徒状态。因为历史学只能告诉人们"发

---

① R. G. Collingwood, *The Principles of History*, in R. G. Collingwood, *The Principles of History and Other Writings in Philosophy of History*, pp. 12 – 13.

② R. G. Collingwood, *The Principles of History*, p. 12.

生了什么",不能告诉人们"它为什么发生"。而自然科学能够解释其研究对象发生的原因。历史学要变成科学,需要向自然科学学习。在这种诉求之下,历史学家提出一套系统的史料批判方法,努力揭示真实的历史。柯林武德所说的批判的历史学,指遵循兰克史学范型的实证主义史学。他认为批判的历史学实现了认识上的转变,即将"权威陈述"看成"资料"。这样,历史学家一改以往对"权威陈述"奉若神明的态度,运用史料批判方法,对其进行分析考证。虽然批判的历史学仍"没有超出'剪刀加浆糊'历史学的范围,但改变了其特点",是"'剪刀加浆糊'历史学在其解体前夕所呈现的最后形态"。①

柯林武德对批判的历史学评价不高,因为它错置了历史学研究的关键。历史学研究的关键不是辨别资料真伪,而是识别资料的意义。柯林武德盛赞维柯在这方面的重要贡献。维柯开始探索资料的意义,使历史学开始超出剪刀加浆糊水平。"任何人阅读维柯的著作,甚至是阅读他某些思想的翻版,一定会知道:有关一份资料中任何陈述的重要问题,不是它的真假,而是它的意义。问'它意味着什么',就超越了'剪刀加浆糊'历史学的范围。"②

剪刀加浆糊历史学和批判的历史学存在两个问题。一是材料选择上的主观随意性。面对数量庞大、观点庞杂的历史资料,历史学家如何去辨别、选择自己需要的资料?剪刀加浆糊历史学家"接受或拒绝某份资料,与他所感兴趣的问题有关"③。如果材料违背他要证明的论点,他就予以舍弃。如果支持他的论点,他就采用。二是逻辑推论上的强制性。从材料选择上可以看出,剪刀加浆糊历史学家选择材料的标准,是看其符合还是违背自己的研究目的。如果他接受了一份材料,就表明他接受了这份材料暗含的意义。因为这种意义有利于实现他自己事先预设的研究目的。因此,剪刀加浆糊历史学家以自己预设的研究目的为标尺,选取史料,并将这些史料按自己意愿的方式安排起来。

(二)柯林武德与汤因比:历史学与实证主义的关系?

20世纪60年代中期,当柯林武德史学理论逐渐展现其影响时,莫顿·怀特指出:"一个半世纪里,哲学家与历史学家一贯关注事实、规律

---

① R. G. Collingwood, *The Principles of History*, pp. 14 – 15.
② R. G. Collingwood, *The Principles of History*, p. 15.
③ R. G. Collingwood, *The Principles of History*, p. 16.

与价值,并且围绕这三个引人注目的主题展开争论。一个论题是,兰克经常为人引用的陈述,历史学家的任务是如实直书。另一个论题是孔德、马克思与穆勒提出的。他们认为一门历史科学能够提出历史发展的规律。唯心主义者支持第三个论题。他们认为历史学家不同于自然科学家,在其思考与写作中不可避免地作出或依靠价值判断。"① 柯林武德围绕这三个主题展开对实证主义史学传统的批判。

孔德对实证主义历史思维方式有重要影响。他强调规律和必然性的作用,忽视个人与偶然性的作用。他认为在个人发挥重大影响的历史事件上,那不是由于个人作用的结果,而是由于个人的做法遵循规律的结果。"一般来说,当个人似乎发挥了很大影响时,这不是由于他自身的力量,因为这些个人是非常渺小的。外在于个人的力量,按照个人无法控制的规律发挥作用。个人的全部能力体现在,通过观察理解这些规律、预见它们的影响。只要个人遵循这些规律的本性运用它们,他就会实现自己向往的目的。"② 实证主义史学家认为历史学由一群孤立的事实组成,这些事实中的任何一个都不需要借助其他事实就可以被确定。柯林武德认为英国历史学家汤因比是实证主义史学代表之一。

汤因比在《历史研究》中阐述了自己的文化形态理论,主要目的是通过系统比较人类将近6000年的发展史,揭示各种文明形态产生、发展、衰落和解体的一般规律。他认为历史研究的基本单位是文明社会,不是民族国家。人类历史上一共出现过26个文明社会。这些文明社会分别是:西方、东正教、伊朗、阿拉伯、印度、远东、希腊、叙利亚、古代印度、古代中国、米诺斯、苏美尔、赫梯、巴比伦、埃及、安地斯、墨西哥、于加丹和玛雅。另外还有五个停滞的文明社会,它们是玻里尼西亚、爱斯基摩、游牧社会、斯巴达和奥斯曼。汤因比以"挑战和应战"理论,解释各个文明社会的生长盛衰过程。

《历史研究》体现了汤因比的渊博学识和在细节处理上的历史感。柯林武德批评的是汤因比写就这一系列著作所依据的原则。"汤因比教授

---

① Morton White, *Foundations of Historical Knowledge*, New York & London: Harper & Row Publishers, 1965, p. 3.

② August Comte, "Politics and Society", in Patrick Gardiner ed., *Theories of History*, New York: The Free Press, 1959, p. 81.

的《历史研究》重申了实证主义观点"①,"体现其特性的原则,是源自自然科学方法论的原则。这些原则建立在外部联系观念的基础上。自然科学家面对的是可数的分离、不连续的事实。他也可以把自己面对的现象分割成这样可数的分离事实。然后他着手去确定这些事实间的联系。这些联系总是外在于它们所联系起来的事实……如果自然科学家的方法要发挥效用,那么第一件必要的事是划清事实之间的界限。两个事实之间不能有重叠"②。实证主义事实观是原子式的,每个事实都是孤立的、相互区分的,是在外部呈现于历史学家眼前的景象。柯林武德强调历史事实是历史学家从思想维度对过去的重演,不同历史事实之间既有差异又保持共性。

那么这种实证主义原则在汤因比那里是如何体现的呢?柯林武德认为,汤因比对历史研究基本单位的划分是其体现之一。汤因比将文明社会看作历史研究的基本单位,"每个社会都是完全独立的。对汤因比来说,一个重要问题是,究竟西方基督教社会是希腊社会的延续,还是与之有联系的一个不同的社会。汤因比将后者看作正确答案。任何将前者看作正确答案的人,或者混淆两个答案区别的人,都不可原谅地违反了汤因比构想的历史方法的第一条原则"。汤因比这种将不同文明社会截然划分的概念体现了"实证主义的个性观念。根据这种观念,一条鲜明的界限将个体自身与其外部清晰地划分开。个体自身与外部是相互排斥的"③。柯林武德认为历史事实是一个过程,不同历史事实之间紧密联系。历史学家与历史过程并非相互外在的,他是历史过程的组成部分。

柯林武德认为将自身与外部世界截然分割开来,是自然界事物的特征。历史事件与此不同,其特征是与自身所处外部环境不可分离。"希腊文明变成西方基督教文明所经历的发展过程是,强调其中的一些因素,减弱一些因素,在自身内部出现一些新因素,并且从外部借来一些因素。包含在这种说法中的哲学原则是,一个文明可以发展成新的形式,但仍然保持它自己。"④ 汤因比没能理解到这一点,是因为"他的历史观根本上是自然主义的。他将一个社会的生活看成自然的、非精神的生活。他

---

① R. G. Collingwood, *The Idea of History*, p. 159.
② R. G. Collingwood, *The Idea of History*, pp. 161–162.
③ R. G. Collingwood, *The Idea of History*, p. 162.
④ R. G. Collingwood, *The Idea of History*, p. 162.

将这种生活看成实际上仅仅是生物学的,通过生物学的类比能够得到最好的理解……他将历史看作仅仅是景象,由历史学家观察和记录的事实组成,是种从外部进入其视野的现象"①。历史不是历史学家站在外部静观其变的景象,需要历史学家从内部理解它的发展过程。

汤因比将历史看作自然,以自然科学的思维方式理解历史现象。他看待过去的事件就像看待已经逝去的自然事件一样,认为它与现在没有任何联系。柯林武德批判汤因比是在两个层面进行的。第一,汤因比"把历史本身、历史过程看作由鲜明的界限分割的一些彼此隔离的部分。他否认历史过程因每个部分之间的重叠和互相渗透产生的连续性"。第二,他"误解了历史过程和认识历史过程的历史学家之间的关系。他将历史学家看作历史过程的聪明观察者,就像自然科学家是自然的观察者一样。他没有理解到,历史学家是历史过程的一个不可分割的因素,历史学家在自身复活他获取历史知识的那些经验"②。总之,历史不同于自然,因此我们不能混淆二者区别的同时,也不能用自然科学的思维方式认识历史。

实证主义史学家在将历史学研究对象等同于自然科学研究对象同时,也将自己化身为一个中立的观察者,抹杀了历史学家在研究过程中的主体性与能动性。柯林武德指出:"历史学家的自主性有不同表现方式。第一,选择活动在最基本的层面表达了这种自主性。历史学家不仅仅是重复权威。他们必须作出选择。第二,历史学家要对他或她写作的历史负责,而不是对权威负责。权威可能表明一个历史过程的某些阶段,但通常不解释其间的联系或缺失的联系。用他或她的方法论原则、相关性标准,通过一个推理过程,历史学家填补权威留下的空白。这是柯林武德所谓的先验想象。……第三,历史学家自主性更清晰地表现在其批判活动中。"③ 柯林武德在问答逻辑、一切历史都是思想史、历史思想的重演等命题中阐明了历史学家的主体性,也表达了自己的史学理念。

我们在此分析了实证主义史学传统的形成及其理论主张。通过阐述柯林武德对实证主义史学传统的态度,我们了解了他对历史学与自然科

---

① R. G. Collingwood, *The Idea of History*, p. 163.

② R. G. Collingwood, *The Idea of History*, p. 164.

③ David Boucher, "In Defence of Collingwood: Perspectives from Philosophy and the History of Ideas", in R. G. Collingwood, *The Philosophy of Enchantment: Studies in Folktale, Cultural Criticism, and Anthropology*, edited by David Boucher, Wendy James & Philip Smallwood, Oxford: Oxford University Press, 2005. p. ciii.

学关系的观点，初步认识他对历史学的态度。柯林武德史学理论的逻辑起点是通过质疑、批判实证主义史学传统，分析历史学与自然科学的差异，强调历史学的独特性。他将汤因比界定为实证主义者时，意指汤因比在历史研究过程中不进行理解与评价。其实，与斯宾格勒同为文化形态史家，汤因比在《历史研究》中提出了不同于前者的世界历史理解框架。这就是汤因比作为历史研究主体进行历史理解的体现。因而，需要注意的是，实证主义作为柯林武德的主要学术话语，他以此框定学术论敌时也存在曲解和误解。

第四节 西方哲学传统的反常

柯林武德关注历史学研究发展，通过追问"历史知识何以可能"？这个问题评价与总结史学史中存在的"活东西"与"死东西"。但他并不仅仅通过评述历史学研究证明历史思维方式即"历史地思考"的必要性。他也通过评判西方哲学发展史证明这一论题。在他看来，西方哲学史中存在的非历史思考方式使哲学研究自身的合法性受到威胁。而"历史地思考"，是维护哲学研究合法性的重要保障。由此看来，柯林武德史学理论研究着力阐明的历史思维方式，不仅适用于历史学，也适用于哲学。与科学思维方式相对，"历史地思考"是人类认识与反思自身文明的基本思维方式。而当时人文科学研究普遍存在的越俎代庖现象，即以自然科学思维方式取代"历史地思考"是柯林武德批判的。

称柯林武德是西方哲学传统的反常，正是因为他对西方哲学传统的系统批判。在此，笔者以以点带面的方式评述当时西方哲学传统中与柯林武德相关的学者与观点，并不想对其作整体介绍。同与实证主义史学传统的关系一样，这些学者既是柯林武德批判的对象，也是他构建自身理论的学术源泉。从地域上说，西方哲学传统分为欧陆哲学与英国哲学两部分。与柯林武德史学理论相关的欧陆哲学代表人物有：德国的黑格尔、意大利的维柯、克罗齐、乔凡尼·金蒂利①、吉多·德·鲁吉奥②。

---

① 全名 Giovanni Gentile，意大利新黑格尔主义哲学家和政治家。学术观点与克罗齐有相合之处，政治观点与克罗齐相左，支持墨索里尼的法西斯统治。

② 全名 Guido de Ruggiero，意大利哲学史家，赞同克罗齐与金蒂利的唯心主义学说，先后在墨西拿大学和罗马大学任教。

英国的约翰·罗斯金、史密斯①与布莱德雷。这些人物及其观点是以何种方式与柯林武德邂逅的呢？我们可以从学术界对柯林武德的理论定位开始阐明这个问题。

国内学界曾经存在的一种比较广泛的观点是，将柯林武德看作新黑格尔主义历史哲学的代表人物。这典型地体现在何兆武先生主编的《当代西方史学理论》中。②黑格尔确实是欧陆哲学中对柯林武德理论影响较大的。但是，随着西方历史哲学由思辨的向分析的或批判的转型观点在学界流行，以及注重研究柯林武德在诠释学、美学和政治哲学等方面的影响，这种学术趋向必然弱化学界在历史哲学方面研究柯林武德与黑格尔的关系。黑格尔对柯林武德的影响体现在，其划分的三种历史类型即原始的历史、反省的历史与哲学的历史影响了柯林武德的历史思维模式。比较《历史哲学》与《历史的观念》，可以看出柯林武德划定的剪刀加浆糊历史学、鸽子笼式史学、批判的历史学与科学的历史学溯源于黑格尔。"历史学家必须适当考虑他们研究过去的方式，坚持寻求更有效的类别。这种历史有三个阶段，原始的、批判的和哲学的，可能被看做一种形式的等级制。这个等级中的每个形式体现历史的观念，但更高级的形式更全面地体现历史观念。每种形式是特定时段历史观念的体现。每种都被认为最好地表现了历史观念，直到它无效了。当那种无效呈现出来后，历史学家就被迫采用一种新的历史观念。"③ "黑格尔在《历史哲学》中极有用地表述了柯林武德后来吸收的观点。"④ 在阅读《历史的观念》、《史学原理》过程中，我们能够体会到柯林武德代表性的史学观念一切历史都是思想史与历史思想的重演均受黑格尔启发。

这种学术承继关系体现在柯林武德对黑格尔"对的"与"错的"评价中。"黑格尔说自然没有历史，因为他完全理解了这个问题。对他来说，历史研究首先是历史方法论研究。他认为自己时代的历史方法非常糟糕，之所以如此是因为它们并未帮助历史学家完成其职责：它们未能看透记录下来的活动以发现潜存其中的思想。他的这种观点是正确的。

---

① 全名 John Alexander Smith，英国唯心主义哲学家，牛津大学道德与形而上学哲学教授。
② 请参见何兆武、陈启能主编：《当代西方史学理论》，上海，上海社会科学院出版社，2003年，第四章"新黑格尔主义的史学理论（下）——柯林武德的史学理论"。
③ Marnie Hughes-Warrington, *Fifty Key Thinkers on History*, New York: Routledge, 2008, p.147.
④ David Boucher, *The Social and Political Thought of R. G. Collingwood*, p.72.

尽管他错误地认为自己的历史方法克服了这个困难。"① 柯林武德认为黑格尔的历史方法是"逻辑强制的",将历史学置于逻辑学的约束之下,并非真正历史的方法。

柯林武德与黑格尔学术立场虽然有相通之处,但二人进行学术思考的环境迥然相异。"柯林武德与黑格尔共有三个本质上相似的主张:两人都异常崇拜古希腊人,都独特地拥有其所处时代学术争论的广博学识,都一贯确信人类经验构成一个单独的整体。如果学者们发现柯林武德的整体性观点不如黑格尔的那么令人满意,那么责任主要在于柯林武德进行研究的氛围。20世纪20年代和30年代的牛津是怀疑主义的、专门化的,并非1816年至1831年间充满热情的海德堡与柏林。就柯林武德来说,重要的不在于他达不到黑格尔的高度,而在于在完全相反的工作境况下他的学术观点与黑格尔如此相似。对那些不熟悉黑格尔的人来说,柯林武德的早期著作特别是《精神镜像或知识地图》是对这位伟大德国学者的有用导读。"②

柯林武德构建自身史学理论体系,有对既往传统的继承,但更多的是批判与超越。"哲学家能够制造外在于历史事件的永恒真理。我们看到了内在于黑格尔世界观中的历史学与哲学之间的某种张力。这种张力使黑格尔被不同读者以不同方式理解。一些人不考虑黑格尔,是因为黑格尔用历史资料适应他的哲学观念。另一些人称赞黑格尔,是因为黑格尔将历史的维度引入哲学。然而,两个方面的读者都赞同,黑格尔对19世纪和20世纪思想,包括历史哲学的影响,使得理解黑格尔说了什么很重要。"③ 黑格尔对柯林武德的影响,并非通过著作,而是通过柯林武德父亲终生忠实追随的哲学家约翰·罗斯金。柯林武德及其姐妹在少年时接受的家庭教育与学术训练内容,都由罗斯金安排。罗斯金经由这种方式将黑格尔及其个人的学术理念传递给柯林武德。

比较两者学术观点的相似性无疑是证明柯林武德与罗斯金之间学术承继关系的理想方法。"更为有趣的是,将柯林武德的演讲《人性与人类历史》与罗斯金的著作比较时,会发现典型的罗斯金式洞察力。柯林

---

① R. G. Collingwood, *The Principles of History*, p. 60.
② William M. Johnston, *The Formative Years of R. G. Collingwood*, The Hague: Martinus Nijhoff, 1967, p. vii.
③ Marnie Hughes-Warrington, *Fifty Key Thinkers on History*, p. 146.

武德也认为，无论历史人物何时活动，理解其心中所想是基本的。对他来说，目的比'偶然事件'（罗斯金）或实际发生事情的'外部'（柯林武德）更为持久。至于说明柯林武德强调辨明历史当事人思想，他对凯撒穿过卢比康河的阐述，同样可以用来证明罗斯金强调的研究过去活动的目的。"① 在柯林武德看来，罗斯金虽然主张通过想象重构过去，但是这并非同情式理解即历史地理解。二者差异在于，柯林武德将历史学研究对象置于历史语境中理解，并在当下语境中评价。过去与现在的视域融合是历史地理解的关键。

无论如何，罗斯金是柯林武德个人成长与学术发展过程中的重要影响者。柯林武德的广博学识与在历史哲学、政治哲学、美学等多个学术领域的研究，主要受罗斯金对生活多侧面研究的激励与启发。罗斯金行事风格特立独行，在艺术评论、宗教、科学与史学领域著述甚丰，为了能够有自由研究的空间他甚至放弃稳定工作机会。他不仅活到81岁，而且写了几千封信件，坚持写日记并在70岁时写下个人自传。他强调只有亲自进行艺术实践的人才能真正理解艺术。正是在这种理念下，柯林武德在音乐、绘画等领域造诣颇深，也为其后来《艺术原理》写作打下实践基础。两人的丰富著述表明他们都相信书面文字的力量并坚持心灵独立性的理想。与罗斯金不同的是，柯林武德并未放弃而是主动谋求在牛津大学的工作机会。但他始终坚持思想上的独立性，以致显得与当时学术氛围格格不入。有研究者将他称为其所处时代的"学术孤儿"看来不无道理。

柯林武德为了论证历史知识合法性，一贯坚持历史与自然的区别。虽不能说这种立场完全导源于黑格尔，但与黑格尔紧密相联。"黑格尔主张，在自然领域存在不断的重复，原因与结果彼此相对并外在地联系着。自然是一个永恒的循环过程，其中发生的现象由外在的必然性促成。在精神领域或心灵领域，所发生的现象之间有一种内在的联系，这种联系区别于自然中的外在必然性，并且具有创造与发展新观念和新事物的倾向。心灵并不是单纯的重复，它能够创造真正的新事物。这是因为我们具有一种实现完美的强烈愿望。在自然中，由于存在不断的重复，事件是可预见的。在精神领域，过去的逻辑并不能使我们预见未来。"② 柯林武德继承了这一立场，进一步认为，历史知识是对心灵活动的认识，这

---

① William M. Johnston, *The Formative Years of R. G. Collingwood*, p. 26.
② David Boucher, *The Social and Political Thought of R. G. Collingwood*, p. 120.

一认识过程产生的历史理解模式是一种自律的思想形式。他否定黑格尔将心灵观念作为历史实质的观念，突出认识心灵活动的历史知识，以此论证历史学的合法性。

柯林武德区分、探讨历史学的先验概念（作为一种活动形式）与经验概念（作为一个学术问题）之后，指出历史哲学研究的指向是历史学的先验概念。历史学的这种先验概念是无需定义、一看便知的。他的这种观点彰显他与黑格尔的相似之处。黑格尔声明其历史哲学是在普遍性、必然性层面对世界历史的哲学思考。柯林武德史学理论是在普遍性、必然性层面对历史学概念的哲学思考。这是在研究柯林武德过程中需要注意的问题。

为了更清楚说明柯林武德与黑格尔之间的关系，在此不得不提及另一位新黑格尔主义历史哲学家克罗齐。国内学界曾将柯林武德作为克罗齐后学，并分析比较二者观点相似性以证明这种师承关系。柯林武德的《自传》对此却惜墨如金，并未表露意大利的影响，因此遭到指责。这种状况与学界直接将柯林武德与克罗齐思想挂钩，却未关注这种学术影响发生的方式有关。柯林武德导师卡里特在"哲学家茶座"上结识史密斯，史密斯向柯林武德介绍克罗齐的著作，并在1923年向克罗齐推荐柯林武德。史密斯本人也是克罗齐学说的信奉者。柯林武德在此过程中陆续翻译了克罗齐的《维柯的哲学》、《自传》和《美学》。克罗齐影响柯林武德另外一种、也是更直接的方式，是通过其两个学生乔瓦尼·金蒂利和吉多·德·鲁吉奥。在与史密斯及克罗齐两个学生的学术往来中，柯林武德对意大利唯心主义哲学中历史化的特点很感兴趣。经过柯林武德自己的探索，"历史化"也成为其学说特点。

柯林武德面对的两种英国哲学传统是实在论与格林学派的唯心主义。继承格林学派精神衣钵的柯林武德，认为英国唯心主义哲学在当时学术界属于"小众"，甚至也像实在论一样出现衰落迹象，面临崛起的重任。在寻求解救方法过程中，他遇到欧陆哲学中的克罗齐及其两个学生的学说。在与霍华德·汉内共同英译鲁吉奥《现代哲学》的"译者前言"中，柯林武德写道："这部著作的首要特点也是意大利唯心主义的基础是，最为彻底的历史训练。唯心主义对这些意大利学者来说，正如对黑格尔一样，是一种深深植根于历史中的哲学。"[1] 在柯林武德看来，这种

---

[1] Guido De Ruggiero, *Modern Philosophy*, transl. by A. Howard. Hannay & R. G. Collingwood, London: George Allen & Unwin Ltd., 1921, p. 6.

"历史化"是由克罗齐开启的意大利哲学的新发展，也是他找到的摆脱英国唯心主义哲学危机的"夷之长技"。

在黑格尔看来，理性的发展最清晰地体现在自由的发展中。黑格尔在《历史哲学》中阐述的自由发展过程，典型体现了正题—反题—合题的辩证法逻辑。克罗齐认为，黑格尔的重要贡献就是这种关于对立面关系的辩证法观念。"哲学概念不是从一个种及其从属方面界定。哲学概念内部包含彼此相异的形式，它们与其他形式及整体联合。"① 但克罗齐并不赞同黑格尔下述观念。对黑格尔来说，哲学概念是正—反—合。这就要求彼此相异的对立面在一个新的概念中统一。正如彼此不同的原始的、批判的历史学在更高级的哲学的历史学中得到统一一样。而克罗齐认为，合即正反，即原始的、批判的历史学就是哲学的历史学内部彼此有差异的构成要素，两者的统一不需要一个更高级的第三者，这种统一是一种内在的统一。跟随克罗齐，柯林武德也表达了类似的观点。早期柯林武德将哲学，后期柯林武德将历史学分别作为其在《精神镜像》中阐述的五种经验形式最终统一的归宿。

按照大卫·布歇的观点，柯林武德对意大利克罗齐的学术影响"讳莫如深"，是因为这种影响太过明显而无需言说。但柯林武德却坦承另外一位意大利哲学家维柯对他的影响。"哲学家维柯的历史学理论是第一个确切地阐明强调过去与现在差异，强调历史学家同情地理解过去的必要性，并拒绝笛卡尔要求的缜密证明。"② 否定了笛卡尔的历史知识怀疑论，维柯的历史知识论立场也为柯林武德继承下来。"柯林武德辨别历史学与哲学关系的信念，是维柯 175 年前在新科学这一标题下创始的方法。……失去的科学不仅是历史的，而且是反思的。"③ 从史学理论与研究实践上证明历史知识的合法性与独特性，是柯林武德孜孜以求的。

柯林武德对克罗齐的影响表面上闪烁其词是情有可原的。因为在他的学术经历中，并未与克罗齐本人而是与克罗齐的两个学生金蒂利和鲁吉奥建立了比较紧密的学术联系。这在其学术著作和书信中都有体现。超越心物二分法，强调哲学的历史特点这些学术主张主要是柯林武德从金蒂利和鲁吉奥那里习得的，也对他个人学术创造产生重要影响。由此，

---

① David Boucher, *The Social and Political Thought of R. G. Collingwood*, p. 82.
② Fred Inglis, *History Man: The Life of R. G. Collingwood*, p. 76.
③ Fred Inglis, *History Man: The Life of R. G. Collingwood*, p. 95.

在史学理论方面，笔者认为将柯林武德与克罗齐的学缘关系界定为因学术观点相似而产生的惺惺相惜的"朋友"关系，比"师徒"关系更为恰当。"重要差别在于，坚持克罗齐影响了柯林武德不如比较二者著作意义深刻。尽管柯林武德可能从克罗齐、维柯和金蒂利那里借用了大量术语。但他的灵感来自他处。已有足够证据表明，约翰·罗斯金是柯林武德目标与灵感的主要来源。柯林武德用意大利学者的哲学术语准确表述了罗斯金灌输给他以范例的问题。我认为，这就是柯林武德对克罗齐表达了极大同情，然而让人感觉他并非这位意大利人学徒的原因。"① 二者不同的研究领域可以证明这一点。克罗齐研究领域主要是美学、文学评论和现代欧洲政治史。而柯林武德主要致力于考古学、罗马不列颠古代史、哲学和艺术研究。即使如此，二者之间仍然存在影响与被影响关系。

克罗齐影响了早期柯林武德思想。"柯林武德尤其赞同克罗齐的一点是，通过将历史学与艺术、宗教、科学和哲学比较，才能最充分地描述历史学。这就是柯林武德在《精神镜像或知识地图》中试图论证的。那本著作在一些方面延续了克罗齐的精神哲学。柯林武德做了很多修改，将宗教提升为一种经验模式，将经济学与道德降级。然而，如果我们在20世纪哲学年鉴上查找在柯林武德之前描述经验模式的哲学家，克罗齐赫然耸现。可以确定的是，金蒂利在克罗齐论题上做了一些修改，并为柯林武德吸取。黑格尔是这项研究的学术来源。但正是克罗齐在20世纪重新使用这种方法，那也是他对早期柯林武德最重要的贡献。"②

史密斯以发表论文的方式将克罗齐与金蒂利的历史哲学介绍给牛津哲学家。他的牛津大学温弗莱特形而上学哲学教授就职演讲《美学与实践》内容就是意大利思想。柯林武德也是受众之一，他所热衷的历史化方法即由此获得灵感。"意大利唯心主义的特点是历史的。……史密斯直接被意大利唯心主义的这个方面吸引，而且查明维柯在其表达方面的影响。史密斯强调，这些意大利学者突出历史学在塑造哲学上的作用并将哲学作用规定为'理解历史，首先是哲学自身的历史'。……丝毫不出人意料的是，柯林武德发现这些意大利人与他是意气相投的，与他个人的哲学倾向是协调一致的。如果柯林武德的《自传》可以信赖的话，他在牛津学习哲学史上重要人物时期，独立地了解了意大利哲学。这段时

---

① William M. Johnston, *The Formative Years of R. G. Collingwood*, p. 68.
② William M. Johnston, *The Formative Years of R. G. Collingwood*, p. 76.

期就是史密斯提高他意大利语水平，以使他更彻底更准确地理解意大利思想家的时期。"① 史密斯对意大利学者的热切关注对柯林武德的影响是积极的。但柯林武德对史密斯的学术影响并未表现出写作《自传》时号称坚持的秉笔直书原则。

柯林武德对史密斯影响的评价不客观，认为他是个失败者，"未能避免自己所属学派（按：指格林学派或唯心主义）瓦解的命运"，不承认带领自己接触意大利哲学的这位引路人的启蒙教化之功。"他们（指史密斯和乔基姆）不能写作，因为感觉没什么可写。"② 虽然柯林武德在《自传》中直接表达了对史密斯的敬重，但这种评价仍带有蔑视和人身攻击的味道，使得本应客观的学术评价变了味儿。柯林武德本人也未逃脱"躺枪"的命运，后来也成为这种评价的对象。亚瑟·马维克在评价柯林武德时更有"谩骂"的味道。后现代主义者弗兰克·安克斯密特对海登·怀特的评价也充满火药味。或许这就是西方学者学术评价中的常态，笔者认为这也是其人情味儿的体现。

对于布莱德雷，柯林武德将其视为超越的对象，根本没有谈及布莱德雷对他的影响。这同样是不公正的。1914年，柯林武德在莫顿结识当时正在撰写研究布莱德雷论文的艾略特（T. S. Eliot）。"1932年，柯林武德第一次得到他和艾略特无比敬重的形而上学家布莱德雷的鲜为人知的著作。这就是1874年首次出版的《批判历史学的前提假设》，这也成为柯林武德关键艺术术语的来源。"③ 柯林武德的学术风格明显受布莱德雷影响。

从学术谱系上说，柯林武德的思考方式是承袭黑格尔的，对其历史学思考的最大影响者是维柯，对其美学研究最重要的影响者是克罗齐。如果我们在柯林武德著作中按图索骥，这方面的例证不胜枚举。历史思想家之间影响与被影响的关系是复杂的、非直接的、隐蔽的，这种关系并不是直线的、即时的因果关系。"如果我们用这些原则审视柯林武德对克罗齐、金蒂利和维柯的研究，我们发现柯林武德对不同思想家做了不同解释。但他是在详尽阐述那些使他感兴趣观念的过程中被它们吸引，进而研究它们的。我们已经理解柯林武德对不同文化领域的实践兴趣源

---

① David Boucher, *The Social and Political Thought of R. G. Collingwood*, p. 14.
② R. G. Collingwood, *An Autobiography*, Oxford: Oxford University Press, 1951, p. 18.
③ Fred Inglis, *History Man: The Life of R. G. Collingwood*, p. 215.

于他的少年时代。看来好像柯林武德在意大利唯心主义者中发现了一种从哲学方面讨论他从其父亲那里吸收的多方面兴趣。正是柯林武德兴趣的多样性和对多个学术领域的掌控能力，使他'能够取经'于克罗齐、金蒂利和维柯。正是柯林武德几乎独一无二的心智上的多才多艺，'使他处于他们的影响之下。'正是这种多才多艺使柯林武德运用他们的文化哲学结出累累硕果。"① 柯林武德对这些学术前辈的文本或理论主张不是单纯阐释性的介绍，而是创造性的运用。

不同于戏剧，真实生活本身是不能排练的。但在人一生的跌宕起伏展露出来后，体现出来的连贯性及时间本身赋予它的线性发展似乎又表明其中存在着刻意的规划。一个人一生的不同成长阶段都存在不同促动因素，而个人思想发展也会对其作出不同反应。因而，用某种单一的"因—果"模式，去解释一个人的人生成长轨迹或思想发展轨迹是不客观的。柯林武德一生的思想发展就展现了这一过程。作为一个整体的柯林武德史学理论体系，是上述任何一个影响来源都不能解释的。因为这不仅体现了他个人的努力与学术原创性，而且对实证主义传统的批判、对实在论的反抗、对历史学发展状况的自觉关注与理论辩护，只有在柯林武德的学术问答体系中才真正成为与历史知识性质相关的问题。结合英国学术境况批判性地引入欧陆哲学传统，针对英国学界问题批判占据哲学主流的实在论并修正英国唯心主义传统，使柯林武德成为一位地道的学术"反叛者"。但这个反叛者的思想发展历程也留有既往思想传统的痕迹。

需要注意的是，实证主义传统之于柯林武德并不仅仅是他批判的对象，也是他思想范式中的构成因素与评价标尺。他在阐述问答逻辑与强调历史学研究问题意识过程中，也将历史知识逻辑中的核心要素由实证主义强调的原始资料转移到历史学家身上。但这种重心转移并非顾此失彼，而是由此及彼。随着历史学家走上历史知识建构的前台，历史证据、历史想象、价值判断、历史认识客观性等问题也进入一种新的评判语境并得到地位重估。

由此，我们需要概括柯林武德与之诀别的传统史学。理论立场上，传统史学指以原始资料为核心，以主体与客体二元分立为前提假设，以

---

① William M. Johnston, *The Formative Years of R. G. Collingwood*, p. 89.

"如实直书"为目标与任务的史学传统。在外延上,国内学界理解的传统史学主要是伊格尔斯在《二十世纪的历史学:从科学的客观性到后现代的挑战》中描述的兰克史学传统。柯林武德的所指更为广泛,除此之外,还包括历史哲学中的文化形态史观、新康德主义和以孔德为代表的传统实证主义。

第二章 问答逻辑

第一节 牛津格林学派与实在论者之争

何兆武在康德《历史理性批判文集》"再版译序"中对现在历史哲学研究状况的感慨颇能引起读者共鸣。"当代历史哲学的进展主要地似乎局限于技术的层次上（如语言分析）或艺术的抒发上（如生命哲学）。今天的人们好像已经失去了两百多年以前的先辈们所抱有的那种热情洋溢的美好憧憬和好学深思的严谨风格。他们那种高尚的境界和情操还能激起我们一代人心灵中的渴望和追求吗？但愿能如此。"① 这涉及学术研究中的问题意识。就历史学研究来说，问题意识是现在学术构思与写作的惯例，并非生疏之事。所研究问题学术色彩愈来愈浓，作为研究主体的思想力量与创造性解释文本的立场逐渐淡出，这时就出现问题了。"某某说了什么"往往成为一个学术问题能否成立及如何解决的关键。在不断地解释和转述"某某说"的过程中，这种学术研究必然失去生命力与社会感召力。我们不禁要问：我们需要践行何种问题意识？

历史学界熟知问题意识的方式之一，是经由认识西方史学从传统史学向现代新史学转型这段史学史。西方现代新史学的重要标志之一就是问题意识。法国年鉴学派创始人之一马克·布洛赫典型地表达了这一新史学认识论的基本信条："由古知今，由今知古。"② "前半句是史学的社会功能，后半句构成了当代法国史学认识的一个主要原则。"③ 年鉴派史

---

① 何兆武：《再版译序》，载于康德：《历史理性批判文集》，何兆武译，北京，商务印书馆，1990年，第10—11页。

② 〔法〕马克·布洛赫：《为历史学辩护》，张和声、程郁译，北京，中国人民大学出版社，2006年，第33、37页。

③ Michael Stanford, *An Introduction to the Philosophy of History*, Malden & Massachusetts: Blackwell Publishers Inc, 1998, p. 16.

学家提出"问题史学",强调分析、提问对史学研究的重要性。稍早于年鉴学派,柯林武德从哲学上探讨了问答逻辑,并在自己的考古学与历史学研究中践行了这种理论即问题意识。就知名度与影响力而言,柯林武德对问题意识的研究显然不及马克·布洛赫。但就研究的全面性与体系性而言,柯林武德又略胜一等。历史本体论层面过去与现在的关系和对现在的理解,历史认识论层面学术语境与问题的关系,历史命题真伪的判定等问题,在柯林武德问答逻辑中都得到系统探讨。柯林武德问题意识的运思与实践过程与英国哲学和历史学研究状况息息相关。他提出问答逻辑所面对的学术背景是格林学派与实在论者的争论。

就总体哲学观点来说,格林学派是唯心主义的。尽管后期柯林武德也转变成一位唯心主义者,但他认为格林学派的哲学观点有缺陷,并不能给英国哲学研究带来新希望。他引入"历史地思考"方法并探讨历史知识性质问题,以此武装自己的唯心主义观点,以期给英国哲学带来新发展。① 英国哲学家托马斯·希尔·格林(Thomas Hill Green)是格林学派的领军人物。这个学派的其余成员还有弗朗西斯·赫伯特·布莱德雷(Francis Herbert Bradley)、伯纳德·鲍桑魁(Bernard Bosanquet)、威廉·华莱士(William Wallace)和罗伯特·刘易斯·奈特尔席普(Robert Lewis Nettleship)。他们的哲学是"对19世纪中期英格兰和苏格兰哲学的继承和批判"②。他们都了解康德和黑格尔学说。他们反对实在论者将格林学派的哲学倾向看成黑格尔主义的。因为"格林在青年时代曾阅读过黑格尔的著作,但到中年时就放弃黑格尔了","深刻了解黑格尔学说的布莱德雷,明确表示不同意黑格尔的主要学说"。③ 从这个角度看,格林学派的抗辩是有道理的。但是实在论者抓住格林学派成员熟悉外国学说,加之英国人蔑视外国人的心理,在公众中诋毁格林学派的名誉。

格林学派的主要信条,是强调哲学对人们生活的实用性。他们的目标不是培养学者和哲学家,而是为社会上的行政、宗教、法律等部门输送人才。格林学派培养的学生的主要职责就是,"将这种学说应用于实

---

① 笔者认为,柯林武德明确否认自己是唯心主义者,跟他接触的格林学派的唯心主义学说"不如人意"有很大关系。另外一个重要原因是,他从欧洲大陆哲学中引入的历史化思考方法,在他看来是对以往哲学传统的颠覆与创新。因而,他从哲学上对唯心主义作出的新发展,使他的学说与格林学派的观点判然有别。

② R. G. Collingwood, *An Autobiography*, p. 15.

③ R. G. Collingwood, *An Autobiography*, pp. 15–16.

际"。英国自由党内阁首相赫伯特·亨利·阿斯奎斯（Herbert Henry Asquith）、殖民地行政长官阿尔弗雷德·米尔纳（Alfred Milner）等，都是格林学派学说的信奉者。通过这些学生的传布，格林学派哲学"从19世纪80年代到20世纪的头10年，渗透和影响了国家生活的每个领域"①。

学术理念上经世致用，社会活动上淡泊名利，可以说是对格林学派的生动写照。在认识论历史哲学发展史上占有重要地位，可以说开启分析的或批判的历史哲学研究先河的布莱德雷就体现了这一点。在学术上，其著作《批判历史学的前提假设》系统地批判了历史学中的"如实直书"理念及在哲学上与其同声共气的实在论观点。"按照这种观点，历史学便没有前提假设，而且确实也不可能有：它那领域乃是在回忆而并非是在建构；它希望如实地掌握真实，而不是要把它塑造成为它所应该的那样；它要求历史学家使自己的判断听命于时代的命令，而不是把自己的愿望和幻想投射到超乎人世的界限以外的区域，全然不知人生的活动与风波，它那恬静的领域没有丝毫的思想可以干扰；然而，镜面一旦移开，美梦也就破灭了。"②布莱德雷强调历史学研究的前提假设，强调历史事实的复合性与历史推论的必要性。这也是柯林武德批判实在论过程中展现的学术线索。

柯林武德在《自传》中指出："尽管布莱德雷居住在牛津直到其1924年去世，但他从未在那里教课，也未试图在私人交往中以任何方式宣传他的哲学。他过着与世隔绝的生活。尽管我曾在与他的住处相隔不到几百码的地方住了16年，但根据我的记忆，我从未见过他。"③ 这从一个侧面体现了格林学派的"出世"风格。

格林学派在牛津大学校园内的影响，与他们在社会上的巨大影响形成强烈反差。格林发起的哲学运动"在任何意义上，都没有主导牛津大学的哲学思想和教学"。一种思想或学说要产生影响，需要其拥护者在适当的群体内宣扬它，说明它的价值，以此来增加它的信服者。如果在大学校园里，学生和大学教师就是潜在的信服者。在牛津大学，格林学派

---

① R. G. Collingwood, *An Autobiography*, p. 17.
② 〔英〕F. H. 布莱德雷：《批判历史学的前提假设》，何兆武、张丽艳译，北京，北京大学出版社，2007年，第13页。
③ R. G. Collingwood, *An Autobiography*, p. 17.

成员没有机会将这些潜在的信服者转化成现实的信服者。首先，格林学派成员几乎都没有在牛津大学长期任教的经历。① 这使他们没能在为数众多的学生中传播自己的观点。其次，格林学派的学说几乎没有打动牛津大学的教师。大多数牛津教师对格林学派观点持怀疑态度。这一状况产生的原因，与前一点相关。因为最根本的原因是，格林学派成员没能在牛津大学进行长期、有效的宣传。这样，格林学派就缺少发展、壮大的基础。格林学派后来的杰出代表史密斯和乔基姆都没能扭转其衰落趋势。

格林学派的衰微，使其对手实在论学派掌握了争论的主动权。约翰·库克·威尔逊（John Cook Wilson）教授是实在论学派的领导者。普里查德（H. A. Prichard）、约瑟夫（H. W. B. Joseph）、卡里特（E. F. Carritt）、摩尔（G. E. Moore）等，都是该派的代表人物。实在论学派的主张是，"认识活动对被认识对象没有影响"②。这反映该派是"出世"的，并不强调知识的"经世致用"功能。这正好与格林学派主张对立。至此，我们也就理解了格林学派与实在论学派争论的核心问题：认识者的认识活动与被认识对象之间的关系问题，是互惠共生还是判然两橛。

柯林武德最初也是个实在论者，但他这么称呼自己是有限定条件的。因为他发现，实在论者在批判他人理论以阐述自己主张时，犯了"指鹿为马"的历史性错误。他指出，摩尔在《驳斥唯心论》一文中，将本不属于贝克莱的观点看作贝克莱的加以批判。但这还没有使柯林武德离开实在论学派。他放弃实在论主张，是因为他发现"实在论学派的学说是错误的，批判方法不合理"③。"除了知识对被认识对象毫无影响这个无意义的主张外，实在论学派没有从正面阐述任何学说。"④

实在论者攻击传统道德哲学、伦理学和政治哲学，使实在论学说声誉不佳，引起人们的怀疑。柯林武德在分析实在论缺陷时，认为命题逻辑的思维方式是它的缺陷。按照这种思维方式，人们获取知识的方式是通过"命题"、"断言"，并且强调对词句进行语言分析。这种倾向只顾分析"命题"的语言学意义，而不考虑命题本身所指代的实际对象。柯

---

① 有关这一情况，请参见：R. G. Collingwood, *An Autobiography*, p. 16.
② R. G. Collingwood, *An Autobiography*, p. 44.
③ R. G. Collingwood, *An Autobiography*, p. 23.
④ R. G. Collingwood, *An Autobiography*, p. 44.

林武德反对这种命题逻辑的思维模式,强调"提问活动"对获取知识的重要性,进而提出问答逻辑。

关于这场学术争论的结局,可以说是两败俱伤。格林学派与实在论者,一个"无力回天",一个"江河日下"。实在论者的闭门造车倾向,使得以他们为主要形态的英国哲学研究衰落。格林学派与实在论者观点对立,但实在论的衰落也并未使格林学派复兴。柯林武德以亚历山大和怀特海为例,说明他们反/非实在论的本质,以此证明实在论的衰落。他在提出问答逻辑过程中,亚历山大、怀特海和罗素等人持有实在论观点,被称为新实在论。这是柯林武德所称的"复旧派",认为其理论本质并非实在论的,其中含有问答逻辑成分却未进一步发展。但正是因为他们宣扬实在论,才使柯林武德的问答逻辑具备得以澄清自身问题与要义的背景和语境。因为在库克·威尔逊时代,柯林武德还没有能力与魄力对实在论学说发起公开挑战,只是以一个有保留意见的实在论者身份进行自己的学术探索。

实在论者有反历史倾向。柯林武德用反历史倾向概括古希腊思想,指的是古希腊以不变、永恒作为衡量真理的标准,这与关注运动、变化的历史知识不相容。与此类似,实在论者认为哲学研究所要回答的问题是不变的,不同的哲学家只是从不同角度努力回答同一个哲学问题。因此,以此为研究内容的哲学史是没有必要的。这也体现了实在论的缺陷:单纯地理解或认知,忽略历史背景或文本语境以致歪曲、问非所答。这在柯林武德看来并非"历史地思考"。问答逻辑强调问题与回答的历时性与不断变化的特点,因而需要历史的思考方式。实在论者虽未能担负起振兴英国哲学研究的使命,却为其发展孕育了一丝生机,即唯心主义传统的复兴。但这不是格林学派的唯心主义,而是柯林武德推崇的、借鉴了意大利思想资源的"新唯心主义"。其"新"的体现就是,历史的思维方式。就问答逻辑来说,这涉及历史与自然、过去与现在、历史与语境、历史与求真等方面的关系问题。

实在论者的观念"明显是传统的、间接得来的自然科学方法论观念"[①]。而历史与自然是不同的。对自然来说,"过去的"事件就是过去的了,与现在没有直接继承关系。自然的事物有进化与退化,使"过

---

① R. G. Collingwood, *An Autobiography*, p. 86.

去"与"现在"的事物产生联系。但这种关系是生物学意义上的,只是自然生命的一种演化过程。对历史来说,"过去的"事件并不完全是逝去的,它与"现在"有某种联系,以这种或那种方式存在于现在之中。这使历史呈现为一个连续的过程,其中的"过去"与"现在"环环相扣。我们认识自然的方式是观察和实验。我们认识历史的方式是提问与回答。"提出问题"是认识历史的起点。不同时代的历史会提出不同的问题,因而也会得到不同的回答。历史发展过程也就呈现为,层出不穷的提问与回答环环相扣、彼此衔接。

因此,问答逻辑并不仅仅是柯林武德针对实在论所提出的一种逻辑观点,也反映了他的历史观。证明历史学的自主性,是柯林武德史学理论的核心目的。他分析了历史与自然、历史学与自然科学的不同之后,如何证明历史学具有自主性呢?问答逻辑。这是柯林武德史学理论的逻辑前提。问答逻辑,是他在强调历史学与自然科学的差异之后,提出的历史知识思维模式。问答逻辑的思维模式是不同于自然科学的,是确保历史学自主性的前提条件。柯林武德的问答逻辑,又以他的历史过程观为基础。

需要指出的是,问答逻辑体现了柯林武德融通哲学与历史学的追求。但这不是他追求的最终目标。后来的研究者将历史学与哲学的融合作为柯林武德毕生唯一追求,是不合理的。他所关注的是整个人文学科的方法论问题——历史地理解。他力图应用历史学方法的领域,不只是哲学,而是整个人文学科。这种方法应用范围的广泛性,就是问答逻辑有效性的体现。问答逻辑指向历史学,但未止步于历史学。同样,本书将"历史知识何以可能?"的问题看作柯林武德历史认识论要解决的核心问题,但不是唯一问题。

第二节 历史是一个连续的过程

历史学研究不断发展的过程,也是历史认识主体自身能力与在研究中地位不断提高的过程。19世纪末20世纪初,西方历史学研究从以兰克史学为代表的传统史学向新史学过渡与转型。历史学研究领域扩大、方法论多元化与注重价值判断等成为新史学的特质。大体同期,西方史学理论研究也发生研究重心转移。这就是从主体、客体二分、过去、现在对立，转向主体、客体融合、过去、现在合一。主体、现在，成为一些历史学家与史学理论家构建历史知识的核心要素。如法国年鉴学派的马克·布洛赫、美国的卡尔·贝克尔、意大利的克罗齐及英国的柯林武德都是这方面的代表。有学者①将19世纪历史观念概括为"事实的真实"，将20世纪历史观念概括为"观念的真实"，上世纪之交西方历史意识变迁历程就是前者向后者转化与发展。这种概括颇得其要旨。

柯林武德1920年提出他的第一个历史哲学原则时，表达了历史过程思想。他指出："历史学关注的不是'事件'，而是'过程'。'过程'是没有开端的、相互转换的事件。如果一个过程P1变成了过程P2，二者之间没有P1终止和P2开始的分界线。P1从未终止，以变化的形式继续存在于P2中。P2也从未开始，它是此前的P1的延续。历史中没有开始与结束。历史书有开头和结尾，但其中描述的历史事件没有。"② 这是他在《自传》中对自己思想观点的总结之一。

柯林武德"是一位一贯的现代主义者。那意味着，他认为我们在时间中能真正认识的唯一事情，是现在，其含义是'世界历史中一个事件的无限复杂性'。对他来说，这要从事件内部寻求，而不是作为一种事件之间的关系。只有在现在，我们才能认识只在此时作为思想的过去与将来，一种必然的、确定的过去与一种可能的将来的思想。因此，历史学可以描述为将过去的观念从现在中解放出来，这些观念实际存在于现在之中，以思想形态存在的它们转换成（应该）与过去相似的某物。历史学应被看作心灵科学的一个方面。柯林武德认为，心灵在理解自身时也不断变化。他所理解的时间并非一种编年顺序的概念。相反，他认为与其他类似的历史概念一样，时间是逻辑顺序或奥尼尔提到的概念空间的产物。这种概念空间是心灵为过去和将来创造的"③。这表明柯林武德的历史过程观，以心灵为主体，以现在为主导，以逻辑顺序为特点。历史学是编年先后与逻辑联系的统一。这与其理解的历史学研究对象（思想）有密切关系。

对柯林武德来说，"现在是过去与将来的联合体。现在是可能与必然

---

① 请参见李杰：《历史观念——实践历史哲学的建构》，北京，人民出版社，2013年，第3—24页。
② R. G. Collingwood, *An Autobiography*, pp. 97–98.
③ Michael O'Neill, "On the Role of Time in Collingwood's Thought", p. 82.

的联合。过去之为过去已不存在（这不是柯林武德观念性所意味的）。然而，过去仍然是整体的一个部分，是现在的一种建构性因素。因而，将来是内在于现在之中的可能性。事实上，柯林武德将过去与将来融入到永恒变化的现在之中。他就这种联合进一步说，'作为过去的过去与作为将来的将来都不存在，是纯粹观念性的；活在现在的过去与蕴育于现在的将来完全是实在的，并且确实就是现在本身'"①。历史过程的核心是处于永恒变动中的、实在的现在。但这种实在性是在现在的观念中体现的。

因而，理解柯林武德所谓的"现在"，对理解他的历史过程观至关重要。他指出："那个统一体是实在的现在。以观念形态存在的是，心灵从现在的证据所构建的过去与将来。或者如他所称，'作为过去的过去与作为将来的将来的区别在现在中融合。对心灵来说，情况就是如此。我们都将过去称为通过历史回忆和思考的存在。但是，我们通过将过去从它确实存在其中的现在区分出来、变形，并再次将它塑形于思想中做到这一点。'他谈到的这种'区分'，是在一种实在的、现在的对象中作出区分，正如将部分与整体区分开来一样。现在的整体，是一种'个体事件的无限复合物，就是世界历史'。"② 柯林武德将历史发展过程凝缩于"现在"这个时间维度，体现了他唯心主义或极端主观主义立场。但他对唯心主义或主观主义始终有意识地保持着警惕态度，这体现在他对"现在"这个"部分"与"历史过程"这个"整体"关系的辩证理解上。

在柯林武德看来，"过去没有死去。历史过程不同于自然过程之处在于，前者仍活在现在。一个自然过程的不同阶段是不同的、彼此孤立的，因而是不连续的。自然过程的每个阶段抛弃其前面的阶段，因此不同阶段之间是彼此孤立的。……与自然相对，心灵是个连续的过程。历史学是心灵的自我认识。在心灵的每个发展阶段，它保持了其过去的内容。历史过程的不同阶段紧密相联"③。这不同于实证主义者非此即彼的历史过程观，也使柯林武德提出了全然不同于实证主义者的历史知识观念。

---

① Michael O'Neill, "On the Role of Time in Collingwood's Thought", p. 95.
② Michael O'Neill, "On the Role of Time in Collingwood's Thought", p. 95.
③ David Boucher, "In Defence of Collingwood: Perspectives from Philosophy and the History of Ideas", p. c.

在柯林武德早期著作《精神镜像》中，有他对历史过程思想的具体论述："历史不是一个纯粹由独特的、不连续的事件构成的流，其中的每个事件都是绝对新的、史无前例的。另一方面，它也不是相同模式的单调循环重复，也不是重新排列各个个体的一个掠影，像不断投掷的骰子一样，每件新事物都是给定可能性中的一个任意选择。历史是一个过程，其中的方法和规律性并没排斥新事物的发生。对于每个阶段来说，当它由前一个阶段发展而来时，也将前一个阶段包含在自身之中，因而间接地将以前的历史包含在自身之中。每个这样的总结行为都是新的。历史由这种对自身的不断总结构成。"①

根据以上论述，柯林武德历史过程思想可以概括为：一、历史事件之间不是互相孤立的，是存在联系的。二、历史体现为各个历史事件之间既有继承，又有发展的一个过程。"现在这样一个事件过程，也许真的被称作一种进步，因为它正在前进。它有方向，其中的每件事情都从已经消逝的事物发展而来。如果没有过去的话，这些事情是不可能发生的。过去的每个细节，在某种意义上对当前的存在都是必要的。因此，当前是真的建立在过去之上的。"因此，"我们应该这样理解，罗马帝国不是完全消失了，而是变化了。它的外在形式灭迹了，但充盈其中的精神正以充沛的精力发展，试图在其他不亚于自身的地方表达自己"。② 真正具有历史性或能够成为历史知识探究对象的是人类心灵。人类历史发展过程中出现的国家、制度与英雄人物因其成为人类心灵的外在表现，才得到历史知识的内在探究。人类心灵是这些外在表现构成的历史过程具有连续性的关键。

柯林武德反对孤立地看待历史事件。因此，他批判了斯宾格勒孤立地看待历史上各种文化的观点。"一种文化的毁灭，是另一种文化的诞生。因为没有一种称为文化的静止实体，只有永恒的发展，在其中增添某物必定是以失去某物为代价的，为的是进一步的发展。在这个过程中所赢得的每件事，都依赖以往阶段所取得的成就。因为这个过程一直是相同的，尽管它是常新的，容易发现各个部分之间的相似性。但当我们把它分为各个部分，说'这儿是古典文化的开始，这儿是它

---

① R. G. Collingwood, *Speculum Mentis, or The Map of Knowledge*, p. 56.
② R. G. Collingwood, "The Theory of Historical Cycles", in R. G. Collingwood, *Essays in the Philosophy of History*, pp. 86 – 88.

的结束；这儿是袄教文化的开始，这儿是它的结束'时，我们谈论的不是历史，而是我们用来贴在历史尸体上的标签。"① 历史过程性或历史事件之间的连续性，是历史现象区别于自然现象关键所在。当历史学家以"有始有终"方式观察历史时，他是以研究自然的思维模式理解历史。真正人文主义的历史理解方式应该是"无始无终"的。《史学原理》编者德雷和杜森指出，柯林武德的历史过程观呈现出历史思辨的目的论解释。②

紧接着，柯林武德给出具体例证，以古典文化和袄教文化之间的关系说明自己的历史过程观。"更加真实的观点是，古典不是一个类型，而是按照自身内在逻辑引向袄教的一个时代、一个过程、一个发展。因而万神殿既是袄教的，也是古典的。在变成袄教过程中，它是古典的。这个'变成'、'变化'观念，是所有历史的根本思想。这是斯宾格勒极力坚持，也确实又被他忘记的。"③ 柯林武德批评斯宾格勒有三方面原因：一、斯宾格勒孤立地看待各个文化，将古典文化和袄教文化看成彼此孤立、有清晰界线的。二、斯宾格勒没有看到古典文化与袄教文化之间的联系，以及二者既有继承又有发展的过程。三、斯宾格勒看重的是古典、袄教这两种文化，而不是二者之间的转化过程。这是一种认识自然的方式，不是理解历史应有的态度。

根据这种历史过程观，柯林武德阐述自己对历史本质的认识："历史是一个过程，是个随着时间推移，创造自己发展手段的过程。一切历史都是某种事物的历史，例如英格兰史、中国艺术史、海军战略史。任何事物的历史都是那个事物自身变化方式的历史。历史不是一系列浮于事物表面，不顾其内在本质的表面变化。历史过程的变化，是无限地深入事物本质的变化。例如，在英格兰历史中，并不存在英格兰的一个部分变化、另一个部分不变化的现象。英格兰的全部都在变化。然而在这种变化中，英格兰仍然保持着自身，因为变化是持续的、没有断裂的……换句话说，英格兰本身是历史过程的产物。那么，这就是历史的一般本质：历史是一个产生其所包含的一切事物的过程；历史是一个创造运动

---

① R. G. Collingwood, "Oswald Spengler and the Theory of Historical Cycles", pp. 73 – 74.
② W. H. Dray and W. J. Van Der Dussen, "Editors' Introduction" in R. G. Collingwood, *The Principles of History and Other Writings in Philosophy of History*, p. lxxxiv.
③ R. G. Collingwood, "Oswald Spengler and the Theory of Historical Cycles", p. 74.

着的事物的运动。"① 因此,历史过程是自我证明的,也是自我解释的,无需求助外在的类比或规律。

柯林武德强调历史的过程性、连续性,是否意味着他忽略了各个历史事件之间的差异呢?回答显然是否定的。他除了看到历史的连续性外,也认为这个过程是有变化和发展的。他承认这一点,表明他看到了历史过程中各个历史事件之间的差异。其体现之一是他对其所处时代政治制度的认识:

> 我们的政治制度完全不适合原始人、古希腊人、中世纪男爵甚至是18世纪的人。但它们对我们来说是最好的,已经经历了一个过程。在这个过程中,它们吸收了原始法律、希腊城邦制度、罗马帝国主义以及封建组织等因素。所有这些因素使现代政治生活成为现在的状态。②

在阐述自己对全部历史的理解时,柯林武德也表达了相同观点。"在历史中,一切都使人厌倦,都已消逝,都已破碎。每件事都衰退,所有运动都是一个离开某物的运动,一种失去过去已赢得事物的运动。所有运动都是一种毁灭、一个死亡过程。汽船的发展过程,是帆船这一美好事物退出历史舞台的过程;火药武器的出现,就意味着弓箭的隐没。"③ 因而,柯林武德的历史过程观表明他不仅注意到历史事件之间的联系,也看到它们的差异。

柯林武德的历史过程观,除了体现在他对宏观历史现象的分析之外,也体现在他对微观领域,如思想史研究问题的理解。他在《自传》的一个脚注中对"永恒"一词的分析,体现了这一点。他指出:"如果我们在通俗和不准确的意义上使用'永恒'一词,将其理解为'持续相当长一段时间',那么'永恒问题'可能意味着凭借一个历史过程而联系起来的一系列问题。即使一个缺乏才智,误解了'永恒'一词的人,也能

---

① R. G. Collingwood, "Conclusions to Lectures on Nature and Mind", in R. G. Collingwood, *The Principles of History and Other Writings in Philosophy of History*, pp. 251 – 252.
② R. G. Collingwood, "A Philosophy of Progress", in R. G. Collingwood, *Essaysin the Philosophy of History*, p. 120.
③ R. G. Collingwood, "The Theory of Historical Cycles", p. 81.

看出问题之间的连续性。但问题之间的差异就不那么容易辨别了。"① 他在分析有关柏拉图与霍布斯国家观念异同的争论时指出:"争论焦点在于相同和相异的性质。按照实在论的观点,相同是二者同属一个'普遍观念'意义上的,相异体现在二者是一个'普遍观念'的两个特例。但情况并非如此。相同是二者同属一个历史过程意义上的,相异体现在柏拉图的国家观念发生了改变,而霍布斯的国家观念由柏拉图的国家观念发展而来。"②

历史过程思想作为柯林武德史学理论体系中的一个核心观念,贯穿其整个学术生涯。"我发现这段引文具有启发性,因为它表明两个重要主题。第一,它表明柯林武德在1936年对时间的思考,延续了他1926年对时间的思考。他的立场没有发生重大改变。第二,它表明被理解为概念空间的过去(与将来)的观念性,对柯林武德历史哲学的重要性。作为历史学研究对象,过去是现在的必然但观念部分的概念表达。为了表明过去的观念性和必然的构成要素,历史学分析一种现在的、实在的对象。"③ 1926年与1936年的柯林武德所理解的历史过程是相同的:过去与将来是观念性的,现在是实在性的,且过去与将来蕴含于现在之中。

问答逻辑能够成为历史知识的思维模式,是因为历史中的过去与现在不是截然二分的,而是彼此联系的。"过去并不占有现在,现在拥有其过去。现在确认其自身的这种占有性行为,肯定了它自己的过去。对过去的这种处理方式,是现在处理自己的方式的一部分。"④ 过去并没有完全消逝,以各种形式存在于现在之中。现在也吸收了过去的成分。历史体现为无数的过去与现在构成的一个连续过程。历史中的一个问题得到解答后,又会出现新的问题,要求新的解答……"人类行动的原因是对自己当前的状态不满意。人类行动的结果是,创造新的自我。这个新的自我产生一个新的问题,这个过程就这样永远持续下去。这个问题系列,就是历史过程。其中的每个问题都以它能够被解决的唯一方式,得到解决,因为每个问题都是历史个体以其所有力量处理的。历史学家可能不

---

① R. G. Collingwood, *An Autobiography*, p. 68.
② R. G. Collingwood, *An Autobiography*, p. 62.
③ Michael O'Neill, "On the Role of Time in Collingwood's Thought", pp. 96 – 97.
④ R. G. Collingwood, "History as the Understanding of the Present", in R. G. Collingwood, *The Principles of History and Other Writings in Philosophy of History*, p. 141.

是总能如此看待历史进程,但那一直是历史过程的发生方式。"①

在宏观历史范畴,这种问答活动是一种承担时代责任的意识,有利于历史不断地向前发展。在微观历史认识领域,这种问答活动体现历史学家的主体性和能动性,有利于深化历史认识。这种提问与回答得以延续的根本前提,是历史的过程性、连续性。柯林武德表达的上述可贵思想受他的理论前提制约。这就是"过去的观念性"。需要在观念层面理解的历史过程维度,不仅指过去,还有现在和未来。历史过程性只有在研究主体的观念层面才能得到保证。客观存在的过去并未被柯林武德否定,而且还成为其史学理论构建的参照因素。但客观存在的过去的实在性需以主体观念为前提,体现了主客体融合的取向——现在成为过去的归依,主体成为客体的依据。这是柯林武德超越实在论进行学术创新的体现。但在超越主体、客体二分法的过程中过分强调主体观念的作用,忽略客体的制约作用也是其局限所在。

这一学术立场是后期柯林武德在其著作中实践的,但并未明确表述出来。克罗齐的相关文字可以看作二人共同学术立场的表达。"在我们所已描绘的哲学中,真实界被确认为精神,这种精神不是高悬在世界之上的,也不是徘徊在世界之中的,而是与世界一体的;自然已被表明是这种精神本身的一个阶段和一件产物,因而二元论(至少是那种困扰过从泰勒斯到斯宾塞的思想的二元论)被它替换了,一切超验论,不论其起源是唯物主义的或神学的,也已被它替换了。"② "我们都是过去的产物,并沉浸在过去中生活,周围一切压迫我们。若我们未从过去中走出,若未将自己置于过去之上,我们如何走向新生活,如何创造我们的新行动?若我们置于过去之中,我们自己就是过去,如何将自己置于过去之上呢?只有一条出路,即思想的出路,思想既未切断同过去的联系又在它之上,从而在理念上提高它并将它转化为认识。需要面对面地审视过去、或在比喻之外审视过去,将它转化为思想问题并在真理命题中加以解答,这一真理命题是我们新行动和新生活的理想前提。"③ 思想不仅是克罗齐与

---

① R. G. Collingwood, "The Theory of Historical Cycles", p. 86.
② 〔意〕克罗齐:《历史学的理论和实际》,道格拉斯·安斯利英译,傅任敢译,北京,商务印书馆,2009年,第250页。
③ 〔意〕克罗齐:《作为思想和行动的历史》,田时刚译,北京,中国社会科学出版社,2005年,第25—26页。

柯林武德研究过去的出路,也是归宿。

如前所述,柯林武德进行学术创作的时期也是西方史学从传统兰克史学向新史学转型期。年鉴学派创始人之一马克·布洛赫也表达了自己的历史过程观。因此,比较二者观点,我们不仅可以发现异同,还可以体会各自立场是否公允。"现在究竟是什么?它是无限的时间之流中一个不断退缩的小点,一个瞬息之间生灭的片刻。我的言谈和行动刚一发生便落入了记忆的王国。青年歌德(Goethe)的这番话虽已陈旧但仍很深刻:现时无所存,一切去匆匆(nichts gegenwärtig, alles vorübergehend)。既然一切都处于永恒的变化之中,所谓关于现在的科学在其形成的时刻也已成为关于过去的科学。"①"由于各个时代之间具有很强的共性,对于不同时代的理解就具有双向关系。不了解现在肯定是因为对过去的无知。但是,如果对现在一无所知的话,要透彻理解过去也可能同样是空想。"② 同柯林武德一样,马克·布洛赫也看到"现在"这个时间节点对历史研究的重要意义。不同的是,二人关于过去与现在关系的观点。柯林武德持单向度的观点,强调过去囊缩于现在并在现在中得到解释。马克·布洛赫是双向度的观点,既强调主体理解过去的能动作用,也看到客体对主体理解的制约。

这种观点在马克·布洛赫的历史理解观念中也得到体现。"理解根本不是一种消极态度。要成为一门科学,始终需要两样东西:事实和人。"③"历史事实本质而言是心理事实。因此应在其他心理事实中寻找它们的先行条件。当然,人类的命运位于物理世界中,并感受到这个世界的影响。然而,在外在力量的介入最为剧烈的时候,这些力量也只有通过人及其思想的引导才能发生作用。黑死病的病毒曾是欧洲人口减少的首要原因。但是,只有在特定的社会条件、因而也是在某种内在的心态条件下,这场瘟疫才能迅速传播,而瘟疫的精神影响只有通过集体意识中特定的先决条件才能得到解释。"④ 相较而言,布洛赫的观点更为合理。柯林武德上述观点是他对实证主义史学一味强调"客体"、"过去"

---

① 〔法〕马克·布洛赫:《历史学家的技艺》,黄艳红译,北京,中国人民大学出版社,2011年,第53页。
② 〔法〕马克·布洛赫:《历史学家的技艺》,第58页。
③ 〔法〕马克·布洛赫:《历史学家的技艺》,第132页。
④ 〔法〕马克·布洛赫:《历史学家的技艺》,第163页。

主张的反拨，但又走向了另一个极端——"主体"、"现在"。任何真正的学术创新都有矫枉过正的嫌疑。这个评价尤其适用于柯林武德。从学术效应来看，柯林武德与马克·布洛赫都是积极的，从理论方面表达了新史学①的诉求。

第三节 "活着的过去"

"活着的过去"思想也是柯林武德在1920年提出的。"历史学家所研究的过去不是死去的过去，而是在某种意义上仍然活在现在的过去。"② 这一思想与历史过程思想息息相关，可以说是同一个思想的两个不同层面，其核心都是历史中的过去与现在的关系问题。历史过程思想强调历史中从过去到现在的动态发展过程，重点是现在。"活着的过去"思想侧重过去与现在的联系，重点是过去。"在实际的历史思考中，历史学家发现，不诉诸证据，他在认识历史的过程中举步维艰。证据是现在的东西，是现在存在的东西，被看作过去留下来的遗物或痕迹。如果过去没有留下痕迹，历史学家就不能认识历史。如果过去留下了痕迹，可以说，过去与其痕迹无法解脱地混合在一起，历史学家所能做的全部就是，在自己的能力范围内解开这种纠结。完全作为过去的过去，是完全不可知的。正是保存在现在的过去的残迹，才是唯一可知的。"③ "活着的过去"思想是历史过程思想能够成立的原因与前提。

以文本、遗迹和文物等形式体现的过去，是过去存在的表征，也是历史学研究的前提。这种客观的历史遗存，也是历史学研究对象"不在场"的证明。实在论者以此否认历史知识的可能性。柯林武德批判实在论者将实在等同于实体的观念，并以"过去的观念性"表达自己对实在

---

① 这里的"新史学"指20世纪20年代后西方以批判兰克史学传统为目标，以致力于"历史学方法科学化"为主旨而出现的新史学流派，包括法国年鉴学派，英国马克思主义史学和美国社会科学史学派等。这不同于20世纪70年代后西方史学研究中出现的新文化史、后殖民史学和环境史学等各种新史学流派。在学术背景上，后者主要是针对前者发展过程中出现的"偏离叙事"等问题，且在不同程度上受后现代主义思潮影响。在现实背景上，后者现实指向更为明确，所研究问题更具时代性，如全球化背景下的民族国家认同问题、国家间的文化软实力问题和环境污染治理问题等。

② R. G. Collingwood, *An Autobiography*, p. 97.

③ R. G. Collingwood, "The Limits of Historical Knowledge", in R. G. Collingwood, *Essays in the Philosophy of History*, pp. 99–100.

的理解。他认为,只有历史学对象被思考的时候,它才是实在的。在历史学家的思想中,历史学对象的观念性与实在性相统一。① 由于历史学家思想的统摄,"不在场"的历史学对象具有实在性,使历史研究具备开展的基础。这是柯林武德证实历史知识可能性的思路。

柯林武德阐述"活着的过去"思想,其理论出发点仍是区分历史学与自然科学,反对混淆历史过程与自然过程。"主观和客观被看作两件不同的事,无论它们联系多么紧密,本质上都是不同的。对自然科学来说,这个观念是对的。科学思想的过程是个精神或历史过程,有个自然过程作为其对象。对历史学来说,这个观念是错的。历史思想的过程,与历史过程本身是同类的,都是思想的过程。"② 具体到"活着的过去"这一思想,这种理论立场体现在:科学思想与作为其对象的自然过程,本质是不同的;而历史思想与作为其对象的历史过程,本质是相同的。

柯林武德指出:"奥克肖特假设,在过去是个死的过去与它并非过去而仅仅是现在这两个选择之外,没有第三个选择。"他给出第三个选择:"它是活着的过去。因为过去是思想而不仅仅是自然事件,过去能够在当前被重演,在重演中被认识。"③ 行文至此,我们可以看到,柯林武德"活着的过去"思想涉及他另外两个重要的命题:一切历史都是思想史和历史思想的重演。他系统区分了历史学与自然科学后,通过"活着的过去"思想,发展到这一理论体系的下一个关节点:一切历史都是思想史。这凸现了"活着的过去"思想对柯林武德史学理论的重要意义。

柯林武德承认时间是一维的、不可逆的、一去不复返的。"活着的过去"思想强调将现在看作对过去的继承。在这种意义上,过去仍然是"活着的",活在当前的。"一件已经发生过的事件,就什么也不是了。它不以任何形态存在。过去的就是不存在的了……历史学家想要的是一个真实的现在。他想要的是处在其周围的真实世界。当然,他想要的不是由没被认识、也不能被认识的事情构成的世界,而是由被看到和听到、被感觉到和描述出来的事情组成的世界。他希望能够将这个世界看作那

---

① R. G. Collingwood, "Outlines of A Philosophy of History", in R. G. Collingwood, *The Idea of History*, p. 444.
② R. G. Collingwood, *The Idea of History*, p. 190.
③ R. G. Collingwood, *The Idea of History*, p. 158.

个不存在的、死的、消逝的过去的活的继承者。"①"人们一直将历史作为一种短暂现象谈论：'这个仅有种历史价值'意味着'这仅使那些关注逝去事物的人产生兴趣'。我自己坚持，历史是'过去发生的事件'的一个故事，将来一定要关注这一点。但我也坚持，一切历史都是思想史，历史学家通过在现在重演过去的思想，认识这个过去的思想。作为可重演的，它就不是过去的事了。"②

历史的过去不同于自然的过去。"在一个自然过程中，过去是废弃的、死的过去"，"不像自然的过去，历史的过去是活着的过去，靠历史思考行动自身活着的过去。从一种思考方式到另一种思考方式的历史变化，不是第一种思考方式的消失，而是它发展和批判了自己的观念后，存在于一种新的背景中"。③ 历史的过去的这种特点，也决定了历史学家的研究方向，"历史学的最终目的，不是认识过去，而是理解现在。历史学家所做的，是发现自己面对着某种事物状态，并且说'这仅仅是事实；我不知道事情为什么是这样的状态'。这使他历史地思考这件事，说明其原因，也就是对其作出说明"④。历史学家研究的不是已经死去的、无迹可寻的过去，是仍然活在现在的过去。因此，历史学家研究历史，就是研究由过去转变而来的现在。

那么，历史的过去是如何"活下来"的呢？什么使"活着的过去"成为可能呢？植入（Incapsulation）思想。"任何包含从 P1 到 P2 这一历史变化的过程，都将未改变的 P1 余存，植入一个表面完全是 P2 的历史状态中。"⑤"只要过去与现在没有关联，有关过去的知识对于解决现在的问题，就没有多大用处。但是假设过去继续活在现在，假设过去仍是活着的和活跃的，尽管它植入现在并且乍一看隐藏在现在众多彼此矛盾的、更加显著的特征之下……历史学家的职责是揭示粗心的人所没有发现的、现在存在的不那么明显的特征。历史学给道德和政治生活带来的

---

① R. G. Collingwood, "The Limits of Historical Knowledge", p. 101.
② R. G. Collingwood, "Notes on Historiography", in R. G. Collingwood, *The Principles of History and Other Writings in Philosophy of History*, p. 244.
③ R. G. Collingwood, *The Idea of History*, pp. 225 – 226.
④ R. G. Collingwood, "History as the Understanding of the Present", in R. G. Collingwood, *The Principles of History and Other Writings in Philosophy of History*, p. 140.
⑤ R. G. Collingwood, *An Autobiography*, pp. 140 – 141.

是洞察一个人活动环境的能力。"①

过去植入现在，使过去仍然活在现在。"因为过去本身什么也不是，获得关于过去本身的知识，不是也不可能是历史学家的目标。历史学家作为一个思考者的目标是，关于现在的知识。任何事物都必须返回现在，每件事情也必须围绕现在循环。但是作为历史学家，他关心现在的一个特殊方面——现在是如何变成现在的样子的。在那个意义上，过去是现在的一个方面或功能。这种功能就是，过去必须一直出现在明智地反思自己的工作，也就是尝试一种历史哲学的历史学家面前。"② 这在使过去与现在具有联系性同时，也赋予历史研究一种时代价值。

人们要认识现在的状况，就要研究它的历史。这就正如法国年鉴派史学家马克·布洛赫提出的新史学认识论的一个基本信条："'通过过去来理解现在，通过现在来理解过去'。前半句是史学的社会功能，后半句构成了当代法国史学认识的一个主要原则。由于资本主义时代经济发展的迅速及经济对社会生活的重大影响，人们开始研究经济史；现代社会人口问题的迫切性使人们去考察历史的人口；工业发达所带来的环境污染、不同地理生态环境下的不同文化系统，使人们去了解气候史、地理环境史等等，这都是例证。"③ 马克·布洛赫强调历史学研究对社会的价值，也是柯林武德问答逻辑包含的真意之一。

这体现为"活着的过去"思想同样回答了历史学用处的问题。"如果历史学的功能是告诉人们关于过去的知识，并且将过去理解为死去的过去，那么它对促使人们行动无所助益。但如果历史学的功能是告诉人们关于现在的知识，那么历史学与实践活动就保持着尽可能紧密的关系。在这一意义上，历史学表面上显而易见的对象——过去，植入现在并且构成现在的一部分。这一点只有那些经过训练的人才能看到。"④ 柯林武德的问答逻辑，一方面强调历史学家应具有鲜明的问题意识，不断地向自己所面对的资料提出问题，以挖掘其中的真确内涵；另一方面指出历史学家也要根据时代的发展，洞察时代向自己提出的问题，进而在自己

---

① R. G. Collingwood, *An Autobiography*, p. 100.
② R. G. Collingwood, "The Philosophy of History", in R. G. Collingwood, *Essays in the Philosophy of History*, p. 139.
③ 〔法〕雅克·勒戈夫，皮埃尔·诺拉：《史学研究的新问题新方法新对象》，郝名玮译，北京，社会科学文献出版社，1988年，第16页。
④ R. G. Collingwood, *An Autobiography*, p. 106.

的学术研究中予以解答。之所以如此,是因为历史学只有不断回答自身发展和现实生活中提出的各种问题,才能获得向前发展的不竭动力。

柯林武德史学理论探讨的是历史学,但他十分关注现在对于历史学家的意义。惠特克·戴宁格概括了现在对历史学家的四方面影响,有助于我们理解柯林武德对过去与现在关系、历史学家与其所处时代关系的看法。惠特克·戴宁格指出:"历史就是历史学家的现在,至少有四种意义……(1)历史学家对现在的兴趣,影响他选择的研究题目。因而这也间接影响他认识事物的种类。但所有人类研究都或多或少是这样。(2)历史学家的现在,是他方法论技巧的所在地。按这种方式,这在观念上决定了他能够获得的关于过去行为与事件的知识种类。而且,对所有想获得确凿知识的科学尝试来说,似乎都是如此。(3)历史学家的现在,是他在其中行事的社会价值背景。历史学家所处时代的社会价值准则,常常会影响他对过去事件'意义'的解释。这个意义可能被或者相对地、或者决定性地强调。(4)历史学家的现在,是过去行为与事件产生影响的所在地。通过研究事情如何变成现在的状况,历史学家的首要目的是理解这些影响。"①

历史学家的研究主题、研究方法、价值评判标准等,很大程度上都是历史学家所处的现在提供和塑造的。历史学家要透彻地认识历史,就必须了解他所处的现在、所处的时代。关注自己所处的时代,不断尝试回答时代所提出的问题,历史学家才能不断深化历史认识。如果历史学家甘心做书斋内不谙世事的犬儒式学者,历史学也会逐渐失去发展源泉与动力。柯林武德批判实在论主张的现实动因,就是实在论者不关注现实的犬儒倾向。

就历史知识要素来说,"活着的过去"不仅使历史学家认识到自身是历史学研究中的价值主体和进行价值判断的必要性,而且改变了历史解释的思维路向。以往的历史学研究往往遵循一种先因后果的历时性解释思路。过去"活在"现在,使历史学研究能够具有一种因果同时的共时性解释方式,能够辩证地展现历史学研究中的价值观转换,对传统的继承等。这在强调历史学家主体性的同时,也指出过去的可塑造性,突出历史认识的主观性。这是以柯林武德为代表的认识论历史哲学的特点。

---

① Whitaker T. Deininger, "Some Reflections on Epistemology and Historical Inquiry", *The Journal of Philosophy*, Vol. 53, No. 14. (July. 5, 1956), pp. 440–441.

继之而来的问题是,历史学的求真属性如何得到保证?在这种历史知识论的重心由客体向主体偏移后,历史学求真的涵义是什么?

第四节 问答逻辑

柯林武德提出问答逻辑是为了对抗实在论者的命题逻辑。"我想用我称作提问与回答的逻辑,代替命题逻辑……在一个给定的综合体中,每个问题和每个回答必须是相关和适当的,必须既'属于'整体,也在整体中占有自己的位置。每个问题必须'出现'。如果我们因问题'没有出现'而拒绝回答时,那么我们一定是谴责问题的缺失的。每个回答,一定是它声称要答复的问题的'适当'回答。"① 这是他对问答逻辑的定义。

考古学研究实践,使柯林武德认识到当时既有逻辑理论的缺陷,即只重视答案,忽略问题。纠正这一缺陷,是他提出问答逻辑的初衷。"如我所说,我在考古学方面的工作经历,使我深刻意识到知识中'提问活动'的重要性。这使我不可能满足于'实在论者'所支持的直觉主义知识理论。这对我的逻辑理论的影响是,使我反抗当时通行的逻辑理论。这就像培根和笛卡尔通过反思科学研究的经验,而反抗经院逻辑一样……我发现有必要重申这个原则:知识不仅由'命题'、'陈述'、'判断'或逻辑学家用来指明思想断言活动的任何名目构成(或者在那些活动中被断言的是:'知识'意味着认识活动和被认识的对象),而且由这些断言所要回答的问题构成。一个只顾及到答案,却忽视问题的逻辑,是错误的逻辑。"② 实在论者的命题逻辑忽视问题的学术语境,容易造成答非所问后果。

柯林武德将考古工作看作一个"知识实验室",有关发现知识的逻辑理论正确与否,都可以在其中得到检验。挖掘考古遗址的实践使他总结出问答逻辑的核心原则。一个考古学家"必须首先确定自己想要发现什么,然后确定什么种类的挖掘将提供他所想要的。这是'问答逻辑'的核心原则在考古学上的应用"③。问题是学术研究的起点,也决定着研

---

① R. G. Collingwood, *An Autobiography*, pp. 36–37.
② R. G. Collingwood, *An Autobiography*, pp. 30–31.
③ R. G. Collingwood, *An Autobiography*, pp. 122.

究的走向。

柯林武德以苏格拉底为例，说明提问活动在获得知识过程中的重要意义。"当苏格拉底教他的青年学生们向自己发问时，他是在教他们如何自己提问。他以例证向他们表明，即使是最晦涩的主题，也能通过问自己明智的问题而得到阐明。根据当代反科学认识论者的办法，仅仅是张口结舌地看着，希望我们的大脑完全空白后，就会'理解事实'。这是无济于事的。"① 问答逻辑也蕴含前人的认识成果。因为"一直都有人理解到，真正的'思想单元'不是命题，而是某种更复杂的东西，命题在其中作为对一个问题的回答。不仅有培根和笛卡尔，而且还有柏拉图和康德，都是例证。当柏拉图将思考描述为一个'灵魂与自身的对话'时，他的意思是指它是个问答过程，在这两个因素中，提问活动居首位。当康德说，提问活动使一个明智的人知道他能合理地问什么问题时，他实际上是在批判纯粹的命题逻辑，而要求问答逻辑"②。

认识活动包括提问与回答两个部分。柯林武德指出："提问活动不是取得与某物的共存或理解某物的行为。它不是认识活动的准备阶段。它是一个行动的一半（另一半是回答问题），这个行动的整体是认识。"③ "这是如何发生的？认识一件事，不仅仅是意识到它。认识过程包括提出一些问题并回答它们。问一个问题意味着构思选择。适当的认识技巧或科学方法，取决于用真正的问题或有准确答案的问题，代替含糊不清的问题。用真正的问题'我想要哪一个，a还是b'，代替含糊的问题'我想要什么'。"④ 由此可见，柯林武德不但强调提问的主动性，也重视提问的有效性即如何适当地、明确地提出问题。

回答问题是认识活动的另一部分，也是以往逻辑理论都关注的。柯林武德提到回答，是为了强调提问与回答之间的相关性。"问题与回答之间必须是严格相关的。如果任何问题能够以其他方式得到回答的话，那么一个命题就不是它的回答，或在任何意义上也不可能是正确的回答。一个十分详细和具体的命题，一定是一个同样详细和具体的问题的回答，

---

① R. G. Collingwood, *The Idea of History*, p. 274.

② R. G. Collingwood, *An Autobiography*, pp. 34–35.

③ R. G. Collingwood, *An Autobiography*, p. 26.

④ R. G. Collingwood, *The New Leviathan, or Man, Society, Civilization and Barbarism*, Oxford: Clarendon Press, 1992, p. 74.

而不是一个模糊、笼统的问题的回答。"① 问题与回答之间只有具备相关性，才能使问题有意义，成为一个真的问题。这凸显了提问与回答存在的语境的重要性。

柯林武德提出问答逻辑进行一场逻辑学革命，与早于他的哲学家和与他同时代的哲学家的影响也有关。问答逻辑是在前人学术积累和同时代人的影响下形成的，并非完全是柯林武德个人的独创。因此：

> 必须强调的第一件事是，柯林武德并未声称他的问答逻辑有任何创意。尽管他的战斗口号是"在逻辑学中，我是革命的"（《自传》，第52页），他并非没提到那场革命的"开创者们"和"他的革命同道们"。柏拉图、笛卡尔、培根和康德，都是那场革命的开创者。柯林武德同意这一点，我们在《精神镜像》和《史学原理》中发现了前述人物的名字，还加上了苏格拉底的名字（《自传》，第35、37页；《精神镜像》，第77页；《史学原理》，第29页）。与他一同进行革命的是英国唯心主义者，在他看来，这些人的逻辑在一定程度上也是问答逻辑（《自传》，第52页）。但是并非只有英国唯心主义者是革命的。在《精神镜像》中，他也提到提问活动的重要性"在实用主义者惊讶地注视中渐渐被理解了"（《精神镜像》，第78页）。在《艺术原理》中，他甚至引用他的实在论老师库克·威尔逊关于提问和命题意义之间关系的观点（《艺术原理》，第265页）。所有这些名字都表明，柯林武德知道他并不是一个人在进行这场革命。②

对汽车抛锚这一事例的追问，生动例示了柯林武德的问答逻辑。在这一事例中，"汽车抛锚，开不走了"相当于"回答"。显然，仅仅靠这个回答，不能解释清楚汽车抛锚这个现象。那么，首先出现的"问题"是："汽车为什么不能开动了？"这个问题过于笼统，与前面的回答并不是直接相关的。紧接着提出的"问题"是："毛病是否出在火花塞上？"经过检查，火花塞没有毛病。那么这个结论，是对"我的车是否因为火

---

① R. G. Collingwood, *An Autobiography*, pp. 31 – 32.
② Rik Peters, "Collingwood's Logic of Question and Answer, its Relation to Absolute Presuppositions; another Brief History", *Collingwood Studies*, Vol. 6. (1999), p. 5.

花塞坏了而抛锚"这个问题的回答。之后，车主可能会继续检查电瓶、油箱等部件。这个持续的检查过程，也是持续提出问题的过程。如"我的车是否因为电瓶、油箱……坏了而抛锚"？检查结果会逐个解答上述问题。如果其中有个检查结果是，电瓶有毛病。那么这个结果就是对"我的车是否因为电瓶坏了而抛锚"这个问题的回答。进而，对"汽车为什么不能开动了"这个问题，车主给出的回答是：可能是因为电瓶坏了。需要注意的是，车主给出的回答，是或然性的，而不是必然性的。因为可能发生的情况是，即使车主排除了电瓶的故障后，汽车仍然不动。那么车主就要不断追问下去，这个问答过程也会持续下去。直到他找到问题的症结所在，这个问答过程才暂时告一段落。

根据问答逻辑，柯林武德认为要理解他人意图，就必须了解他们心中的问题。因为这些人说出或形诸书面的文字，往往是对他们内心问题的回答。"只研究一个人说了或写了什么，即使他以优雅的语言和完全诚实的目的说的或写的，你也不能发现其中的意义。为了发现他的意图，你必须也得知道他所说的或写的想要回答的问题（一个在他头脑中的问题，他假设也在你头脑中的问题）。"① 同样，"一个哲学家的学说是对他问自己的某些问题的回答。任何理解了问题为何的人，就能期望理解他的学说。问答逻辑使我持有以下观点，如果任何人掌握了哲学家想要回答的问题，他就能理解任何哲学家的学说。那些问题不必是他自己的。那些问题可能属于完全不同于他自己的思想体系。但这应该不会妨碍他理解那些问题，不会妨碍他判断对这些问题感兴趣的人们，作出了正确还是错误的回答"②。柯林武德将文本看作问答过程的"回答"部分，认为要想真正理解文本的内涵，就需要了解文本所要回答的"问题"。这要求文本阅读者在阅读过程中，在理解文本内容同时，也要在自己头脑中构建文本所要回答的"问题"。这种问答互动的思维方式，有利于读者更深刻地理解文本内容。

问答逻辑的思维方式，也体现在柯林武德对历史研究的认识上。"过去通向现在，将自己的痕迹留在现在。这样，过去给历史学家提供了关注它的证据，提供了历史学家进行研究的起点。历史学家并不是首先想到一个问题，然后寻找与这个问题有关的证据。正是历史学家拥有的与

---

① R. G. Collingwood, *An Autobiography*, p. 31.
② R. G. Collingwood, *An Autobiography*, p. 55.

一个问题有关的证据，才使这个问题成为真的问题"①。在历史研究中，历史学家面对的文本就是他自己掌握的史料。历史学家要在研究史料的基础上，不断提出问题，以发掘史料内涵。这体现为历史学家在学术研究中的问题意识。具有鲜明的问题意识，才能体现历史学家的主体性和能动性。但历史学家并不是一开始就具有这种主体性的。

在剪刀加浆糊历史学阶段，历史学家在史料面前是被动的，对其中传达的信息采取接受的态度。这一阶段历史研究的主导原则是："历史事实只要能被历史学家理解，能被他理解的原因只是因为，它存在于他的权威的现成陈述中。这些陈述对历史学家来说代表一个神圣的文本，其价值完全取决于它们所表现传统的持续性。因此他一定不要篡改它们。他一定不要毁坏它们；一定不要增加它们；最重要的是，他一定不要同它们抵触。因为如果他开始拣选，确定他的权威的一些陈述是重要的，其他的是不重要的，他就在探究他的权威，并应用其他的标准……这正是他不能做的。"② 在柯林武德看来，这是古代和中世纪历史研究的主要特征。

正如德国一句俗语所说，"任何规则都有例外"。同样，任何理论上的概括都有其偏颇之处。柯林武德上述概括也是如此。如我们所知，古希腊史学家修昔底德在《伯罗奔尼撒战争史》中，体现出史学家的主体性，具有批判求实精神。当事人的记忆和权威陈述，在修昔底德这里需经过批判地分析。修昔底德指出："不要偶然听到一个故事就写下来，甚至也不单凭我自己的一般印象作为根据；我所描述的事件，不是我亲自看见的，就是我从那些亲自看见这些事情的人那里听到后，经过我仔细考核过了的"，即使是事件目击者的陈述也并不完全可靠，因为"不同的目击者对于同一个事件，有不同的说法，由于他们或者偏袒这一边，或者偏袒那一边，或者由于记忆的不安全"。③ 柯林武德在《历史的观念》中也指出，修昔底德对希罗多德的改进之处是，在历史研究中注重证据。他概括剪刀加浆糊历史学的特点是，注重记忆和权威陈述。对于这种概括，我们应该采取的态度是：将它理解为古代、中世纪史学的总

---

① R. G. Collingwood, "The Limits of Historical Knowledge", p. 102.
② R. G. Collingwood, *The Idea of History*, p. 235.
③ 〔古希腊〕修昔底德：《伯罗奔尼撒战争史》，谢德风译，北京，商务印书馆，1985年，第17—18页。

体特征，其中也不排除例外情况。其实，柯林武德本人也注意到这种例外情况，这从他对修昔底德的评价即可看出。对柯林武德所作概括的这种理解态度，我们也应延伸到他对批判历史学、科学历史学、实证主义史学等概括的认识中。

柯林武德指出，即使最拙劣的历史学家，在权威陈述面前也会有所选择、有所取舍，不会完全接受权威陈述。"历史学家是自己的权威，他的思想是自主的，自我授权的，拥有一个他所谓的权威必须服从并借以受到批判的标准。历史思想最基本的体现，就是历史学家的选择行为……没有历史学家甚至是最拙劣的历史学家，会仅仅抄录他的权威陈述。即使他不在其中加入任何东西（这从来是不可能的），他也通常出于种种原因，自己确定著作中不必要或不可利用的内容。因而是历史学家自己而非其权威陈述，掌控着历史著作的内容。关于那个问题，他是自己的主宰。他的思想在那种意义上是自主的。"① 柯林武德在《史学原理》中以希罗多德为例说明剪刀加浆糊历史学方法的细节：剪刀加浆糊历史学也未必是非批判的。说它是非批判的，是指它不系统地、不按原则去批判史料，而是根据个人的、有时甚至错误的判断去处理史料。②

在剪刀加浆糊历史学阶段，历史学家还没有取得这种自主性。当历史学家开始追问史料意义时，他就超越剪刀加浆糊历史学的水平了。"问陈述意味着什么，就走出了剪刀加浆糊历史学的境界，进入了历史学不是靠抄写最好的资料陈述而写出的境界，而是靠得出自己的结论、写出历史的境界。"③ 这表明剪刀加浆糊历史学与真正历史学的区别在于，是否拷问史料的意义。这种区别也是，历史学家是否具有鲜明的问题意识，以挖掘史料的内涵。

批判的历史学在这方面比剪刀加浆糊历史学前进了一步。因为批判的历史学家开始有自己的疑问，并且要通过分析史料来解决自己的疑问。"批判历史学对历史知识理论的意义在于，批判历史学家对其权威所告诉他的内容，已明确放弃了完全接受的态度，对待权威不再'鹦鹉学舌，人云亦云'了（每个历史学家，只要他是批判的，就都会如此。因为现

---

① R. G. Collingwood, *The Idea of History*, pp. 236–237.
② 参见：R. G. Collingwood, *The Principles of History and Other Writings in Philosophy of History*, p. 45.
③ R. G. Collingwood, *The Idea of History*, p. 260.

在没有，也从未有过完全未经批判的历史）。它们现在不再被看作权威陈述，而是被看作有待考证的证词了。按培根的著名隐喻，当科学家拷问自然，向自然索要自己问题的答案时，自然科学就开始形成了。因此当历史学家质问其权威，从中抽取它们在最初和松散的陈述中所隐含的信息时，批判的历史学就开始形成了。这些隐含的信息或者是权威知道而不希望给出，或者是他们不知道而无法给出。"① 批判的历史学家运用史料批判方法，考证史料的价值与可信度。他们质疑剪刀加浆糊历史学家推崇的权威陈述的可信度。批判的历史学家虽然具有一定程度的问题意识，但历史学中的培根式革命还未完成，真正的历史学也未出现。

在柯林武德看来，真正的历史学就是历史学家具有鲜明问题意识的历史学。我们可以从他对历史学的定义看出这一点，历史学是"我们借以提出问题，并尝试回答问题的思想形式"②。"在科学历史学或真正的历史学中，培根式革命已经完成。科学历史学家无疑也会花大量时间，阅读剪刀加浆糊历史学家通常阅读的那些著作，如希罗多德、修昔底德、李维、塔西佗等人的著作。但科学历史学家是以完全不同的精神阅读这些著作的，事实上是以培根的精神在阅读。剪刀加浆糊历史学家以单纯的接受态度阅读它们，发现其中说了些什么。科学历史学家心中带着一个问题阅读这些著作，主动地确定自己在其中想要发现的东西。"③ 真正的历史学家与剪刀加浆糊历史学家，面对的史料是相同的，真正的区别在于他们对待史料的态度。真正的历史学家会带着自己的问题，在史料中寻找答案。而剪刀加浆糊历史学家则对史料中所传达的信息采取唯命是从的态度，缺乏主动性。

柯林武德注重历史研究中的问题意识，是问答逻辑思维方式在历史学中的体现。问答逻辑表达了他的历史观：

> 历史学家的任务是发现历史上人们所面对的问题，以及他们如何解决这些问题。这些问题通常在一种意义上互相等同，而且等同于历史学家自己的问题。在另一种意义上，这些问题又都是不同的

---

① R. G. Collingwood, "Inaugural: Rough Notes", in R. G. Collingwood, *The Principles of History and Other Writings in Philosophy of History*, p. 147.
② R. G. Collingwood, *The Idea of History*, p. 9.
③ R. G. Collingwood, *The Idea of History*, p. 269.

和独特的。因此在一种意义上,所有历史都是相同的。在另一种意义上,历史由无限多个不同的、至少是临时可分的各个时期组成。①

柯林武德将提问活动看作人类生活的一个特征。这可以从上述汽车抛锚的例子中看出。人类历史的发展过程,因而也就是不断提出问题和解决问题的一个无限发展的过程。一个问题解决了,又会产生新的问题,要求新的解决。还有一种情况是,不同时代的人们所做的,是去解决他们共同面临的相同或类似的问题。这时人们就要总结和借鉴前人的经验和教训,以改善自己在解决这些类似问题时的办法。人类历史的问答过程就这样不断延续下去。

历史学家与他所要认识的对象,一般是有一定的时空距离的。也就是说,历史学家并不一定就处在他要认识的历史事件所发生的年代和地点。比如,一个当代的历史学家要认识伯罗奔尼撒战争,他就根本不能要求自己非得处在战争所发生的时代。"历史学是有关过去的知识。过去由已经不存在的事件构成。过去不存在,也不能被感知。我们有关过去的知识,不是来自观察,也不能被实验证实……我们并不直接认识过去,而是通过解释证据认识过去。这种证据(或资料)是存在于现在的,并且被历史学家感知到的东西。"② 历史学家只有凭借历史所遗留下来的文字、图画甚至声音等方面的资料才能认识过去。这些资料是历史遗留在现在的遗迹、残缺不全的遗迹,历史学家依靠它们并不能复原已经消逝的历史过程。

那么,历史学家如何认识历史呢?认识历史,除了上述历史遗迹之外,历史学家还能依赖什么呢?柯林武德给出的回答是,问题。他认为历史学家所拥有的历史资料是对过去各种问题的回答。历史所失去的,大多数是这些历史资料所要回答的问题,而不是这些历史资料本身。历史学家认识历史,要根据这些作为答案的历史资料,去重建它们所针对的问题。只有明确了这些问题,才能更彻底地理解这些历史资料,更全面地认识历史。历史学家"通过思考历史证据,能够得到他提出的关于历史事件问题的回答"③。

---

① R. G. Collingwood, "The Theory of Historical Cycles", pp. 85–86.
② R. G. Collingwood, "The Philosophy of History", p. 101.
③ R. G. Collingwood, *The Idea of History*, p. 10.

人类历史本身问答过程的无限延续，也决定了"历史学家的工作从来没有结束。像历史事件过程本身一样，每个历史主题最终都是开放的。无论你多么努力地研究，历史主题的结尾仍是开放的。那些据称是'创造历史'的人们，解决了他们面临的问题，但创造了其它需要被解决的问题。如果不是他们自己创造了这些问题，就是他们的继承人创造的。撰写历史的人，如果他们写得很好的话，也解决问题。但是每个被解决的问题，都产生了一个新的问题"①。在柯林武德看来，创造历史的人与认识历史的人一样，都处在不断提出问题和解决问题这一无限延伸的链条之中。在这个过程中，人类历史过程本身和人们对历史的认识，都在不断向前发展。

柯林武德持有这种问答式历史观，与他幼年耳濡目染画家们的创作过程有关。他认识到，艺术家的创作过程是一个无限延续的过程，是没有终结的。当艺术家们必须交出自己的作品时，这并不是因为他们认为这个作品是完成了的，而是由于交稿日期将至或自己厌倦了这个创作的缘故。这些画家进行创作的过程，也是他们以绘画形式回答自己心中问题的过程。这个问答过程是没有尽头的，因而也就不能说哪一幅作品是完结了的。因而，欣赏一幅艺术作品，不能仅仅将目光停留在这幅艺术作品本身，要更深入一层，借着这幅作品展开与艺术家的问答交流。如此一来，欣赏者才能知道艺术家作出各种艺术处理的原因所在，才能更好地理解这幅艺术作品。

同理，柯林武德将这种问答思维模式也应用到历史学、考古学等领域的研究和实践中。我们可以这样来理解问答逻辑的形成和发展过程：早慧的柯林武德幼年时受画家创作过程启发，萌生了提问与回答的思维方式。在他步入牛津大学学习哲学后，青年的柯林武德起初服膺当时盛行的实在论学说。但经过自己的认真阅读和研究，他发现实在论者普遍存在着忽视历史事实的错误倾向，而且在研究问题时经常因错置语境而犯指鹿为马的错误。但实在论者最令柯林武德讨厌之处是其"象牙塔式"的思维方式，不注重甚至反对理论与实际、学术与现实的联系。

根据实在论理论，知识的对象总是实在的，它的实在性与认识

---

① R. G. Collingwood, *An Essay on Metaphysics*, Oxford: Clarendon Press, 1979, p. 65.

它的心灵的所有认知活动无关。在这样的理论中,心灵与其认识对象一般被看作两个实际上独立存在的事物,二者以心灵"认识"其对象这样的方式结合在一起。假设"认识"完全是个及物动词,这个动词的语法宾语是心灵对其进行认知的一件事物;或者说凭借这个事物,这个动词进入了一种称作知识的联系中。实在论者习惯于认为,认识这件事对认知对象没有影响。认识对象只有在认识活动之前或之后,才是真实的:实在论者有时以下述论证方式支持这个观点——如果认识活动使认识对象发生改变,这个活动就不是一个认识活动;因为认识意味着我们的认识活动并不改变我们的认识对象。①

这使柯林武德最终走到了实在论阵营的对立面,在学术上提出问答逻辑以代替实在论者的命题逻辑,并且强调理论与实际、学术与现实的联系。起初作为一种逻辑理论而提出的问答逻辑,越出哲学领域,延伸到柯林武德研究的历史学、考古学等领域。问答逻辑不仅是柯林武德的一种学术主张,也是他的一种思维方式。这种思维方式在历史学中的体现之一是问答式的历史观。

笔者现在以柯林武德对蛮族入侵不列颠影响的分析,说明问答逻辑思维模式在其历史研究中的体现。公元4世纪末5世纪初,是蛮族入侵罗马帝国时代。公元1世纪沦为罗马帝国行省的不列颠,也是蛮族入侵的受害者。公元4世纪末,蛮族从三个方向不断入侵不列颠。蛮族入侵使不列颠境内的乡村地区遭受严重破坏。柯林武德提出的问题是,蛮族入侵给不列颠乡村地区的繁荣带来了什么致命的影响?"直到用最科学的方法挖掘不列颠乡村遗址,才能得到这个问题的概括和准确的答案。但是我们现在所拥有的某些暗示,综合来看给出了一个可能的答案。长久以来就为众人周知的事情是,在乡村遗址发现的铸造货币,在公元4世纪末有逐渐消失的倾向。这种消失进程在各地并不是均衡的。在一些乡村,铸造货币在4世纪中叶消失。在其他乡村,铸造货币一直存在到4世纪末。而且,这些铸造货币是逐渐消失的,不是突然消亡的。如果我们能够假设铸造货币消失与不列颠乡村消亡是同时发生的话,那么我们

---

① R. G. Collingwood, "Outlines of A Philosophy of History", in R. G. Collingwood, *The Idea of History*, p. 448.

当然能够解释，很多乡村是在蛮族入侵中被毁灭的。但这个假设并没有得到证实。"① 这段分析虽然都是陈述语句，但我们能够感受到其中的问题意识和探讨语气。柯林武德以自己掌握的考古知识和历史资料分析、回答自己提出的问题。对于前面提出的问题，至此还没有得到满意的回答，因此这个问答过程还要继续下去。

柯林武德接着指出："与没有货币流通日常生活就无法设想的城镇相比，乡村几乎是自给自足的。乡村需要却不能自给的少数事物，只能通过购买获得。但如果所需的大多数事物出现这种情况的话，就只能通过实物交易方式获得了。有大量证据表明，在不列颠西部，在公元 4 世纪晚期的经济生活中又出现了实物交易形式。如果我们设想英国的乡村也是这种情况的话，我们就能构想，普通的乡村能够不依赖货币而生活。如果我们推想，因蛮族入侵导致通过市场和商贩进行的乡村间的联系减少，而且乡村的生活水平也下降的话，设想乡村没有货币流通的状态是更容易的。而乡村间来往的减少和生活水平的下降，都是蛮族入侵不可避免的后果。"② 这样，他通过设问的方式，暂时得出了自己所提问题的答案。在《罗马不列颠和英国殖民》中，他对这个问题的分析还没有结束。这个不断延续的问答过程，是问答逻辑思维方式在历史研究中的具体体现。

从更广阔的时代背景看，柯林武德提出问答逻辑，是他对自己所遇到的一个时代问题作出的回答。这个时代问题是，历史学是依赖自然科学而成为一门科学，还是靠自身特有的研究对象与方法成为一门科学。文艺复兴之后，自然科学摆脱了神学的桎梏，取得独立地位。近代哲学家们提出各种哲学学说，证明自然科学的独立性。从培根开始，经过笛卡儿、休谟，到康德时为止，人们似乎满足于这些人提出的自然科学独立性的证明。也就是说，人们对这些哲学家对"自然科学知识何以可能"这个问题的回答，暂时感到满意。自然科学在人们心目中的这种地位，以及它给人们生活带来的福利，使自然科学的理论和方法成为其他各门学科争取自身独立地位时模仿的对象。柯林武德面临的这个时代问题，就是由于历史学家群体在这个大背景下作出的不同抉择而产生的。

---

① R. G. Collingwood & J. N. L. Myres, *Roman Britain and The English Settlements*, Oxford: Clarendon Press, 1937, p. 303.
② R. G. Collingwood & J. N. L. Myres, *Roman Britain and The English Settlements*, p. 303.

这体现在，受自然科学摆脱神学羁绊获得独立性的启发，各门人文科学的学者沿着"自然科学知识何以可能"这个问题继续追问"历史学知识何以可能"、"美学知识何以可能"等问题。

"历史学知识何以可能？"是19世纪末20世纪初历史学者面临的一个问题。柯林武德不赞成历史学通过模仿自然科学而取得独立地位。他认为历史学是一门人类进行自我认识的学科，其中包含关于人的价值判断。他称历史学的这种价值判断为标准逻辑，指对人类现象作出善与恶、美与丑、真诚与虚伪等判断。这是历史学的特征，也是它不同于自然科学之处。因为自然科学的研究对象是自然，其中并没有涉及价值判断的因素。在阐述这一立场过程中，他提出问答逻辑。按照问答逻辑的思维方式，历史学是关注问题的，这个问题不仅包括历史学研究中的学术问题，也有历史学家需要在自己的研究中作出回应的现实问题。历史知识的这种问答式思维模式，是历史学摆脱自然科学取得独立地位的前提。这种思维模式是由柯林武德的问答逻辑演化而来的。因而，问答逻辑是旨在证明历史知识独立性的柯林武德史学理论的逻辑前提。

问答逻辑的关键是相关性原则，即问题与答案的相关性。只有在这一语境下才能谈论命题的真假。由此，柯林武德批判了符合论、融贯论和实用论所秉持的关于"真"的观念。符合论强调主客体相符，融贯论强调语境统一，实用论强调命题的正当性或有用性。这也是他们确定"真"的标准。柯林武德将其重心放在问题上，"一个既定命题的真假、有无意义取决于它想要回答的问题。任何想要判定一个给定命题真假、有无意义的人，必须发现这个命题要回答的问题"[①]。因而，要保障命题为真，必须重建问题。重建问题的方法成为命题真假的决定因素。柯林武德推崇的方法是历史的方法。在他看来，上述三种观点使用的是非历史方法。符合论过分注重过去，融贯论过分强调语境，实用论过于突出现在。他的历史的方法，在重建问题时参照了作为历史本体的过去，考察了问题存在的现在语境并突出了与现实的互动性。

青年时期主要是在大学时代，柯林武德所处的学术氛围是实在论的，包括他的导师也属于这一阵营。但他个人的学术倾向是反实在论的，限于当时他个人的学术能力与经历，只能暂时委身在实在论传统下韬光养

---

① R. G. Collingwood, *An Autobiography*, p. 39.

晦、养精蓄锐。这体现在哲学上就是，他提出问答逻辑来对抗实在论者的命题逻辑。除此之外，他还注重自身理论的实践性，其表现是关注史学发展状况，批评当时历史学中居支配地位的实证主义传统，突出历史学研究的问题意识。这也彰显柯林武德与20世纪初新史学的契合之处，其体现是他与马克·布洛赫的史学理念相通。

  柯林武德对历史、对历史知识的理解是什么呢？这个问题触及其史学理论的核心。因为一个事物区别于另一事物，归根结底还是由它本身的状况决定和体现的。上文已经分析，柯林武德认为历史不同于自然，历史知识不同于自然科学知识。接下来需要我们解释的是，他所理解的历史、历史知识是什么样子的？一切历史都是思想史，是他对这个问题给出的简洁回答。对于这个命题，柯林武德是如何解说的？我们又应如何理解和评价？

第三章 一切历史都是思想史

第一节 牛津与剑桥历史学派

兰克史学的巨大影响使19世纪贴上了"历史学世纪"的标签。而德国是这个世纪历史学发展的中心。形成于德国的兰克史学，学术信徒遍及欧美。兰克的史料批判方法与"如实直书"理念，受当时欧美各国历史学者推崇。兰克学派产生如此影响，重要原因之一是他培养出很多像魏茨这样杰出并忠于其史学理念的学生。在德国，除魏茨外还有吉泽布雷希特、聚贝尔等。在美国，有班克罗夫特开创的美国史学派。在法国，有摩诺德等。实证主义史学的成就不可否认，它使历史学成为一门独立的学科。但是实证主义史学在取得巨大成就的同时，也暴露了不少缺陷。尊奉实证主义史学传统的历史学家，大都打着"科学"的旗号，认为自己的著作如实地反映了历史的本来面貌。

柯林武德阐述其史学理论是有针对性的。这个理论体系中的一切历史都是思想史、历史思想的重演等论题，就是针对当时在英国历史学界当道的牛津与剑桥历史学派。牛津与剑桥历史学派继承了兰克史学衣钵，是兰克史学在英国的变种。根据柯林武德的问答逻辑，为了更好地理解答案，必须了解这个答案所要回答的问题。如果我们将一切历史都是思想史，看作他对当时学术传统存在问题的一种回答的话，那么这个回答所针对的问题是什么呢？为了更透彻理解一切历史都是思想史这个命题，笔者从史学史的角度介绍一下牛津与剑桥历史学派的概况。这两个历史学派的名称，是用其成员所在的大学来命名的。牛津学派的主要成员有威廉·斯塔布斯、爱德华·奥古斯都·弗里曼、约翰·理查德·格林和塞缪尔·罗森·加第纳。

斯塔布斯是牛津学派的创立者。他生于英国一个自耕农家庭，后来进入牛津大学求学。1850年,这位幼年就受到曾经的坎特伯雷大主教关注的年轻人,成为一名牧师。在此后的十六年中,他凭借熟稔的查阅中世纪文献的方法,进行学术研究。这使他成为英国最优秀的中世纪史专家。1866年,斯塔布斯接受牛津大学聘请,成为近代史讲座教授。1867年2月7日,斯塔布斯发表的就职演说,可以看作牛津学派成立的宣言书:

> 在英国建立一个历史学派的前景,这个学派应当和欧洲其他工作者联合起来共同进行工作;这个学派不应当以哈兰、帕尔格雷夫、垦布尔、夫鲁德和麦考莱等人的著作为基础,而应当在业已收集并编排起来的十分丰富的资料的基础上建立起来,上述诸作家本来打算以这类资料为根据进行写作,但当时的资料还是稀少而分散的……①

斯塔布斯对档案的态度十分认真。他曾指出当时档案出版存在的弊病:"公家资金往往浪费在次要文献的刊印上面,而当时权威资料却很少受到录用。"② 他这个言论是针对当时出版物主要刊行语言学方面的资料,却忽视重要历史文献的现象。

斯塔布斯最重要的著作是《英国宪政的起源与发展史》。这本著作的优点是史料充分、论证客观。这两点可以说是对历史学家最基本的要求。但就史料这一点来说,斯塔布斯似乎由于过分重视史料,没有体现出自己作为史学家的主体性和主观能动性。斯塔布斯的"结论往往小心翼翼,他在文献不足的时期面前往往显得踌躇莫决,并且回避困难,不作结论","但是到了诺曼时代他则站在了较坚实的基础之上。这时史料已很充分,问题也不似过去那么棘手"。③ 由此可见,史料充足与否决定着斯塔布斯写作时伸展空间的大小、甚至有无。因为在没有史料或缺乏史料之处,斯塔布斯是不敢轻易越雷池半步的。

斯塔布斯对于自己在论述中客观公允这一点是有充分自信的。他曾得意地说,"谁也无法根据我的著作来评断我的政治立场",认为自己在

---

① 〔美〕J. W. 汤普森:《历史著作史》,第三分册,第429页。
② 〔英〕乔治·皮博迪·古奇:《十九世纪历史学与历史学家》,第549页。
③ 〔英〕乔治·皮博迪·古奇:《十九世纪历史学与历史学家》,第553—554页。

著作中成功避免了政治与宗教偏见。他认为自己的任务"并不是把人们造就成辉格党或托利党，而是要把他们造成善良、聪明而有见识的人，无论是辉格党、托利党都无所谓"①。但人是一种社会性动物，有其不可剥离的价值属性。历史学叙述的一个重要内容就是人类活动。因而，历史学不可能排除有关人类的价值判断。

斯塔布斯以自然科学设想自然事实的方式设想历史事实。他认为历史事实与自然事实一样，可以剥离其价值属性。按照这种思维方式，斯塔布斯对自己研究的客观性充满自信，但这种自信又超过了应有的限度。他也意识到自己有特定宗教和政治信念，并且认为这种倾向丝毫不会影响他论述的客观性。但实际情形并非如斯塔布斯设想得那么纯粹，《英国宪政的起源和发展史》体现了英国维多利亚时代的自由主义政治观念，并且英国宪政也被托利党出身的斯塔布斯理想化了。他在著作中尽心地向读者传授重视原始资料、进行史料分析等方面的治史技艺，"在将德国学术研究方法介绍入我国（英国）这点上，他的功绩是任何他人所难比拟的"②。

弗里曼是牛津学派的一员，也是斯塔布斯的好朋友。但弗里曼在个人性格、治史兴趣与观点方面，都不同于斯塔布斯。区别之一是弗里曼厌恶使用手稿和研究档案。他的代表作是六卷本《诺曼征英史》。他的格言"历史是过去的政治，政治就是现在的历史"，在这套著作中得到充分体现。因为该著是政治史，没有描写普通大众生活。弗里曼"对威廉的伟大处感触很深……他的征服对于整个民族生活所带来的动乱，远比想象的要少得多。尤其是作为英国的光荣与骄傲的自由宪法，并未受到严重干扰。民主成分并未被完全淹没，那保卫自治政府神圣原则的贤人会议，曾于1805与1806年开过"③。弗里曼在著述中也尽量保持客观公正，克制盎格鲁撒克逊民族情感对其写作的影响。但他还是将诺曼征服理想化了，夸大了征服前后英国宪法中的民主成分。

格林称得上牛津学派中的人民史学家，其代表作是《英国人民简史》。格林以生动的文笔叙述了英国政治、社会、宗教与艺术等各个方面的情况。国王事迹得到适度研究，但该书的主角是人民。格林的史学理

---

① 〔美〕J. W. 汤普森：《历史著作史》，第三分册，第432页。
② 〔英〕乔治·皮博迪·古奇：《十九世纪历史学与历史学家》，第557—558页。
③ 〔英〕乔治·皮博迪·古奇：《十九世纪历史学与历史学家》，第560页。

念是:"王朝尽管经历了无数更替,战也打了不少,但人民始终还是人民",英国历史是"英国人民这个生气勃勃民族的发展历史"。他的这种史学倾向与其信奉自由主义政治主张相关。但《英国人民简史》"这部书还是不能称之为充满党派偏见的。在许多场合下它还是非常明显地不偏不倚"①。

与格林文笔优美不同,牛津学派的加第纳文风晦涩。可能是由于加第纳文笔的关系,他的《英国史》前两卷只售出 100 本。除了文笔上的缺憾外,加第纳具有历史学家所必备的所有素质,"缜密的心智、镇定的情绪、对性格的洞察能力以及对不同于自己观点的观念的理解本领"②。他的研究领域是 17 世纪英国史。他注重收集原始资料,曾到法国、西班牙和意大利等国的档案馆进行研究。加第纳推崇清教,因而他笔下的克伦威尔也是清教徒形象。

阿克顿勋爵和约翰·巴格纳尔·伯里是剑桥学派的代表人物。阿克顿勋爵是剑桥学派的创始人。他因没能进入剑桥大学,赴慕尼黑求学,在那里学到了德国历史研究方法。他认为,"历史科学只是收集历史资料的艺术"③。作为剑桥近代史主编,他提出的编辑方针可以看作兰克"如实直书"主张的英国版本,"我们将力避发挥不必要的议论或拥护某一立场。撰稿者必须懂得,我们所编写的滑铁卢战役必须使得不论法人、英人、德人与荷兰人阅后都能感到满意"④。我们看到,阿克顿奉行兰克学派的史学主张。1895 年,阿克顿受聘为剑桥大学近代史讲座教授。这件事曾一度成为人们关注的焦点。因为他虽然学识渊博,在学术界地位显赫,却没有出版过一本研究专著或阐发自己主张的书。还有一个原因是剑桥大学当时有宗教考核传统,一个人如果不是英国国教教徒的话,是不能在剑桥得到学士学位的。这就是前面提到的阿克顿没能进入剑桥大学的原因,因为他是天主教徒。但这位虔诚的天主教徒当时却成了剑桥大学教授,不能不让人感到惊奇。

阿克顿在近代史讲座教授就职演说中质疑将历史等同于政治史的传统:"政治与历史是交织在一起的,但并非是等同的。我们的领域则超出

---

① 〔英〕乔治·皮博迪·古奇:《十九世纪历史学与历史学家》,第 572 页。
② 〔英〕乔治·皮博迪·古奇:《十九世纪历史学与历史学家》,第 582 页。
③ 〔美〕J. W. 汤普森:《历史著作史》,第三分册,第 457 页。
④ 〔英〕乔治·皮博迪·古奇:《十九世纪历史学与历史学家》,第 617 页。

于政治事务的范围。我们的任务在于注视并指挥思想的运动,而这些思想乃是政治事件的原因而非它们的结果。"① 他不赞同将历史看作单纯的政治史,是有道理的。由于自身浓厚的天主教情结,他认为"人类所关心的事务,首推宗教,其次便是自由,而二者的命运是交织在一起的"②。阿克顿的宗教信仰影响着他的历史观,也必然影响他对历史人物、事件的理解和评价。

伯里的名言是"历史学是一门科学,不多,也不少"。这是1903年伯里发表剑桥皇家教授就职演说中的一句话。他的代表作是《进步的观念》和《思想自由史》。他"赞美德国批判学派的科学特点,肯定在历史学中进行概括的实证主义号召,谴责将历史看作一种文学类型或道德教师的观点"③。伯里的实证主义史学观点体现在:"对他来说,历史学在真正实证主义的意义上,是一堆孤立事实的集合,每个事实都能在孤立于其他事实的条件下被确定和研究。"④ 他认为进化论是历史学独特性的合理原因。他还认为进化论有助于取消历史认识中存在的超验神示因素。在他看来,历史学的独特作用是认识到个体事件作为一个独特因果系列一部分的重要性。

但伯里的实证主义立场并不是一以贯之的,而是游移不定的。在1903年的就职演说中,伯里又表达了一种与上述立场相对立的观点。他说:"根据我们现在的理解,历史思想是这个世界的一个新事物。它存在还不到一个世纪。它与自然科学并不相同。但是它有自己的特点,给人类提供一种新的世界观和一个新的知识武器库。"⑤ 他在同一论与独特论这两种对立观点之间徘徊,表明实证主义传统对他的巨大影响。在他试图摆脱这种传统来思考历史学性质时,这种影响牵制他作出果断抉择。

第一次世界大战使兰克史学传统的地位遭到挑战。欧洲各国历史学家在探索"一战"爆发原因时,都以"客观公正"态度进行研究,但得出的结论却大相径庭。因为各国史学家的得出的结论,基本上都是为自己的国家开脱罪责,而将战争的主要责任归咎于其他国家。如此一来,

---

① 〔英〕乔治·皮博迪·古奇:《十九世纪历史学与历史学家》,第613页。
② 〔英〕乔治·皮博迪·古奇:《十九世纪历史学与历史学家》,第613页。
③ Ernst Breisach, *Historiography: Ancient, Medieval & Modern*, p. 285.
④ R. G. Collingwood, *The Idea of History*, p. 147.
⑤ R. G. Collingwood, *The Idea of History*, p. 148.

都打着"客观公正"旗号的各国史学家展开激烈争论。这使人们产生疑问——按照兰克史学的方法与理念,究竟能否获得"终极的"历史认识呢?随着时代发展和史料增多,历史学家有关历史认识的疑问也越来越多。如果再按照兰克史学的思路研究历史,显然已经不能适应这个变化了的时代,也满足不了人们日益强烈的认识社会与自身的需求。追随兰克史学传统的英国牛津学派与剑桥学派,同样面临着这个困境。

柯林武德在牛津与剑桥历史学派当道的时代阐发自己的史学理论,以不同于传统实证主义史学的思路阐述他对历史学的理解。其中的一切历史都是思想史这个命题,是他当时在英国史学界发出的一声呐喊,呼唤英国史学界同仁觉醒。柯林武德所期望的这种觉醒,是对实证主义史学传统的反动,是拒绝以自然科学的思维方式理解历史学。

第二节 真切内涵:物质与思想

柯林武德面对的实证主义史学传统注重史料考证批判、强调历史学家在研究中保持价值中立。在批判实证主义史学传统过程中,他指出历史学的研究对象、任务与方法都不同于自然科学。① 那么,如何证明历史学也是一门科学呢?柯林武德对这个问题给出的答案是——一切历史都是思想史。

柯林武德这一命题在学术史上令人误解最深,在一定时期也影响了他的学术声誉。如上所述,柯林武德进行学术创作的年代,实在论者执哲学研究之牛耳,他的唯心主义主张响应者寥寥无几。在实证主义传统占主导的历史学领域,他的主张受众仍然有限。"二战"之后的西方学界,以社会科学化为主导的新史学占据西方史坛,尽管他的史学理论主张与马克·布洛赫等有相通之处,但在史学理论研究领域以卡尔·亨佩尔为代表的覆盖率模式仍略胜一筹。西方学界对柯林武德的研究仍是误解与理解并行。在改革开放后的中国学界,柯林武德也成为唯心主义史学理论的代表。

就柯林武德本意来说,物质与思想关系问题并非其理论体系的核心问题,但学术史的演进显然忤逆了他的意志。沃尔什的观点就是例证:

---

① R. G. Collingwood, "The Nature and Aims of a Philosophy of History", in R. G. Collingwood, *Essays in the Philosophy of History*, pp. 45–46; R. G. Collingwood, *The Idea of History*, p. 214.

"如果思想史被理解为意味着思维本身的历史的话，狄尔泰会考虑到这样一个概念对于适应各种事实就太狭隘和太理智主义了，而会否认一切历史都是思想史。但是柯林武德虽然一定是很熟悉狄尔泰的理论的，却有意地选择了这一狭隘的观点。当他说一切历史都是思想的历史时，他的意思是说，它确切地乃是在关怀着思想的操作。他解释说，一切思维都是在感情和情绪之下发生的，但那并不是历史学家所关切的东西。历史学家不可能被那种背景所占有，因为他不可能希望重新去生活它。它只是在严格意义上能够加以复活的各种思想，因此唯有各种思想才能构成为历史学的题材。读者也许感到十分迷惑不解，是什么东西引导着柯林武德要主张这样一种显然是极端的和悖论式的理论呢？"[1] 沃尔什的反问表达了他对柯林武德理论的批判态度。其实，沃尔什未必有他自认为的那样高明，柯林武德与他的差距也并没有他想象的那么大。

学界往往萦心于柯林武德的唯心主义立场，但在分析这一立场下柯林武德究竟作了何种探究上缺乏足够耐心。相较于物质，柯林武德强调思想，因为思想是人类历史过程特有的维度。研究人类历史的根本就在于发现人类的思想过程。这要求历史研究过程中主体与客体两方面的转变。在研究主体方面，历史学家要超越实证主义史学传统的"约法"，在研究过程中体现自身主体性，从以原始资料为本转到以"人"为本。布莱德雷在这方面影响了柯林武德，也表达了二人一致的立场："既然问到这个问题，那么十分显然的就是批判的历史学必须有一个标准；于是下一件事就是要找出那个标准来。经过一段时间以后，看来同样清楚的便是：历史学中的信条就是——历史学家本人。这一结果是从考虑到具体的历史学实践自然而然得出来的，——而在这方面正如在别的方面一样，请允许我承认我有负于鲍尔的《教会历史学著作的各个时代》一书是何等之多——它也是从思考这一普遍问题的心理方面而得出来的。历史学家作为一个历史学家，乃是实际的标准；而理想的标准（如其可以容许有这一反题的话）则是作为一位理所当然的历史学家的历史学家。而忠实于现在的历史学家，便是当然的历史学家。"[2] 沿着布莱德雷这种思路，柯林武德从历史解释、历史建构、历史想象等方面具体界定了合

---

[1] 〔英〕W. H. 沃尔什：《历史哲学导论》，第43页。

[2] 〔英〕F. H. 布莱德雷：《批判历史学的前提假设》，何兆武、张丽艳译，北京，北京大学出版社，2007年，第2页。

格的历史学家。

在研究客体方面，实证主义史学设想了一个孤立、静止的过去，作为历史学家研究工作的衡量标准与理想目标。历史学家实现这一目标的重要媒介是凝结过去信息的原始资料，因而只要保证史料的真实并组成一个合理的历史叙事就算完成了研究使命。简言之，是过去本身决定了历史学家研究工作的面貌与价值。柯林武德则将这种学术逻辑翻转过来，认为研究主体决定了其研究工作，进而也决定了过去。这个立场同样在布莱德雷那里找到源头："每个人目前的立场都会决定他对过去一切事件的信念……在这种意义上（即终于要涉及到我们份内的探讨了），历史就不仅仅代表着曾经发生过了什么，而且也代表现在都是些什么，不仅是过去的事实，而且也还有现在的记录，于是它本身就包含有这两者成分的结合；即一方面，它包含有曾经一度以其自身的资格而存在过的东西，现在则只是作为知识对象而存在，而另一方面现在所存在的知识除非是以该对象的资格便没有权利存在，并且尽管它本身是现存的，但却是从已经消逝了的过去而获得其全部真实性的。"① 这是布莱德雷对"历史是什么"这个问题的回答，其中的主体与客体不是彼此孤立、隔绝的，而是紧密相联的，历史认识客体只有纳入主体视域才能获得其知识存在地位。

随着学术论证的继续，柯林武德与布莱德雷在论证方式与结论上分道扬镳。布莱德雷将批判历史学的前提假设归结为"规律的一致性"，进而论证历史推论与自然界的一致性。"规律的普遍性以及大抵可以称之为因果联系的，乃是使历史学得以成为可能的条件，而且尽管不需要它来证明，然而它却必须预先假定有一项原理，并且表明它乃是在其活动的全部领域内所得出的结果。在这个范围之内，历史学的特点也就是（自然）科学的特点，因为双方都把一种预期带入了特殊事物，那是特殊事物在蕴含之中就已经被实现了的。"② 与此相反，柯林武德通过分析历史与自然、历史学与自然科学的区别来为历史学的合法性辩护。

柯林武德认为："自然过程能被适当地描述为仅仅是事件的序列；但历史的过程不能。它们不是纯粹的事件的过程，而是有个内在方面的行动过程。这个内在方面由思想过程构成。历史学家寻求的，正是这些思

---

① 〔英〕F. H. 布莱德雷：《批判历史学的前提假设》，第 2、12 页。
② 〔英〕F. H. 布莱德雷：《批判历史学的前提假设》，第 31 页。

想过程。一切历史都是思想史。"① 他指出自己所作的努力是："从哲学的角度探究历史学的性质。这种探讨将历史学看作具有自身独特研究对象的一种特殊知识类型或形式。""历史知识是记忆的一个特例。在其中，现在思想的对象，是过去的思想。弥合现在与过去之间鸿沟的办法，不仅要靠现在思想思考过去的能力，而且要靠过去的思想在现在中重新唤醒自己的能力。"②

在柯林武德看来，历史知识之所以成为历史知识，是因为历史事件背后孕育着思想，而且这种思想能够与历史学家的思想进行双向互动与问答交流。"历史学家不能仅仅关心事件，而应关心事件背后的思想。因为人只有具有某种思想，才会从事某种行动。思想在历史中所起的作用，正像原因在科学中所起的作用一样。思想就是原因。只有发现了历史行动的思想，才能说历史地解释了事件。"③ 这样，历史学家就不再是历史资料的机械搬运者，而是历史的积极构建者。

历史知识与自然科学知识相同点在于它们都是推理性的。历史知识能够自立的根本在于它与自然科学知识的差异。在研究出发点上，历史学从事实出发，而自然科学从假设出发。在研究结论上，历史学推论的结果是有时空定位的，自然科学的研究成果是无时空定位的。在知识组织方式上，历史学知识遵循编年先后顺序，自然科学遵循逻辑先后顺序。"历史学是一种科学，但是一种特殊种类的科学。它是一种科学，其任务在于研究不能为我们观察到的事件，而且通过推理研究这些事件，根据其他能为我们观察到的事物论证这些事件。对于其感兴趣的事件来说，历史学家将这些可见的事物称为'证据'。"④

柯林武德分析了历史学与自然科学的相似性，将历史学也看作一门科学，其根据之一是他对"科学"的定义。"科学的普遍特点是，通过陈述知识主张建立其上的根据来证明其为合理的这种必要性。因为这源于科学是一个有组织的知识总体这个事实。说知识是推理的，就是在说知识是有组织的。"⑤ 自然科学依靠演绎法或归纳法来保证知识的准确性

---

① R. G. Collingwood, *The Idea of History*, p. 215.
② R. G. Collingwood, *The Idea of History*, pp. 7、294.
③ 韩震：《西方历史哲学导论》，济南，山东人民出版社，1992年，第487页。
④ R. G. Collingwood, *The Idea of History*, pp. 251–252.
⑤ R. G. Collingwood, *The Idea of History*, p. 252.

或科学性。在柯林武德看来,西方史学截至他所处时代出现的剪刀加浆糊历史学、批判的历史学或鸽子笼式史学,都未能发展出使历史学成为科学的特质。因为它们至多是在模仿自然科学中的自然主义观念,将这种演绎或归纳应用到人类历史现象研究上。

历史学成为科学,不仅在于与自然科学相比方面"求同",更在于在这种比较中"存异"。历史推论与历史批判是"求同"的体现。历史推论表明历史学与自然科学一样是有组织的知识总体,具备科学知识的基本品格。历史批判是历史学发展过程中形成的方法论传统,是历史学成为科学知识的基本条件。"存异"之处是历史学研究对象不在场,研究结论具有时空维度。历史学家对人类历史现象的不断质问将两者连接起来,并保证历史知识自律性。"自主性普遍是科学思想的基本条件。我用自主性意指历史学家成为自身权威的条件,主动发表陈述或采取行动并非因为这些陈述或行动是由其他人授权或规定的。由此得出结论,科学历史学根本不包含现成的陈述。科学历史学家根本不可能将一个现成陈述纳入他的历史知识总体中。"① 对传统历史学来说,这些现成陈述包含历史学家翘首以待的"真实"信息,因而是"权威资料"。在柯林武德勾画的科学历史学知识图式中,历史学家打破这种学术边界,将"权威资料"转变成有待其选择、加工与追问意义的研究对象。历史学家才是历史学研究的主体与"立法者"。

一切历史都是思想史,在学界已成为柯林武德的学术标签。但经过认真的文本分析,我们却能在其阐述中得出"历史不等于思想"这个不等式。观察一下柯林武德的自我证伪过程,应该有助于理解其理论主张。他选择知觉与思想作为阐述其历史理念的参照物。就知觉而言,对象上的个体性表明了历史与知觉的相似性。两者不同在于,历史学研究对象的"非在场性"。"历史思想的对象是已经发生过并且其存在条件消失的事件。它们只有不再是可感觉的,才能成为历史思想的对象。因而,所有知识理论将历史思想设想为主体与客体都实际存在、彼此遭遇并共存。这些将熟识作为知识本质的理论不可能产生历史学。"② 因而,历史学不是知觉。"但是正如历史学既不是知觉,也不是思想,因此它也不是两者的结合。它是第三类事物,具备这两者的某些特点,但是以两者不可能

---

① R. G. Collingwood, *The Idea of History*, pp. 274–275.
② R. G. Collingwood, *The Idea of History*, p. 233.

实现的方式将这些特点结合起来。历史学并非部分地熟识转瞬即逝的状况，部分思考抽象实体的知识。它完全是对转瞬即逝与具体事物的合乎逻辑的知识。"① 同样，历史学也不是思想。这是因为柯林武德不赞同知觉、思想所奉行的主体与客体、事实与观念的二分法。他认为历史学是超越知觉（自然科学思维方式）与思想（哲学思维方式）的"第三条道路"。

因而，在研究人类历史方面，柯林武德的科学历史学优于自然科学与哲学。因为按照自然科学的思维方式，历史学变成了对硬邦邦"外部"事实的单纯描述。按照哲学思维方式，历史学又变成了抽象观念的"鸽子笼"。柯林武德所期待的历史学看到人类事务有"外部"与"内部"两个方面，其研究过程就是由观察"外部"而理解"内部"。这个"内部"就是人类思想过程，也是历史研究所要探究的根本。历史思想的自律性由此展现出来。这体现在四个方面：一、历史选择。这是自律性普遍、必要的体现。历史学家有了选择的意愿与能力，历史学就不再是记忆与权威的简单重复。二、历史建构。历史资料由权威文本转变为有待考问的证据。三、历史批判。历史学家在这样一个过程中对史料完成去粗取精、去伪存真、由此及彼、由表及里的认知程序。"我已经指出，历史学家除了从其认为重要的权威陈述中进行选择之外，还必须以两种方式超越权威告诉他的内容。一种是批判的方式，这是布莱德雷试图分析的。另一种是建构的方式。关于这点，布莱德雷没有任何言论，是我当下提出的。我将建构的历史学描述为在源自我们权威的陈述之间插入其他它们意指的陈述。"② 四、拒绝权威观点，自成一家之言。历史学家的权威就是他自己，而非自身之外的某种东西。历史思想自律性的这四种表现形式的自律程度依次递增，由此宣告依靠记忆和权威的常识理论破产。

"求真"是历史学的基本属性。史学理论研究必须回答的基本问题之一是：历史真理的标准是什么？常识理论的标准是权威陈述。历史学家所做陈述通过与权威陈述类比，通过保持与后者的一致性来保证自身观点真实性。这是要否定和批判的观点。完成历史知识理论中哥白尼革命的布莱德雷的回答是：关于这个世界的经验，"我们已经看到，见证即

---

① R. G. Collingwood, *The Idea of History*, p. 234.
② R. G. Collingwood, *The Idea of History*, p. 240.

使是不进行类比,也可以成为我们现在批判对象的一部分;但是我们也看到那是在什么条件之下。见证是超越了个人见证之外的,但是并没有超出我们的经验之外;或者说它把我们带到了我们的经验之外,如果说它带给了我们以经验的话。它不是未经批判的,它是建立在我们世界的基础之上的,假如说终究是的话。它被造就为是要服从规律的,而且是被联系于我们个人的经验而成为了它的一部分;那并非是以其作为见证的见证者的权利,并非是以其作为见证人的见证者的权利,而是以我们自己智慧的权利及其保证"①。历史理解的基础是个人经验的可类比性与可替代性及个人经验与集体经验的同一性。但布莱德雷最终认为将历史经验放在科学验证的逻辑下才能得到解释。因此,柯林武德认为布莱德雷并未发现评价历史真理的标准是有道理的。因为在这一问题上,布莱德雷还未提出完全历史的解释。

布莱德雷指出历史学家是他自己的标准,但未说明这个标准具体何谓。柯林武德与他的继承性体现在完成了这个未竟之事。"既不是历史知识的原材料、知觉上给予历史学家此时此地的细节,也不是有助于历史学家解释证据的不同天赋,能向历史学家提供历史真理的标准。那个标准就是历史观念本身:想象过去情景的观念。用笛卡尔的语言表述,那个观念是内在的;用康德的语言表述,那个观念是先验的。它是一种作为每个人心灵构成一部分的观念。只要意识到拥有心灵为何的人,就会发现自己具备这种观念。"② 在分析历史真理评价标准过程中,历史想象的作用凸显出来。

建构的历史学通过先验的想象在权威叙述中插入它们意指的内容。历史想象是结构性的与必然的,其特点体现在"历史想象区别于艺术家、小说家想象之处,并不在于它是先验的,而在于它以想象过去为其特殊任务:过去并非可以知觉的对象,因为它当下已不存在,而是过去通过历史想象可以成为我们思想的对象。历史学家对其研究对象的描述,无论那个对象是一系列事件还是一种过去事件的状态,呈现为一张在由权威陈述提供的固定的点之间延伸的想象构建之网。如果这些固定的点足够频繁并且彼此之间的联系得到应有注意,通常是通过先验想象而非通过仅仅是任意的幻想,想象过去的整幅画面诉诸这些资料不断得到证实,

---

① 〔英〕F. H. 布莱德雷:《批判历史学的前提假设》,第 42—43 页。
② R. G. Collingwood, *The Idea of History*, p. 248.

而且几乎不冒与其所表象的实在失去联系的风险"①。历史想象是建基于事实之上的,但柯林武德更为强调的是超越事实的层面。

历史思考的根本要点,一是建构性想象。"先验想象另外一个类似功能可以称为永恒想象,以康德透彻分析的方式补充与合并知觉资料,通过向我们呈现可知觉对象未被实际知觉的部分:这张桌子的下面,一枚未敲开鸡蛋的里面,月亮的背面。"② 二是批判性思考。"我们认识想要获知的真理,不是通过理解权威资料所告诉我们的信息,而是通过批判它。因而,钩织历史想象之网过程中固定的点,不是现成地给予我们的,我们必须通过批判性思考获得它们。"③ 这两个方面并非彼此分离,而是紧密联系在一起的,因为"进行历史建构工作的先验想象也提供了历史批判的方法"④。重要的是,我们要记住柯林武德告诉我们的是历史思考的方法而非结论。

相比于历史学领域,艺术领域更是想象理所当然的栖居之地。柯林武德在历史思考中赋予历史想象如此重要的地位,不可避免遇到下述问题:如何区别历史学与艺术?他通过比较历史学与小说回答这个问题。"历史学家与小说家的相似之处在此达到顶点。他们的任务都是建构一副画面,在其中叙述事件、描述情境、展示动机、分析人物。他们的目的在于使自己建构的画面成为一个连贯的整体,其中的每个人物与情境与下一个关系如此密切,以至于这个情境中的这个人物自然而然以这种方式活动,我们想象不出他以别的方式活动。……小说与历史学都是自我解释、自我验证的,都是一种自主的或自我授权的活动。它们的这种活动就是先验想象。"⑤ 想象,成为历史学与小说具有共性的关节点。

历史学自主性的证明主要在于它与小说的差异。"历史学家与小说家的区别是,历史学家建构的画面想要成为真实的。小说家只有一个唯一的任务:建构一副连贯的画面,一副有意义的画面。历史学家有双重使命:他要做到小说家所做的这一点,还要建构一副正如实际发生事件所是的事物画面。这进一步的要求将三个方法论原则强加于历史学家。而

---

① R. G. Collingwood, *The Idea of History*, p. 242.
② R. G. Collingwood, *The Idea of History*, p. 242.
③ R. G. Collingwood, *The Idea of History*, p. 243.
④ R. G. Collingwood, *The Idea of History*, p. 245.
⑤ R. G. Collingwood, *The Idea of History*, pp. 245-246.

小说家一般不受此限制。"① 二者最根本的区别是，历史学家建构的画面与历史证据相联并以客观表象过去为目的。小说家则没有这种证据强制与学术指向。

由此，我们看到柯林武德强调思想在历史中的作用，用意在于突出历史学家的主体性与能动性，摆脱由权威资料设置的"思想禁区"。他也认为历史学家应从一定的事实材料出发，避免把历史变成纯粹想象或空想的产物。历史学家"若是不能直接验证自己得出的任何结论，也就不能声称这些结论由于得到某些无懈可击的证词证实而是真实的。这有如柯林武德解释的，历史学家不承认这种证词：他们只是把最值得信赖的证人所做的陈述当作证据，并且，对他们来说，如果要认真对待的话，所有的证据都必须确认其资格"②。只要历史学家真正历史地思考，整个世界都是他潜在的证据。但是柯林武德所关注的材料并非所有事实材料，只有那些成为思想外部表现的材料才有资格进入他的历史视野。这就缩小了历史学的取材范围，因为并不是任何历史事件背后都有人的意志在始终不移地起作用的。即使是人类自身的历史事件，也并不是总是伴随着人类思想作用。历史发展过程中总是遍布作为非意向结果的历史事件。

我们从上述分析可以看出柯林武德历史思想与实证主义史学传统的关系，是批判地继承。二者的区别体现在柯林武德对实证主义史学的批判。二者的联系往往是学界研究忽略的。在方法论方面，柯林武德继承了实证主义史学重视史料批判考证的传统。他在继承实证主义史学重视"事实"的基础上，也强调历史学家在历史思维过程中，不要拘泥于对个别历史事实的考据，而应致力于历史事实本身意义的探讨。因为史料虽然对实证主义史学家具有重要意义，却也成为他们思想上的禁区。柯林武德批判和质疑实证主义史学，是为了强调历史学家在历史认识过程中的主体意识和主体创造性，使历史学家不再作匍匐于档案跟前的纯粹考据者。但这并不是否定实证主义史学强调史料批判的科学性一面，而是在理论上为实证主义史学所作出的贡献进行辩护。在学术理想方面，19世纪实证主义史学家的研究实践，使历史学成为一门独立的学科。在实证主义史学方法论和科学性受到质疑的背景下，柯林武德的史学理论

---

① R. G. Collingwood, *The Idea of History*, p. 246.
② 〔英〕沃尔什：《再论历史中的真实性和事实》，陈新译，载于陈恒、耿相新主编：《新史学：古典传统与价值创造》，郑州：大象出版社，2003年，第215—216页。

是在为维护历史学的独立学科地位提供理论支持。

国内外学者在解读柯林武德一切历史都是思想史这一命题时，承认柯林武德强调历史学家主体性的积极意义。他坚持理性立场，强调思想的作用，但并未局限于思想作用的分析上，而是从历史想象、历史证据等多个层面证明历史学家的主体性。同时，学界对柯林武德提出的主要批评之一是：片面强调思想因素的作用，否认物质因素的作用。这一学术史问题，也要结合柯林武德的文本作出回答。

柯林武德对社会、自然环境因素作用的观点，也就是关于物质与思想关系的观点，是他受批评的重要原因。他提出一切历史都是思想史，但并没有否认自然环境等物质因素对人类行为的影响。学者们从这方面评价柯林武德时，往往在分析了这个命题的意义后，就将柯林武德思想定性为唯心主义的。但这种分析思路，只告诉我们"是什么"，没有告诉我们"为什么"。换句话说，这只告诉我们柯林武德的思想是唯心主义的，而没有向我们展示支持这个论点的充足论据与合理论证。

在柯林武德所处的时代，自然进化观念盛行，学者们倾向于以认识自然过程的方式认识历史过程。例如，在分析不同文明差异时，柯林武德时代的学者主要从地理状况、气候条件、生态环境等方面的差异来解释。柯林武德将这种倾向称为历史自然主义（Historical Naturalism），其主要含义是：自然科学的地位是优先于历史学的，自然科学的研究对象自然是优先于历史学的对象反思的行动的，因而历史学应从外部自然条件方面对历史作出解释。这种倾向也是实证主义传统在历史学领域的体现。柯林武德认为这种观点看似合理，但还需进一步考察再下判断。柯林武德对这种倾向是持批判态度的，但他并不否认人类活动受其所处社会物质环境影响。

外部物质环境对人类活动有影响，但这种影响不是一贯的和持续的，因而只从外部物质环境方面也不能对历史事件作出有效解释。在解释历史事件时，重要的与其说是外部物质环境，不如说是人类对外部物质环境的态度，因为人类才是历史活动的主体。在研究历史事件时，如果舍弃对人类活动的研究，而从外部物质环境方面去解释人类历史，那就是本末倒置了。这里的所说的本末倒置，并不涉及哲学领域的第一问题即物质与意识哪一个是世界本源的问题，而是指历史认识论领域的问题：究竟是从外部环境出发，还是从人类活动出发，才能对人类历史作出有效解释？柯林武德持后一种观点，但他并未忽略物质环境的影响。因为一切历史都是思想史，历史学家要通过重演从内部研究历史现象，而不是仅仅从外部观察现象的变化。他的用意是，历史过程中的人类行动都有思想的方面，因此可以从人类活动目的性方面解读历史。但这是否就等于说，柯林武德只关注历史过程中的思想方面呢？答案是否定的。

柯林武德也注意到历史过程中物质因素的作用。这可以从他分析爪哇农业种植中存在的思想传统上看出。爪哇人认为，女人可以生育、繁殖后代，所以由女人来负责农业生产，农作物就会获得丰收；而由男人种植则相反。柯林武德认为这种观念是"错误的，因为农作物的生长方式，能否丰产，是不受耕种者性别影响的"，"自然是按照非个人的和不变的规律发展的"。① 这个分析表明他认识到，自然事物有其生长规律，农作物的丰收歉收与农业耕作者性别无关。

在具体历史写作过程中，柯林武德也注意到物质因素的作用。他在分析公元 4 世纪末期不列颠频发的农民起义原因时，记录不列颠这一时期社会状况的文献特别匮乏。由于考古证据证明高卢与不列颠的社会状况是相似的，他提出利用记录高卢社会状况的文献阐明不列颠农民起义的原因。他概述了萨尔维安对引起高卢农民起义原因的分析："这些不断发生的农民起义的根本原因，不仅仅是富人与穷人之间的贫富分化，而且是安全保障上的鲜明对比。大地主是税收政策的获益者，能够将他们的负担转嫁到穷人身上。帝国末期的法律与行政制度，助长了经济上的苛政。正是富人的权力，剥夺了穷人所拥有的全部……因此，对穷人来说，'敌人比那些征税者更加仁慈'。只要蛮族入侵，愤怒的农民就会揭竿而起，并且产生由破产者、逃亡的奴隶和绝望的债务人组成的流浪群体。"②

柯林武德接着指出："相同的法律和行政制度，相同的乡村贫富分化，相同的蛮族入侵，也困扰着公元 4 世纪末期的不列颠。原因是相同的，那毫无疑问结果也是相同的。狄奥多修斯在不列颠看见的流浪群体，

---

① R. G. Collingwood, *The Principles of History*, in R. G. Collingwood, *The Principles of History and Other Writings in Philosophy of History*, p. 97.

② R. G. Collingwood & J. N. L. Myres, *Roman Britain and The English Settlements*, p. 304.

包括大量巴考底帮①。但是每个成为起义者的农民，就不再是生产者了。"② 他运用比较法，从社会背景、经济状况方面分析了农民起义的原因。

柯林武德认为物质因素对人类活动有影响，但这种影响与被影响关系不是简单、一贯的因果决定关系。他明确表示："我也不怀疑物质环境对人类纯粹生理方面的影响，同时也伴随着对人类感情与嗜好的影响……正是根据这些事例，我们必须批判的是，关于自然环境对人类文明'影响'这种十分常见的观点。不是这样的自然（这里的自然意味着自然环境）本身，调配人类的能量在这个或那个方向发展。正是人类凭其进取心、心灵手巧和创新性，或者在缺乏这些条件的情况下创造了自然。"③ 在提出这个观点后，他举例说："一个19世纪的诗人说'深不可测的、咸咸的、陌生的大海'，以某种卑屈的态度反映了18世纪的观念。这只使那些还没有掌握航海技术的人疏远大海。当人们掌握航海术并且成为技术娴熟的水手时，大海就不再是隔离的屏障，而是不同地区间连接的渠道了。它就不再是交流的障碍，而是沟通的高速公路了。"④ 人在自然面前是积极、主动的，不是消极、被动的。因此，将外部物质环境作为人类历史发展的原因，是说不通的。因为这忽略了人的主体性和能动性。

人不仅是外部物质环境中积极的行为主体，也是外部环境对人类历史产生影响的一个媒介。柯林武德指出："按照自然科学可以说明的方式，像地理、气候这样的自然状况当然对人类有直接和即刻的影响。但这只是在人类作为一个生理的与生理—心理的生物体的条件下说得通，在人类思想使人成为一个历史个体的状况下则说不通。当说这些自然状况影响人类历史时，不是指它们直接影响人类历史。这里的意思是指，

---

① 巴考底帮（Bacaudae），古罗马时期高卢地区对农民起义的称呼，指塔拉戈纳、比利牛斯山、阿尔卑斯山地区以及卢瓦尔河和塞纳河之间地区的农民起义团伙。柯林武德在此用巴考底帮，泛指古罗马时期不列颠地区的农民起义。

② R. G. Collingwood & J. N. L. Myres, *Roman Britain and The English Settlements*, p. 304.

③ R. G. Collingwood, *The Principles of History*, in R. G. Collingwood, *The Principles of History and Other Writings in Philosophy of History*, p. 93.

④ R. G. Collingwood, *The Principles of History*, in R. G. Collingwood, *The Principles of History and Other Writings in Philosophy of History*, p. 93.

它们通过人类的思想与行动这个媒介影响人类历史。"① 这表明物质环境对人类的影响，必须通过人的思想这个媒介才能作用于人类行为。

既然柯林武德已注意到并且也承认了历史过程中物质因素的作用，我们为什么仍将他看作唯心主义者呢？这是由于柯林武德在物质与思想关系上所持的观点："在任何历史阶段，人类都认为自己在与自然打交道。我们所说的人与之打交道的自然，不是自然本身，而总是他所构想的历史中的自然。一切历史都是思想史：在历史中，无论何处出现被称作自然的东西，这个名称不代表自然本身，而代表人关于自然的思想。如果不这样去思考的话，历史学就忘记了它已经取得的独立地位，而退回到自然科学学徒的古老状态上去了。"② 这是柯林武德唯心主义立场的证明，但又是其史学理论立场的表达。如上所述，柯林武德的史学理论是有积极意义的。如此一来，我们不能武断地判定柯林武德是唯心主义者，需要指出他是何种意义上的唯心主义者。

柯林武德是唯心主义者，是国内外大多数研究者在研究其历史思想过程中取得的共识。但这种共识并不是在国内外学者的交流与互动中产生的，而是各自在自身学术传统、话语系统内部独立研究得出的。国内研究者以马克思主义唯物史观为指导，分析柯林武德的《历史的观念》，得出他是唯心主义者这个结论。国内学者得出这种结论，主要是通过分析一切历史都是思想史这个命题，但在分析过程中存在以字面意义解释命题、以观点剪裁史料的现象，并没有全面、深入地挖掘这个命题的内涵。而且，从所利用的资料来看，只凭《历史的观念》来阐述柯林武德的思想也略显单薄。

国外研究者将柯林武德看作一个唯心主义者，是通过分析《历史的观念》、《史学原理》等著作以及部分手稿，得出这个结论的。从资料的获取和利用来看，国外学者要比国内学者充分、全面。但国外学者的学术思想大多以鲜明的个性为特征，每位学者的思想都有鲜明的个人印记，没有相对统一的指导理论或思想。这使国外学者在分析柯林武德史学理论时，虽然都会赞同他是个唯心主义者这个结论，但分析思路却是多样

---

① R. G. Collingwood, *The Principles of History*, in R. G. Collingwood, *The Principles of History and Other Writings in Philosophy of History*, p. 109.

② R. G. Collingwood, *The Principles of History*, in R. G. Collingwood, *The Principles of History and Other Writings in Philosophy of History*, p. 98.

的：有的从柯林武德对一个学术概念认识的变化入手，如历史事实、历史学等；有的从柯林武德理论倾向的变化过程着手——例如，认为柯林武德经历了从实在论到唯心主义、相对主义，最终陷入怀疑主义或不可知论的转变；有的从柯林武德在阐述某一思想时，所利用的不同术语进行分析——例如，在阐述重演思想时，他就利用了重演（reenact）、重建（reconstruct）、再创造（recreate）和再思考（rethink）等不同术语。这种多样化的研究思路，无疑会深化对柯林武德史学理论的认知，会给读者带来启迪。但是，如果真的是"条条大路通罗马"的话，就会使"行路者"产生该走哪一条路或者哪一条路才是最佳路径的疑问和困惑。因此，在分析一切历史都是思想史等命题时，必然要尽可能充分利用已经得到的相关资料、全面分析这些命题的同时，也谨记外国学者因其学术思路个性化而产生的偏执这个教训。

在作出判定前，还需认真对待当事人柯林武德自己的证词。柯林武德所处时代的英国哲学家习用的学术标签有实在论者和唯心主义者两种。就学术经历来看，他似乎是在实在论哲学氛围下成长起来的唯心主义者。但他并未在这有限的集合内部作出非此即彼的选择。他通过阐述问答逻辑超越了也否定了实在论。他对当时牛津大学格林学派的唯心主义与历史上存在的唯心主义观点也颇多不满，并在《历史的观念》中进行了系统的批判。不具备或不完全具备历史的思维方式，是柯林武德对当时及既往唯心主义传统的主要指摘。

张文杰先生在分析柯林武德史学理论价值时，独到地指出"它驳斥了历史怀疑主义"①。对柯林武德而言，历史怀疑主义的重要源头是笛卡尔的唯理智主义。笛卡尔"认为历史学并不是知识的一个分支"②。柯林武德对笛卡尔及其追随者着墨不多，但笛卡尔的历史怀疑主义立场是他着力批评的。笛卡尔"声称要根除心灵这依赖于感觉的一切官能特别是要根除想象……视之为全部错误的根源"③。这或许是笛卡尔否认历史知识地位的根由。而柯林武德恰恰在历史想象基础上打造了历史知识存在的根基。在评述其他哲学家过程中，他客观地评价其在历史知识论的理

---

① 张文杰：《"历史会重演论"新说》，《史学月刊》2006年第4期，第6页。
② R. G. Collingwood, *The Idea of History*, p. 59.
③ 〔意〕贝奈戴托·克罗齐：《维柯的哲学》，柯林武德英译，陶秀璈、王立志译，郑州，大象出版社，2009年，第159页。

论定向和研究方法上的作用。尽管其中也有具有唯物主义倾向的哲学家，但他对唯心主义者的贡献与不足都进行了详细的梳理。因而，他在《自传》中指出："任何在理智上足以理解我所表达观点的人，都会认识到，它既不是'常见的'实在论的，也不是'唯心主义'的。"① 柯林武德将自己定位为既往学术传统的反叛者。他超越了那个时代的缺陷，但他并未超越那个时代。实在论与唯心主义，尤其是唯心主义都在他身上打下了时代烙印。

柯林武德认为历史学研究的是反思的行动（Res Gestae）。"像黑格尔一样，柯林武德将'历史学'解释为理性在时间中的展开。像黑格尔一样，柯林武德认为，作为这个过程的一部分，历史理性能从作为自我意识的内部来理解它。"② 反思的行动是"被称作人类的动物作出的行动；是指这个词为人熟悉但较狭义上的用法，即它们是理性的个体在追求由自身的理性所决定的目的时，作出的行动"③。只有外部物质环境的变化成为人类思想的对象时，才能成为历史学的研究对象。因而柯林武德在讨论环境与人类文明的关系时，认为"环境的特点决定处于这种环境中的文明的特点。但这些特点并不是环境本身所具有的，而是由它们所决定的人类行为施加在环境上的：说大海适于航行，就是在表明水手的航海术；说土地丰产，就是在表明农民的农业种植技术；说群山可以穿越，就是在表明探险者的探路经验。这样的例子不胜枚举"④。按柯林武德的上述理解，历史学家的研究重点应该是水手的航海术、农民的农业种植技术和探险者的探路经验，而不需要考虑大海、土地和山峰等外部物质因素。

按照这个思路，我们以柯林武德给出的例子进行说明。人类有时可能通过暴力手段来解决问题。当一个大国的军队入侵一个小国的领土，在一场决定性的战斗后，小国被打垮了。战争的结果是大国宣布要吞并小国，而小国的政治家只能屈服于这种暴力。柯林武德对这一历史事件

---

① R. G. Collingwood, *An Autobiography*, p. 57.

② Aviezer Tucker, *Our Knowledge of the Past: A Philosophy of Historiography*, Cambridge: Cambridge University Press, 2004, p. 202.

③ R. G. Collingwood, *The Principles of History*, in R. G. Collingwood, *The Principles of History and Other Writings in Philosophy of History*, p. 46.

④ R. G. Collingwood, *The Principles of History*, in R. G. Collingwood, *The Principles of History and Other Writings in Philosophy of History*, p. 94.

的解读方式,表明了他对历史中物质与思想关系,或者说社会存在与社会意识关系的观点。对于这个历史事件:

> 一个缺乏才智的读者可能将其理解为,确凿的事实本身与某个人关于这些事实的观点之间的一种对立。事实并非如此。使这些政治家屈服的,不是"实际的和不可移易的"外部形势,不是外部形势"本身"。因为如果外部形势确实如其所是的话,这些政治家就以别的方式思考了。例如,如果他们有这种误解的话——在这样的紧急情况下,通过条约缔结的某个强大联盟会来保护它,履行结盟时的诺言——那么他们就不会屈服了。那么,使这些政治家屈服的,不是确实存在的外部形势"本身",而是他们关于外部形势状况如何的想法。①

我们应该辩证地分析柯林武德的这种观点。一方面,他确实认识到外部物质因素影响人类思想和行为。另一方面,在探讨历史学的研究对象时,他却抛开了外部物质因素,将人类思想置于至尊的地位。这样,他在赋予唯心主义传统历史思维方式过程中,似乎是克服了既往传统中非历史的缺陷,但也确实将其历史认识论中主体与主观因素置于独尊地位。因此,柯林武德"历史地思考"的学理结构在物质与意识关系问题上是有失偏颇的,过于强调意识对物质的主观统摄作用,而完全忽略物质对意识的制约作用,无论这种制约作用是外在的还是内在的。

因此,一切历史都是思想史的真切内涵是,历史学家在考虑历史当事人所处外部环境影响的前提下,重演当事人在其中进行的思想活动的历史。笔者在上文阐明柯林武德注意到历史中物质因素的影响并强调历史学家主体性的积极方面,也分析了他片面夸大思想因素作用的唯心主义倾向。而且,他对待传统史料观的态度过于绝对化,将史料真假辨别问题与意指追问完全割裂开来,认为科学历史学只顾后者、完全不用考虑前者。柯林武德的史学理论是一个自律的思想体系,我们应历史地理解和评价它。在理解一切历史都是思想史时,要考虑到柯林武德是在实证主义史学话语系统内部阐述这个命题的。柯林武德在批判

---

① R. G. Collingwood, *The Principles of History*, in R. G. Collingwood, *The Principles of History and Other Writings in Philosophy of History*, pp. 95-96.

实证主义史学传统同时，也继承了其中的合理因素。这个判断也适合评价柯林武德的唯心主义倾向。一切历史都是思想史，并不意味着历史的内容就是纯粹的思想。柯林武德认识到了物质因素的作用，倾向于将这种作用置于思想的支配之下。他批评实证主义史学盲目迷信史料，强调历史学家的主体意识和创造性，是我们应该肯定的。但我们需要认真分析的是，他在强调史学家主体性同时，也将思想抬到了至高无上的地位。

第三节　理论立场：理性与情感

实证主义史学家遵照的是机械反映论，认为自己在鉴别了史料真伪，在保持价值中立的原则下，将史料组织成一个合理的历史叙事后，就对相应的历史作出"如实"说明了。这是实证主义史学传统的历史认识论。现在看来，它当然是不合理的，甚至可以说是天方夜谭。但在实证主义史学传统盛行的19世纪，这个认识论是无可置疑的，是个无需再思考的问题。如前文述，这反映了自然科学发展给人们带来的巨大信心。实证主义史学家在借鉴自然科学认识自然的思维模式认识历史时，也将自然科学家揭示大自然奥秘的自信心带入历史认识领域中了。

兰克的史料批判方法成为历史学界通行的学术规范，改变了此前历史研究方法良莠不齐的状况。在兰克时代之前，德国史学研究还没有统一的学术规范，历史学家一般都习惯于闭门造车，利用自己偏爱的方法进行研究。虽然也有一些历史学家作出了突出贡献，但历史研究还没有形成规模，基本上都是分散、孤立地进行的。这不利于历史学发展和取得独立学科地位。1806年耶拿战役，普鲁士军队被拿破仑军队击溃，这成为德意志民族主义兴起的一个契机。普鲁士教育部长洪堡德说："国家必须用学术力量补偿在物质上受到的损失。"① 当时统治者在制定政策时，需要社会科学家当然也包括历史学家帮助。这使包括历史学在内的社会科学的发展得到政府重视与扶持。"在19世纪期间，历史学家为国王提供咨询服务"，这"也提升了历史学家在科学家中的地位"。② 政府对历史学研究发展的推动作用，体现在兴办与支持大学发展。历史学家

---

① 〔美〕J. W. 汤普森：《历史著作史》，第三分册，第203页。
② Ernst Breisach, *Historiography: Ancient, Medieval & Modern*, p. 1.

将大学作为研究和交流的平台，扩大了历史学研究声势，为历史学摆脱对文学与哲学的附庸地位，形成一门独立学科奠定基础。当时比较有代表性的大学有柏林大学、戈汀根大学、莱比锡大学和哈勒大学。

在历史学认识论与方法论上都已做好准备，实证主义史学家就着手追求"如实直书"的理想了。魏茨的学术生涯，典型体现了历史学研究中运用的实证主义方法论。魏茨是兰克最年长、最出色的门生，是民族情感高涨的石勒苏益格—荷尔斯泰因人。20 岁进入柏林大学，受兰克吸引从法律转学历史学。他赢得竞争激烈的论亨利一世的征文奖金，1835 年写成在兰克研究班上已经动笔的《亨利一世年鉴》。他和希尔施证明兰克在"学术讨论班"上指出无甚价值的《科维编年史》是杜撰的，这是他第一次重要学术发现。魏茨是以兰克为代表的实证主义史学传统的忠实继承者，体现在以下三个方面。

首先，魏茨重视收集和整理原始资料。除兰克本人外，魏茨是《萨克森编年史》最重要的编纂者。1836 年魏茨毕业后，兰克把他介绍给佩茨，参与编纂《德意志史料集成》。他在佩茨领导下工作六年之久，并多次到法国、德国、丹麦等国考察，收集手稿。通过抄写与校对许多档案库内的手稿，他所编写的史料集成在价值上超过了佩茨所编的版本。魏茨毕生精力都献给这项工作。他"在编写《德意志史料集成》过程中所作的多种发现，使他在学术界赢得很高的声望"。由于成绩卓著，年仅 29 岁的魏茨被基尔大学聘为历史学教授。在基尔大学，他开设"中世纪德意志历史编纂学"这门课程。他虽不是伟大的演讲家，但他讲得极其明晰，有条不紊，从而成为学术界一位翘楚。他"虽然不象特雷新那样流畅，不象特赖奇克那样热情，讲起课来枯燥而平淡，但他仍然把大群的学生吸引到自己的课堂里。他的超然态度本身就是他引人之处，而他那实事求是的治学态度使人有信心"①。魏茨一贯坚持在作任何概括以前，都要彻底研究原始资料，在避免武断前提下，每个学生都可以自由选择自己的题目和自己的论述方法。

其次，魏茨在著述中恪守价值中立原则并贯彻史料批判方法。他"虽然是普鲁士党成员并曾参加政治活动，但他在自己的历史著作中却在很大程度上保持着不偏不倚的温和态度"②。他在基尔大学任教期间开始

---

① 〔美〕J. W. 汤普森：《历史著作史》，第三分册，第 272 页。
② 〔美〕J. W. 汤普森：《历史著作史》，第三分册，第 271 页。

撰写《德意志宪政史》。1844年出版第一卷。这一卷叙述了早期日耳曼民族的起源、风俗与制度，直到法兰克人征服高卢为止。他"充分利用了格林的《古法律》和斯堪的那维亚学者的研究成果"，"是第一个掌握了全部的大量资料并按照其条顿族的经验来解释它们的人"。① 第二卷叙述墨洛温王朝制度，他认为这些制度都源于自日耳曼传统。第三、四卷记述加洛林王朝，第五到第八卷专讲萨克森与法兰哥尼亚王朝，叙述到12世纪为止。这部著作"虽然不受公众欢迎，却充分满足了科学的需要。它替代了艾希霍恩的早期中世纪史，甚至在布伦纳的著作问世后，它仍然是研究条顿制度者常常需要的参考书"②。但"这部书过于渊博，过于拘泥谨慎，原始事实太多，显得过分沉重，因而并不能算一部伟大历史著作。材料事实都摆在那里，也有批判的撰述，但找不到任何光辉的概括，醒目的解释和真知灼见"③。

再次，魏茨以研究班方式培养学生，传授兰克的治史方法与理念。他在1849年接受戈丁根大学聘请，在此担任教授达26年。他"在格丁根大学创立了无疑是德国第一流的中世纪历史学派"④。他办的研究班甚至比兰克那个研究班更出名。参加研究班的学生来自全德各地，还有从瑞士、法国和意大利来的。他以公正的态度、细腻的方法，尽可能严格地训练这些学生。他在研究班中特别强调"对资料的批判，对来源的批判，对制度的批判"⑤。兰克改造了近代史研究，而魏茨改造了中世纪史研究。在史料考证和叙事准确性方面，魏茨已经超越兰克。兰克临死时问道："忠实的魏茨现在正干什么？"这个问题也许有管中窥豹的效果，不仅反映了师徒二人情谊笃厚，也让人体会到兰克赞赏与肯定魏茨继承和发扬自己所奉行的治史方法。

从魏茨的学术历程里，我们可以看到实证主义史学传统对历史学发展的巨大贡献。这包括收集、整理和出版大量文献资料，系统史料批判方法成熟，重视原始资料以及历史学在上述条件下取得一门独立学科地位。但实证主义史学在取得卓越成就同时，确实也存在不可否认的缺陷：

---

① 〔英〕乔治·皮博迪·古奇：《十九世纪历史学与历史学家》，第235页。
② 〔英〕乔治·皮博迪·古奇：《十九世纪历史学与历史学家》，第236页。
③ 〔美〕J. W. 汤普森：《历史著作史》，第三分册，第275页。
④ 〔美〕J. W. 汤普森：《历史著作史》，第三分册，第272页。
⑤ 〔美〕J. W. 汤普森：《历史著作史》，第三分册，第274页。

一、随着越来越多史料被发现、整理和出版，实证主义史学家面对浩如烟海的史料束手无策，而且如何以科学的标准选取史料也是他们无法回答的问题。二、史料基本上以文字形式呈现，这类史料不可避免带有当事人的主观偏见，史学家在此基础上又会作出自己的选择。这表明写出完全客观的历史著作是不可能的。三、文字史料记载的主要是政治、军事与外交方面的事件，因而依据它们写出的历史主要是政治史、军事史和外交史等上层人物的历史。随着时代发展，这类历史著作已不能满足人们了解社会下层历史和整个社会经济变动的需要。这些缺陷使实证主义史学在19世纪末20世纪初面临巨大危机。产生危机的重要原因之一是实证主义史学家在史料面前缺乏主体意识和能动性，未能深入挖掘和有效解释史料的意义。柯林武德在这一背景下提出一切历史都是思想史，就是针对实证主义史学的这一弊病。

柯林武德的一切历史都是思想史，涉及一个历史认识论的问题：历史学家在历史认识中的地位如何，主动的还是被动的？柯林武德将人类有目的的行动看作历史学研究对象，是有积极意义的。因为他所批判的实证主义史学传统满足于历史理解，不进行历史解释，对历史材料中所包含的信息挖掘深度不够。他将历史人物看作鲜活的、有生命的思想个体，而不仅仅是历史文献中记载的历史事件的机械执行者。当然，任何历史人物在进行活动时，都不是麻木的、无思想的。但是历史记载大多偏重于历史人物外在行为的记述。要鲜活地反映历史，就要求历史学家尽可能地发挥自己的主观能动性，描述历史人物外在行为下的思想活动。笔者以凯撒入侵不列颠为例，介绍柯林武德运用一切历史都是思想史这个原则对这一历史事实的分析。

朱利叶斯·凯撒是古罗马政治家和独裁者。公元前60年，凯撒与庞培、克拉苏组成前三头政治同盟。公元前59年，凯撒担任执政官。公元前58年，他出任高卢与伊利里亚总督。公元前55年和前54年，凯撒先后两次入侵不列颠。当时大权在握的凯撒引起元老院怀疑，因而元老院要求凯撒交出兵权。对于这个历史事件，柯林武德首先想到的是："什么动机促使凯撒进攻不列颠，凯撒通过入侵想获得什么，凯撒在执行这个计划之前酝酿了多长时间，是凯撒给我们提出的问题。我们至今仍禁不住问这些问题。除非我们发现某种答案，至少是对第一和第二个问题的答案，仅仅叙述凯撒进行的战斗仍让人感到不知所云、一头雾水。"①

对于凯撒入侵不列颠的动机是什么这个问题,柯林武德首先给出一个尝试性的回答:"最简便的方法是在凯撒的著作中寻找,他叙述自己入侵的动机是,在他进行的几乎所有高卢战斗中,不列颠所发生的偶然情况一直是有利于他的对手的。在其他段落中,他证实了不列颠与高卢之间的紧密联系……每个阅读了凯撒对入侵的解说的人都知道,随着他在高卢战事继续,越来越关注保持和平问题,防止和镇压他所征服的部落中那些激烈要求独立的反叛活动。正是提防这样起义的必要性,使他在穿越英吉利海峡去不列颠进行最后一次冒险之前,作出了有关高卢事务的最终决断。正是凯撒担忧不列颠事务的迫切性,使他在将高卢战事进行到底之前放弃了。几乎无可质疑的是,同样的动机也决定了凯撒入侵不列颠。"②

凯撒入侵不列颠是个有目的的行动,而不是单纯的事件。"不能假设凯撒只想进行一次惩罚性战争,一场大规模掠夺,其目的是告诉大不列颠人,他们是处于罗马统治之下的,并警告他们不要干预高卢事务。这是凯撒在德意志想做的。如果他在不列颠只想达到这种目的,那么他在德意志已经做到了。他想要做得更多。"③ 因而,历史学家对凯撒行事目的的不断追问,构建的是一个事件网络。因为这已经超越了对这一目的本身的单纯描述,也牵涉到凯撒对当时情势的判断乃至他个人的情感、抱负。

因而"凯撒为什么入侵不列颠"这个问题,至此并未得到完满的回答,这个问答过程还要继续下去。接下来要追问的是,凯撒想要的"更多"是指什么呢?凯撒通过入侵行动,可以赢得战功和荣誉,因为此前的罗马军队还没能跨过英吉利海峡染指这个岛屿。进行这场战争,凯撒就可以避免被召回罗马,那样他也就不会远离自己的军队而陷于对手的包围之中了。这是凯撒入侵不列颠的个人目的,就这一点来说凯撒是成功的。从战利品角度看,凯撒不是成功的,因为罗马军队在不列颠并没有发现金银财宝或其他战利品。但获得战利品,往往不是一场战争的最终目的,至少对凯撒入侵不列颠这场战争如此。

---

① R. G. Collingwood & J. N. L. Myres, *Roman Britain and The English Settlements*, p. 32.
② R. G. Collingwood & J. N. L. Myres, *Roman Britain and The English Settlements*, p. 32.
③ R. G. Collingwood & J. N. L. Myres, *Roman Britain and The English Settlements*, p. 33.

柯林武德分析凯撒入侵不列颠目的的过程，是他与他要解读的文本资料之间进行问答的过程。他与文本资料进行的问答，使自己与文本资料处于一种互动过程之中，摆脱了只是接受资料信息的被动地位。这种互动过程体现为：历史学家的问题引导历史资料的处理、在历史资料中寻求答案的过程，这也是分析、处理历史资料的过程。这种历史学家与历史资料之间的问答过程，表明柯林武德强调历史学家的主体性地位和主观能动性。而这对于剪刀加浆糊历史学家来说是不可能的。他对凯撒入侵不列颠的分析，体现了问答逻辑与一切历史都是思想史的关联，但二者关联的基点仍是历史学与自然科学的区别。

　　与问答逻辑相同的是，柯林武德的一切历史都是思想史这个原则也在考古学中得到应用。他在考古学领域分析了一切历史都是思想史的涵义。"对于考古学家来说，一切历史都是思想史意味着，所有物体都必须从目的方面来解释。无论在什么时候，发现任何物体，你都必须问，'它是做什么用的？'而且从那个问题开始，'它是有利于还是不利于那个目的的？也就是说，它是成功地体现了那个目的，还是相反呢？'这些问题是历史问题，不能靠猜测作出回答，而要靠历史证据作出回答。任何回答这些问题的人，必须能表明他的回答是证据所要求的。"① 历史学家与历史当事人在思想上的问答交流，要由历史证据支撑。历史思想的力量，是历史认识论的重要方面，但不是唯一的方面。从这一意义上来说，学界一些论者对柯林武德这一命题作出望文生义的理解是不负责任的。

　　一个物体就其物质存在形态而言，只是自然过程的一部分。在它被纳入人类历史过程之后，则具有了社会历史意义。继德国哲学家黑格尔之后，柯林武德继续区分自然与精神。"黑格尔所说的'自然没有历史'，仍然是正确的。很多现代学科将它们的研究对象，放在一个编年框架内。但是将研究对象放在编年框架内，不等于成为历史学。在历史自身内部，使它成为历史学的，不是编年框架，而是它所包含内容的本质：不是事件，而是反思的行动，表达思想的行动。"② 对于历史遗迹，历史学家或考古学家所要追问的就是它对人类历史的意义。而要进行这种探讨，首先要问的问题就是："它对人类有什么用？"这个问题只是个笼统

---

① R. G. Collingwood, *An Autobiography*, p. 128.
② R. G. Collingwood, *The Principles of History*, in R. G. Collingwood, *The Principles of History and Other Writings in Philosophy of History*, p. 55.

的问题,在不同时空范围里,它会取得不同形态。例如,长城对中国人有什么用?金字塔对埃及人有什么用?等等。当然,随着提问者目的不同,这些问题还可以继续具体化下去。这说明了什么呢?这说明人类本身是人类历史的写作者,因而历史中的事物也必须按照人类的价值判断标准获得自己的历史意义。这就是我们追问长城、金字塔等对人类意义的原因所在。

在柯林武德看来,人类历史与自然历史的区别之一,就是活动有无目的性。历史事件是人类有目的地作出的。在历史范围内,那些没有生命的历史遗物、遗迹等,也因体现了其所处时代的人类目的而具有历史意义。他提出一切历史都是思想史,强调人类历史的目的性。他对哈德良长城的分析体现了这一点:

> 哈德良长城与德意志木栅栏的主要区别,是材料上的区别,但在强度上也有相当大的区别。哈德良长城坚固得多,特别是因其前面的深沟和上面的带壁垒的行军道,有一种真正想要运用于战争中的要塞格局。进一步研究表明,这个表象是有欺骗性的。长城顶部有七八英尺宽,只有通过每相隔500码放置的梯子才能到达顶部。长城上有限的楼梯之间相隔一英里,而且缺乏大炮和堡垒。最重要的是,各个部分之间平均只设150个守卫。罗马的工程师从来没有想用这个长城作为一个作战平台。像德意志木栅栏一样,哈德良长城的目的是阻碍袭击、抢劫和走私。如果有巡逻队按时巡查长城的话,就不会有人在不引起注意的情况下穿越它,特别是满载战利品或商品的时候,它的功效一定是完美无缺的。哈德良长城比德意志木栅栏坚固得多这个事实,无疑也反映了不列颠边境动荡不宁的状况。①

柯林武德通过分析哈德良长城存在的目的(作为劫掠和走私的障碍,而不是作战平台),揭示了它的实质,也反映了不列颠边境的历史状况。他比较哈德良长城与德意志木栅栏,结合当时历史形势,解释了这个建筑所体现的历史价值,也就是它对当时不列颠人的意义。"一切历史都是

---

① R. G. Collingwood & J. N. L. Myres, *Roman Britain and The English Settlements*, pp. 131 – 132.

思想史。了解事件、人名、日期，对剪刀加浆糊历史学家来说，是目标；对科学历史学家来说，仅仅是实现目标的手段。"① 他的这种分析，无疑比由时间、地点、人物等因素构成的剪贴式记叙深刻得多。因为以往的历史叙述侧重历史理解，也就是注重说明"是什么"的问题。仍以哈德良长城为例，以往历史叙述强调这个长城的建造时间、筹划建造者、外观以及特点等因素。柯林武德此处的历史叙述，重点是历史解释，侧重"为什么"的问题。他不仅要叙述哈德良长城的外观、特点等因素，还要进一步解释它具有这种特点的原因。我们可以看出，历史解释是比历史理解更深刻的历史叙事：

> 自19世纪后期到今天，关于历史解释方面还存在着一个长期的、相互对立的争论：即科学的解释模式是否可以应用到历史学中的问题。这个争论被称之为"理解与解释的对立"。科学的认识，就常识性的看法，不外是从理解到解释，所谓"理解"（英语为understanding，德语为Verstehen），浅而言之，就是指通过观察程序对所与的现象获得经验材料（数据），从而判断它们的性质或意义。所谓"解释"（英语为explanation或interpretation，二者的区别，我们已经在上面谈过了，德语的相当词汇为Erklärung或Auslegung），浅而言之，就是对观察的结果再作出理性的分析，说明为什么是那样。②

根据一切历史都是思想史这个原则，柯林武德强调人类历史的目的性，注重对历史事件作出理性分析。在历史理解与解释之争中，他认为历史不能仅仅是理解，也需要解释。这与他所界定的历史学研究对象有关。

柯林武德认为："反思的行动可以概略地被描述为我们有目的地作出的行动，这些行动是能成为历史学主题的最合适的行动。"③ 而"任何特殊的思想行动要成为历史学的主题，它必须不仅仅是思想的行动，而且

---

① R. G. Collingwood, *The Principles of History*, in R. G. Collingwood, *The Principles of History and Other Writings in Philosophy of History*, p. 67.
② 朱本源：《历史学理论与方法》，第94—95页。
③ R. G. Collingwood, *The Idea of History*, p. 309.

是反思的思想的行动。也就是说，它是一种有意识的行动，并且由那种意识构成"。① 他进一步说明了反思的行动："一个行动不仅仅是具体个人的行动。它有普遍的特点。就反思的或有意识的行动（一种我们不仅做的行动，而且在做之前想要做的行动）来说，这种普遍的特点就是行动计划或思想，是我们在作出行动之前在思想中构建的；当我们作出行动后，这种普遍的特点就是衡量我们所做的意味着什么的标准。"② 这样，有目的的行动由两个部分构成："一、构想目的，这是一种理论活动或纯粹的思想活动；二、执行目的，这是紧接着理论活动之后的实践活动。"③

人类行动有两重维度：一、容易观察的外部行动，这对柯林武德来说就是答案或历史学证据；二、不可见但至关重要的内部行动，这对柯林武德来说就是问题或思想过程。他攻击完全信奉权威文献的历史学，表达了对书面文献与实物形式历史证据的态度。他认为，处理历史证据只是一个辩证思想过程的一半。所有被适当处理的历史证据，都构成了对一个具体问题的答案。实证主义史学及其以前的历史研究的主要缺陷是，一味地关注答案，而没有试图提出这些答案所针对的问题。他认为这种历史学并不是真正的历史学。我们在此看到，柯林武德问答逻辑的思维模式与一切历史都是思想史这个原则之间的关系：历史由问题（思想过程）与答案（历史学证据）构成；人类历史是由有目的的人类活动形成的，因而只关注答案而不顾问题的历史学是不科学的；真正的历史学应该是，通过分析历史学证据，构想其针对的历史问题，发现其中所体现的人类思想过程，一切历史都是思想史。

在人类目的与实践活动、思想过程与历史证据之中，柯林武德更强调人类目的与思想过程。他认为："历史过程本身是个思想过程。仅仅当作为这个过程组成部分的精神，认识到自己属于其中时，这个过程才存在。通过历史思考，精神不仅在自身之内发现历史思想的力量，而且将这些力量从潜在状态发展到现实状态，使这些力量有效存在。精神对自我的认识是历史。"④ 这就决定了历史学家的任务："历史是思想的历史，

---

① R. G. Collingwood, *The Idea of History*, p. 308.
② R. G. Collingwood, *The Idea of History*, p. 309.
③ R. G. Collingwood, *The Idea of History*, p. 311.
④ R. G. Collingwood, *The Idea of History*, p. 226.

因而在历史中没有单纯的'事件':被误称作一个'事件'的,其实是一个行动,一个表达行为者某种思想(目的、意图)的行动;历史学家的任务,就是识别这种思想。"① 思想,在柯林武德理解历史事实、历史学方面具有举足轻重的地位。

将其与布莱德雷观点进行比较,有助于我们理解柯林武德的立场。在历史事实问题上,布莱德雷指出:"对于批判的历史学而言,所存在的事实乃是种种事件和被记录下来的事件。它们是被记录了下来的,而那就是说:尽管它们乃是心灵的作品,然而这时它们却无论如何都不是单纯的感受,一般地说也不是这个人或那个人的意识的私人内容,而是被确定了的并且是公开发表了的,是永恒的而且是一切人的心灵都可以接受的。不是这样,它们就不能成其为历史;而历史也绝不是为着它们的。它们乃是事件,而那就是说每一样事件都不是单纯的非复合的单元,而是其自身之内就包含有一场运动和一个过程,是各种元素之间的转化和联系——(也就是说,它们乃是)各种关系,其中的各种成分是可以分辨的,虽说它们无法被分开。它们乃是被记录了下来的事件,而那就意味着虽则它们本身是流转不居的,然而它们却是被固定了下来的,虽然它们在时间上是可以划分的,但它们却被视为一个整体;而且尽管它们是心灵的产物,然而它们却依然是独立的而且是实在的。"② 布莱德雷强调事件的复合性、整体性,智性、理解和判断是其存在条件,没有单纯的事件。与这种内聚型观点相比,柯林武德的观点是外放型的,将历史事实归结为思想,然后将思想放置到一个由历史证据、历史批判、历史想象、问答逻辑等构成的一个有机学术脉络中理解。

布莱德雷将历史事实界定为包含众多判断的结论。这一结论(或说历史事实)是由推论过程得来的。"对于我们认为我们有理由所说的任何事物,我们的那些真凭实据全都是建立在显然的或者是隐然的推论之上的;总而言之,我们的事实都是由推论得来的,而它们的确实性则有赖于使它们成其为它们的那种推论的正确性。……我们看到我们所见的东西,而我们知觉的对象则要受制于我们知识的各种前提,受制于我们以往的种种经验。……假若我们诉之于最坚强的事实、最经过了验证的事实,就像是它们在我们的法庭之上已经验证过了的那样,我们却仍然

---

① R. G. Collingwood, *An Autobiography*, pp. 127–128.
② 〔英〕F. H. 布莱德雷:《批判历史学的前提假设》,第18—19页。

不得不承认并没有什么事实是不可能错误的；而在任何情况下，错误都是基于一种错误的推论。但是，正如我们已经说过的，想要全然禁绝或者是全盘推翻以推论为确凿性与真实性的保证，却是纯属幻想。"① 推论的必要性与重要性体现在，它是获得历史事实的方法与保证。布莱德雷虽然看到判断、前提假设在推论过程中的作用，但他最终通过将历史推论类比于自然推论来解释它。与之相比，柯林武德目的与行动、事件与情势之间的因果推理显得朴拙，但对历史学来说更为简明、实际。

除了唯心主义立场外，布莱德雷与柯林武德另外一个相同之处是批判实在论，认为并不存在不包含判断的感官上的事实。依此推理，基于所谓原始事实基础上的所谓客观史学也是不存在的。更难能可贵的是，布莱德雷指出历史事实是一种累积的、多重的、复合的"存在"。"事实的存在与否则有赖于见证人在其他方面的真实可靠性以及他对于一般题材的判断的正确性。……被人们记录下来的孤立事件的正确性有赖于一种理论，而被记录下来的各种情景的链锁则是一种更为广阔的理论，那必定要与被想象是由被动的感觉所构成的事实距离得更远，而且与真实与虚妄的更大的可能性在一起，就必然蕴涵着其积极相结合的更多的存在。我们不能够准确地回忆我们所不曾正确观察到的事物，而正确的观察并非只是接受一系列杂乱无章的印象，而是要把握事件的行程作为一个相互联系的整体。"② 布莱德雷对历史事实的这种知识论分析类似于顾颉刚的"古史层累说"，也是他在这一问题上比柯林武德高明之处。

柯林武德分析了思想与语言的关系，这或许是他相比于同时代其他学者更引起后世学者关注的原因之一。"这种理性存在于思想从其表现中解放出来，区分思想与语言。这种区分存在于每种经验形式中，但是艺术与宗教没有认识到这个区别。这种区别存在于这些经验形式中，但不是为它们而存在。它的存在只能经由一种外在的观点、也就是哲学的观点能够发现。科学第一次从内部认识到这个区别，认识到正是科学制造了这个区别。因而，通常本性自由的思想第一次在科学中找到自由。语言随后沦为思想的仆人，科学专制地对待思想，使其意味其所像之物。"③ 早期柯林武德概括的宗教、艺术、科学、历史学与哲学五种经验

---

① 〔英〕F. H. 布莱德雷：《批判历史学的前提假设》，第 20—21 页。
② 〔英〕F. H. 布莱德雷：《批判历史学的前提假设》，第 22—23 页。
③ R. G. Collingwood, *Speculum Mentis or The Map of Knowledge*, p. 157.

形式是持续地、辩证地发展的。人类出现科学这种经验形式时，才将思想与语言区分开来。这一认识结果也由历史学与哲学继承下来。

柯林武德认为："所有语言都是象征性的，换句话说，都是隐喻的。在语言使用者心灵中，语言从不是其字面意义，而常常指向自身之外的某种'意义'。他说当语言使用者还未意识到语言的隐喻特征时，他将语言与其意义等同。……但当使用者意识到语言的隐喻特征时，他就战胜了语言。他就可以'在字面上'运用语言指称或规定任何他想要意味之物。"① 语言成为思想的表现之后，历史学家面临的任务是成为对语言的掌控者，从权威资料语言的服从者变为其隐喻意义阐释者。这也是历史学家主体性的体现。

后期柯林武德基本延续了这一立场，将语言看作表现思想的工具。"表达思想的行动具备语言的特点，语言的职责是揭示思想。"② 他由此阐明，历史学家研究的不仅是行动，而且是表达思想的行动。语言是获知思想这个历史真理的工具。"第三个过程（指历史学家满足于他拥有的资料忠实地代表了原初真相，他必须阅读它并阐发其意义）是一个基本的初始条件。它发生于历史思考中。就其本身来说，它是一种美学活动，也是美学是任何历史方法科学必不可少前提条件的原因所在。但就其与历史学关系来说，它可以界定为理解或辨别证据。历史学家的任务是发现某人所想。为了做到这一点，他必须发现这个人说了什么（'说了什么'不仅包含说话的表现行为，也包含说话这种表现行为的种类）。发现这个人所说内容的方法是'解读'其内涵，或解说历史学家拥有的文本资料的意义。"③ 语言对柯林武德所强调的思想来说是透明的、工具性的。吊诡的是，后现代主义者强调语言的不透明性，但其阐发的立场正是早期柯林武德试图超越的。这是指，在宗教这种经验形式中表达一个断言的语言被等同于真理本身。宗教之后的科学、历史学与哲学则明晰了语言与其所指之间的区别。

柯林武德因强调人类历史的目的性引起学界非议。他面对的质疑是，

---

① William M. Johnston, *The Formative Years of R. G. Collingwood*, p. 113.
② R. G. Collingwood, *The Principles of History*, in R. G. Collingwood, *The Principles of History and Other Writings in Philosophy of History*, p. 55.
③ R. G. Collingwood, *The Principles of History*, in R. G. Collingwood, *The Principles of History and Other Writings in Philosophy of History*, p. 52.

强调人类历史的理性方面，并将人类理性作为历史理解的一个前提条件，从而将历史学研究对象过分理性化了。他认为并非人类关注的所有事情，都能成为历史学研究对象。生育后代、吃饭、休息、得病与死亡等，都是人类关心的事情，但这些事情不能成为历史学研究对象。

> 根据欧洲科学的传统学说，人不仅是动物，而且是理性的动物。正是由于人类的理性，人不仅吃饭而且举行宴会，不仅交合而且结婚，不仅死亡而且还会被埋葬。在动物生活的基础上，人类理性建立了一个自由活动的结构。这种自由的意义是，人类活动基于动物本性，但不是由动物本性决定的，而是由人类自主的理性引起的；人类活动并不服务于动物本能生活的目的，而是服务于理性的目的。①

柯林武德在这种认识基础上，将历史学研究的反思的行动的本质规定为，理性个人为实现由其理性决定的目标所做的行动。他对人类的认识和对历史学研究对象的界定，表明他强调人类理性。但这能够说明他在强调人类理性同时，忽视了人类行为中的非理性因素吗？

柯林武德认为，反思的行动包括"非理性的个体在追求由其非理性决定的目的时采取的行动。还有必要补充这一点吗？因为在这种前后文关系中，非理性的意义并不是没有理性，而是有坏的理性。坏的理性仍然是理性。一个想谈论理性的野蛮人，并不是在嘲弄自己"②。"历史学传统上所研究的行动，是比较狭义的行动，是理性不仅在其中发挥作用，而且可以辨别地在发挥作用。这个过程的差别在于，理性程度的高或低，理性的成或败，思想的开明或愚蠢。人是唯一的理性动物这个旧观念，确实是被误解了。这与其说它意味着人类有太多的理性，不如说它意味着非人类的动物的理性太少了。这个观念并不意味着人类的理性太多了，因为它从来没有表示人类的理性是很微弱、不连贯和不稳定的。"③ 人类

---

① R. G. Collingwood, *The Principles of History*, in R. G. Collingwood, *The Principles of History and Other Writings in Philosophy of History*, p. 46.
② R. G. Collingwood, *The Principles of History*, in R. G. Collingwood, *The Principles of History and Other Writings in Philosophy of History*, p. 47.
③ R. G. Collingwood, *The Principles of History*, in R. G. Collingwood, *The Principles of History and Other Writings in Philosophy of History*, p. 47.

活动留下我们可以辨识其理性的历史遗迹或叙述,但这并非人类理性的合逻辑证明。

这说明柯林武德并不认为人是完全理性的,也没有忽略人类行为中的非理性因素。在这个前提下,他对一切历史都是思想史作出了通常为我们忽略的解说:"一切历史都是思想史。这包括情感的历史,只要这些情感本质上与正被讨论的思想相联系。并不是任何情感都能伴随正在讨论的思想行为。也并不是任何其他的思想都能伴随着这些情感。例如,现在对政治史与政治思想史的区分就是虚幻的。它是基于将'思想'构想为'思想家'所特有的前提上的。它忘记了当一个政治家处理政治事务时,他在思考着并在其行动中体现自己的思想。"① 他认为"启蒙运动所构想的绝对理性的人,是不真实的。事实通常是,一个人既是理性的又是激情的,没有纯粹理性和纯粹激情的人。人的激情,是一个理性存在物的激情;人的思想,是一个激情存在物的思想。进一步讲,没有激情,就没有理性和行动"②。

我们现在以负责决策建造碉堡的军官的思想活动为例,说明柯林武德上述观点。在研究这个历史事件时,历史学家的任务是,发现军官建造碉堡的目的:他是要将碉堡作为军队的露营地呢?还是作为军队物资供给和转运处呢?还是为了抵抗敌军的强大火力进攻呢?无论历史学家选择哪种目的作为军官建造碉堡的解释,他都是在对军官的思想进行洞察。军官决定建造碉堡时,会流露自己的思想,这主要表现在他对碉堡性质的理解上。军官要将碉堡作为露营地和作为战争时的防护设施,他指挥建造时的心情当然是不同的。当然军官心情的不同,除了建造目的外,也有外部环境的影响,比如此例中的士兵训练需要和战场上你死我活的拼杀局面。不管怎样,军官在进行决定建造碉堡的思想活动时,都是伴随着相应的感情的。

柯林武德对此作出的解释是:"碉堡一般来说是抵御某些危险的保护设施。任何一种特殊类型的碉堡,都能防御特定种类的危险。意识到一个碉堡的目的是防御危险的人,当然也会有伴随这种思想活动的某些感情。如果这个人意识到这个碉堡是新建的、精心制造的,那么他会在原

---

① R. G. Collingwood, *The Principles of History*, in R. G. Collingwood, *The Principles of History and Other Writings in Philosophy of History*, p. 77.

② R. G. Collingwood, *The Idea of History*, p. 117.

有感情基础上再产生其他感情。对负责建造碉堡的军官来说，这些感情本质上与他的思想活动相联系。而且如果我们知道军官的思想是什么，我们就知道他所经历的基本感情是什么。"① 对于思想与情感或者说理性因素与非理性因素的关系，柯林武德的基本立场是：

> 在认识到自身理性的过程中，心灵也认识到自身存在的非理性因素。它们不是身体，是心灵。但它们不是理性的心灵和思想。用一个古老的区分，它们是区别于精神的心智或灵魂。这些非理性因素是心理学的研究对象。它们是我们自身内部盲目的力量和活动，是意识到正在经历自身的人类生活的一部分。但它们不是历史过程的一部分：感觉区别于思想，感情区别于观念，欲望区别于意志。这些非理性因素对我们的意义在于，它们形成了我们的理性在其中存在的外围环境。它们是我们理性生活的基础，而不是理性生活的组成部分。②

一切历史都是思想史，是指历史不仅是对单纯历史事件进行的理性反思，也包含对历史事件所处的价值和情感背景进行认识和体验。历史因此也就不是对历史事件的单纯描述，而要从一定立场对历史事件进行价值评价。一切历史都是思想史这个原则所要求的理性反思，没有排除历史事件自身所蕴含的价值和情感因素，也没有阻止历史学家对历史事件作出价值判断。一切历史都是思想史的深刻内涵，包含对历史事件进行理性思考和价值判断这两层含义。

柯林武德认识到价值判断对历史学的必要性，在一份写于1936年的手稿中指出："圣·奥古斯丁从一个早期基督徒的角度，考虑罗马史；提累蒙特从一个17世纪法国人的角度，思考罗马史；吉本从一个18世纪英国人的角度，研究罗马史；蒙森从一个19世纪德国人的角度，钻研罗马史。问哪一个人的观点是正确的，是没有意义的。每个观点都是提出那个观点的人所接受的唯一可能选择。"③ 他的意思是，每位历史研究者

---

① R. G. Collingwood, *The Principles of History*, in R. G. Collingwood, *The Principles of History and Other Writings in Philosophy of History*, p. 68.
② R. G. Collingwood, *The Idea of History*, p. 231.
③ R. G. Collingwood, *The Idea of History*, p. xxii.

都要根据自己所处的社会立场和价值观念，对历史事件进行理解和价值判断。历史学家所处的社会不同，对同一历史事件所作的解释可能也会不同。这在一定程度上是因为，不同的社会赋予他不同的价值观和价值评价标准。

柯林武德提出一切历史都是思想史这个原则，在牛津与剑桥历史学派大行其道的英国历史学界，有振聋发聩之效。他认识到这些披着"科学"外衣、声称自己著作没有任何价值倾向性的人，受实证主义传统影响所存在的缺陷。如前所述，即使是兰克本人也是有政治倾向性的，在他的历史著作中也并没有做到完全客观中立，并没有完全"如实直书"。当代美国史学史家伊格尔斯指出："兰克把历史学看作是一种严格的科学这一概念，是以一种紧张的对立关系为其特征的，即一方面是显然要求严格排斥一切价值判断和形而上学的思辨的客观研究，另一方面又有实际上在左右着他的研究工作之隐然的哲学上和政治上的前提设定。"① 因此汤普森说兰克是"19世纪产生的'偏见'最大的历史家之一。在超然而'公正的'兰克与他那些坦率地偏向一方的同事及同时代的人们之间的唯一的区别，只不过是后者如特雷新、特赖奇克、聚贝尔等的偏见更为直言不讳，对他们的职责的认识更清楚一些而已"②。

汤普森对兰克的这种评价虽有些草率，但一定程度上也纠正了学界在认识兰克方面存在的误区。当然，这有时代条件和社会环境的限制，我们不应否认兰克的成就，因为这是时代的要求和产物。"有人一直在说所有历史都是穿着不同装束的当代史。我们知道，这种说法并非空穴来风。杰出的西奥多·莫姆森笔下的罗马帝国，是同样反映了新的德意志帝国的、1848年代的一部德国自由史。在尤利乌斯·凯撒的背后，我们看到了俾斯麦的身影。罗纳德·赛姆的研究更是这种类型。他所写的凯撒，就是法西斯独裁的身影。"③ 由此可见，历史学家是由其所处时代塑造的，其研究也必然反映当时社会的要求。

柯林武德认为历史学是人类的自我认识。人类行动是有成功与失败、

---

① 〔美〕格奥尔格·伊格尔斯：《二十世纪的历史学：从科学的客观性到后现代的挑战》，第26页。
② 〔美〕J. W. 汤普森：《历史著作史》，第三分册，第253—254页。
③ 〔英〕埃里克·霍布斯鲍姆：《史学家—历史神话的终结者》，马俊亚、郭英剑译，上海，上海人民出版社，2002年，第263页。

善良与邪恶等分别的，因此历史学也就少不了对这些行动作出价值判断。"历史学家不能摆脱判断行动价值的必要性。他当然不是作为一个参与者去判断，而是作为一个不偏不倚的观察者。他作为判断者的公正性，使他宣布一些行为是得当的，一些行为是不当的。这种判断行为，与历史学家有目的地进行的历史研究不是背道而驰的。进行判断是历史研究不可忽略的一部分，除非将全部研究变成一个错误的抽象过程，这种抽象进而将事件与行动剥离开来。在这种意义上，评价历史事实也就是确定历史事实。世界历史就是世界法庭的谚语是正确的。"① 席勒的名言"世界历史就是世界法庭"，意思是认识世界的历史，就是对世界历史作出价值判断。这表明价值判断对历史认识的必要性。柯林武德指出，这种必要性"在某种意义上并不总是为人所知"②。

柯林武德认为人类是理性的，人类在根据自己的理性行动时，也伴随着相应的情感，如意气昂扬或垂头丧气，明智或愚蠢等。历史学家除了要认识历史人物行为中的理性目的外，也要了解伴随这种行为的情感并对其作出评价。例如一位军队将领在与敌人战斗时，是否完成了自己预先制定的作战计划？在多大程度上实现了自己的目的？这位将领是以怎样的感情来执行自己的计划的，是胸有成竹、感到胜券在握，还是背水一战、感到前途未卜？回答这些问题，需要历史学家认识这位将领所处的战局，以及他对战局作出的理性分析和所持的情感态度。

在这个意义上，一切历史都是思想史也包含情感的历史。但柯林武德在论述历史包含情感因素时，就没有从理性方面阐述这个命题时那么系统了，给人一种仓促之感。像德雷一样，我们仍需追问的是："柯林武德在何种意义上将非理性行为看作一个合理的历史学题材？……换句话说，他在何种意义上认为非理性行为表达出来的思想是可以重演的？"③柯林武德自己的回答是，只有那些作为理性活动陪衬、在历史发展过程中留下历史证据的非理性行为能够成为历史学题材。他对这一观点着墨不多且本身似乎有诡辩的味道，以至于学者们常常忽略它。这涉及从本体论与认识论层面理解过去与现在的关系问题。与柯林武德同时代的迈

---

① R. G. Collingwood, *Speculum Mentis, or The Map of Knowledge*, p. 218.
② R. G. Collingwood, *The Idea of History*, p. 219.
③ William H. Dray, "Broadening the Historian's Subject-Matter in *The Principles of History*", *Collingwood Studies*, Vol. 4. (1998), p. 5.

克尔·奥克肖特较为妥善地处理了这一问题。

柯林武德特立独行的行事风格并未妨碍其观点与同时代其他学者观点的同质性。除前述金蒂利、鲁吉奥和布莱德雷外，另一位重要学者是英国政治学家迈克尔·奥克肖特。威廉·约翰斯顿将奥克肖特看作柯林武德的学术后继者。这种观点基于分析柯林武德《精神镜像或知识地图》对奥克肖特《经验及其模式》的影响。① 笔者在此搁置这种学术师承关系，扩大学术文本比较范围，将后期柯林武德相关著述纳入这种比较之中，以期从史学理论方面有效解释他的学术观点。

二者都超越过去与现在二分法，强调现在在认识过去过程中的意义。柯林武德认为："历史学的最终目标并非认识过去，而是理解现在。历史学家所做的是查明自己面对的一定事物状态，并说'这是不争事实；我不理解事情为何如此'。这使他历史地思考它，叙述其起源。这就是解释。"② 奥克肖特指出："历史中的过去总是一种推断；它是判断的产物，因此属于历史学家的当下经验世界。历史学家所拥有的是他当下的观念世界，历史的就是这一世界的构成要素，否则就不是任何东西。因为在历史推论中，我们并不从现在的世界进入到一个过去的世界当中；经验中的运动总是当下观念世界之内的运动。在历史经验中，不可能分离出任何仅仅是过去的成分来，因为仅仅是过去的东西只不过是一个矛盾体；没有什么东西不具有彻头彻尾的当下性。"③ 历史学家当下的个人经验塑造了他对过去的认识。

二者都认识到历史证据在历史认识中的规约作用。对柯林武德来说，历史证据是历史学家构建的想象之网上"固定的点"。历史学家解读资料的能力与历史证据本身共同决定了历史知识的面貌。"正是历史学家对过去的描述、他自己先验想象构建的结果，证明其构建中所用资料的合理性。这些资料之为资料，也就是获得信任，只是因为它们以这种方式被证明为合理的。"④ 奥克肖特认为："历史所拥有的是'证据'；除此之外别无他物。这不是纯粹的方法论怀疑主义；历史并不仅仅假定证据之

---

① 请参阅：William M. Johnston, *The Formative Years of R. G. Collingwood*, pp. 69–70.

② R. G. Collingwood, "History as The Understanding of The Present", in R. G. Collingwood, *The Principles of History and Other Writings in Philosophy of History*, p. 140.

③ 〔英〕迈克尔·奥克肖特：《经验及其模式》，吴玉军译，北京，文津出版社，2005年，第107页。

④ R. G. Collingwood, *The Idea of History*, p. 245.

外别无他物。超出证据之外的东西实际上是不可知的,是不存在的。历史中为人所知的东西并不是'已是的东西',亦即不是'实际发生的事情',我们对这样的事情一无所知;历史中为人所知的东西仅仅是,并且完全是'证据'迫使我们相信的事情。"① 柯林武德的想象、奥克肖特的经验是历史证据使用方式的决定因素。

思想或观念是二者界定历史学的主要维度。柯林武德对历史学意义的分析是:"最广泛意义上的历史学——历史学家的历史学——是一个我已熟知其性质与方法的事情。它一直是人的历史,特别是精神活跃的人的历史,随意组织并重塑生活的人的历史。它靠解释文献进行下去,这些文献被看做表达人类精神的著作。它的目标是在一个现在的思想活动中重构过去的思想。这过去的思想使现在为其所是。因而,它一直将现在作为兴趣中心并致力于解释现在。此处的现在不是像 2 + 2 = 4 那样的永恒的现在,它是实际的现在、就是此刻,不是昨天也不会是明天。"② 奥克肖特所界定的"历史是一个世界,是一个观念世界。历史始于一个观念世界;进入历史学家视野的不是一些分离的、无意义的东西,也不是一些纯粹的'材料'。历史的明确目标是使一个给定的世界变得更加成为世界,使其变得具有连贯性。这样,事件的过程不是历史的材料,而是历史的结果;或者更准确地说,它既是材料也是结果。事件过程不是由前后相继的事件所构成的一个纯粹的系列,而是一个由相互依存的事件所构成的世界——这些事件共存于历史学家的头脑中"③。

柯林武德与奥克肖特共有的唯心主义立场在一定程度上能解释上述相似的学术立场。奥克肖特 1933 年出版的《经验及其模式》是一部哲学著作,从哲学角度探讨了历史、科学与实践三种经验模式的特征及相互关系。这种立场相当于柯林武德在《精神镜像或知识地图》中赋予哲学的"立法者"角色:哲学与宗教、艺术、科学、历史学同为人类经验形式,但它也是其余四者内涵与外延的界定者。在这部著作之后,柯林武德则日益成为历史知识的"剧中人",尤其是其后期主张的历史学与哲学同一,使我们阅读他的史学理论著作没有感觉到那么明显的隔阂。柯

---

① 〔英〕迈克尔·奥克肖特:《经验及其模式》,第 106 页。
② R. G. Collingwood, "Notes Towards a Metaphysic", in R. G. Collingwood, *The Principles of History and Other Writings in Philosophy of History*, p. 126.
③ 〔英〕迈克尔·奥克肖特:《经验及其模式》,第 98 页。

林武德是一个学术个体，更是一个隶属于其所处时代学术共同体中的学术个体。将这一个体放置在其所属集体中审视，有利于我们更清晰地认知他。这一点不仅适合于理解柯林武德本人，也适合于理解他的历史知识观。

第四节 历史视角：个人与社会

一切历史都是思想史。那么这种历史认识的视角是什么，个人还是社会？柯林武德指出，只有理性的、深思熟虑的人类活动，才能进入历史研究领域。历史学的研究对象是反思的行动，是理性的个体努力实现由其理性决定的目的过程中作出的行动。依此理解，他强调从个人视角理解历史。即使他所使用的个人这个术语，是复数形式，我们似乎也可做此种理解。他因此也常常被看作方法论上的个人主义者，也就是他的史学理论只适合解释个体的、短时段历史，不适合解释集体的、长时段历史。这种评价认为，他忽视了历史认识中的社会视角。与此相对，笔者认为柯林武德在历史认识过程中，既注意到了个人，也没有忽略个人所处的社会。那么，我们首先遇到的问题是，他被看作方法论个人主义者的原因是什么，也就是说，他历史认识中的社会视角为什么被忽略？他对历史学的认识能够为我们提供这一问题的答案。

柯林武德对历史学的认识，经历了从一种经验形式到一门学科的转变。在《精神镜像》（1924年）中，历史学是人类五种经验形式之一。其余的四种经验形式分别是宗教、艺术、科学与哲学。他此时关注历史学与这四种经验形式之间的关系。历史学研究因此被他看作经验性的。"历史学的对象是这样的事实。确定遥远时空中的事实，不是历史学的本质，而是其顶点。正是历史精神的这种英雄主义与虚张声势，挑战经验的限制。正如我们在艺术、宗教、科学中所看到的发展一样，历史学领域也有从感知，通过编年记录和备忘录，到这种最高意义上的历史学的发展过程。"[1]

即使历史学具有挑战经验局限的英勇精神，历史学家最终还是无法获得一种普遍的、无所不包的历史。"作为一个无限整体的普遍的历史，当然是不能获得的。就让我们面对这个事实吧。我们还剩下什么呢？个

---

[1] R. G. Collingwood, *Speculum Mentis, or The Map of Knowledge*, p. 211.

体的历史，这个或那个特殊时期或单一状态的历史。这些个体不是原子，它们也不是由原子组成。它们是真正的个体，是整体的微观世界。但整体不存在，这些个体也就不存在。我们在此发现历史对象所表达出来的真正本质，对于其部分被错误构想的虚幻整体来说，仍然是正确的。"① 柯林武德此处的分析是有道理的：我们无法从无限的、整体的视角去认识整体的历史，就只能从个体角度透视整体的历史。此处普遍的历史，整体的历史，相当于以黑格尔等人学说为代表的思辨的历史哲学。这种普遍的历史，在柯林武德时代遭到质疑。

柯林武德隶属于从思辨的历史哲学到分析的或批判的历史哲学的转型过程。在他看来，历史学要从整体上对历史发展的路线和方向作出总体解释已经是不可能的了。即使是能够作出这种解释，其可信性也是令人怀疑的。"只要我们要写历史，我们必须要求认识历史的本来面目。我们已经看到，事实的本来面目是无法得到的。历史学作为一种知识形式也就不能存在了。"②

因此，柯林武德将这个整体中的历史个体看作历史认识的适当视角。这里的整体是指本体论意义上的历史。个体是指在人类历史发展过程中所发生的事件、革命与战争等。个体此时的外延是包括个人的，又大于个人的范围。而个人相当于黑格尔所谓的"世界历史人物"，是历史中的上层人物，包括国王、政治家、军事家、外交家等。因而，我们这里所探讨的个体与整体的外延，分别包含个人与社会，但又大于个人与社会。整体与个体的内涵是相对而言的，出现于人类历史发展过程中的所有事件，都可以看作历史整体中的个体。但这些个体也包括长时段的历史事件，它们相对于事件中的个人来说又可以被看作整体。例如，清代康熙、雍正、乾隆三朝皇帝，为了排除位于清朝西北边陲的准噶尔汗国对边境的侵扰，进行了攻打准噶尔的战争。直至乾隆二十年，最终平定准噶尔汗国，才解除了清朝西北部的边疆危机。就这一历史事件来说，当然是人类历史上的一个个体，但作为一个历时康雍乾三朝的历史事件，它对于处于这个事件中的康熙、雍正、乾隆、岳钟琪、傅尔丹等人来说，无疑又是一个整体。

柯林武德侧重从个体视角去认识整体历史。他此时确实忽略了认识

---

① R. G. Collingwood, *Speculum Mentis, or The Map of Knowledge*, p. 234.
② R. G. Collingwood, *Speculum Mentis, or The Map of Knowledge*, p. 238.

历史的整体视角，因为历史哲学从思辨的到分析的或批判的转向，已经使试图勾勒人类整体历史发展状况的尝试过时并遭到质疑。在上述历史哲学转型背景下，随着学术实践发展，柯林武德也逐渐从关注"历史是什么样子的"，转移到关注"如何去认识历史了"。这种转变与他自身思想发展历程相契合，与他对历史学的认识有关。上文分析柯林武德思想发展阶段时，笔者指出柯林武德经历了由实在论向唯心主义的转变，是他历史认识发生改变的原因所在。

在这一历史认识转变之下，《历史的观念》主要回答"历史是什么"这个问题，阐述的是历史学的独立性。柯林武德在该书第一到第四部分，分析、评判从古希腊到现代的历史观念，就是为了阐述他自己对历史学的理解：历史学是不同于自然科学的，可以靠自身的理论与方法保持独立性。而《史学原理》回答的主要是"历史学怎么样"这个问题，主旨在于说明历史学的独特性。从柯林武德遗留下来的《史学原理》写作计划看，他通过该书主要是阐明历史学作为一门专业学科的特点，历史学与其他学科的关系，以及与现实生活的关系。现在出版的《史学原理》，证明柯林武德是致力于阐述历史学的独特性这一主题的。

后期柯林武德关注的是历史认识论领域的问题，注重阐释历史学的性质、研究对象与方法等问题。在进行这些探讨的过程中，他以反对混淆自然过程与历史过程为出发点，提出一切历史都是思想史的主张。他批判了德国与法国的史学运动，因为它们没有区分自然过程与历史过程。"现代法国运动最终陷入了与德国运动相同的错误。它们最终都混淆了精神与自然，没有区分开历史过程与自然过程。但德国运动试图客观地发现存在于思想者精神之外的历史过程。他们没有成功，因为历史过程并不位于精神之外。法国运动试图发现，主观地存在于思想者精神之中的历史过程。他们没有成功，因为陷入了思想者的主观性中。历史过程因此就不再是一个知识过程，变成了一个知觉经验过程：它变成了一个仅仅是心理的过程，一个感觉、感情的过程。"①

柯林武德在此基础上强调研究他所谓第二度历史的必要性。"如果不研究我所谓的第二度历史，也就是关于历史思想的历史，那么我们就不应研究任何历史问题。这也是个十分明显的标志。任何大学生如果不收

---

① R. G. Collingwood, *The Idea of History*, p. 190.

集其他人有关马拉松战役的评论，他就不能写出一篇有关马拉松战役的论文交给自己的指导老师。如果他的准备工作做得好，得到的将是有关马拉松战役的研究史。这个研究叙述已经提出的不同'理论'，以及其中的一个理论由于'困难'是如何被放弃的，另外一个理论是怎样试图去解决那些困难的。第二度的历史或史学史，逐渐对我越来越重要。最后，第二度的历史成为确定的概念，我将各种形式的'历史批判'概念分开。正如哲学批判将自身分解为哲学史，历史批判也将自身分解为史学史。"①

柯林武德强调第二度的历史即史学史的意义，因为历史研究的对象是作为个体的人，而这些个体的人在历史活动中表达思想，这些思想形成的结果是历史事件。他将视线转移到人类领域，强调人类活动的个体性，首先表现在他对历史学目的的认识上。历史学的目的是什么，是个棘手的问题，柯林武德给出的尝试性答案是："历史学是'为了'人类的自我认识。历史学对那些将要进行自我认识的人，一般被看作是重要的：认识自我，不意味着仅仅认识自己的独特性，将自己与其他人区别开来的那些东西，而是意味着认识他作为人的本性。认识你自己意味着，首先，认识成为一个人的意义；其次，认识成为你所是的人的意义；再次，认识你所是与其他人不是这样的人的意义。认识你自己，意味着认识你能做什么。因为在作出尝试之前，没有人知道自己能做什么。人能够做什么的唯一线索是，人已经作出的事情。那么，历史学的价值在于教导我们人做了什么和人是什么。"② 因而，历史学研究不能仅仅局限于历史事件，而要透过这些历史事件去挖掘其中表达的思想。同语言一样，个人也是表达思想的载体。

柯林武德通过阐明自己对历史中的人的认识，说明历史学的目的。历史中的人是具有独特性的个人，但这些个人是复数的，潜在地指每个在历史活动中表达出自己思想的个人。"一个开办工厂或银行的人，是以我们能够理解的目的在行动。对于人们从他那里领取工资，购买他的商品或股份，或者到他开办的银行办理存款取款业务，这些人的目的我们也能够理解。如果我们被告知工厂出现罢工或者银行发生挤兑现象，我

---

① R. G. Collingwood, *An Autobiography*, pp. 132 – 133.
② R. G. Collingwood, *The Idea of History*, p. 10.

们能够在我们的头脑中，重新构建采取这些集体行动的人们的目的。"①一切历史都是思想史，不仅意味着发现历史中某个具体个人的思想，也意味着发现某个时代条件下的由个人组成的集体的思想。因此，一切历史都是思想史所包含的历史视角，除了个人之外，也包含个人所处的社会。

柯林武德在举例说明历史认识的对象与方法时，指出历史认识的个人视角："历史知识并非仅仅关注遥远的过去。正是通过历史思考，我们重新思考因此也重新发现汉谟拉比或梭伦的思想。正是以同样的方法，我们发现给我们写信的一个朋友的思想，或者是一个穿越街道的陌生人的思想。历史学家不必成为他所要研究的那个人。阅读我十年前所写的，我通过历史思考能发现我当时所想的；反思我五分钟前的行为，通过历史思考我能发现我当时的想法……同样的历史方法，是我认识另一个人的精神或集体精神（无论这个短语的准确意义是什么）的唯一方法。"②

在一切历史都是思想史这个原则下，柯林武德也注意到历史认识的社会视角。例如，在分析一个人因怕鬼不敢穿越山脉时，他考虑到社会传统的影响："如果一个人不敢穿越山脉，是因为他害怕其中的魔鬼的话，那么历史学家在几个世纪后对他讲：'这完全是迷信。那儿没有魔鬼。面对事实，并认识到除了岩石、水和雪，可能有狼和坏人外，山中并没有魔鬼。'这是件愚蠢的事。历史学家说这些是事实，因为那是他被赋予的思考方式。但是害怕魔鬼的人说，存在魔鬼是个事实，因为那也是他被赋予的思考方式。历史学家认为那是一个错误的方式；但是错误的思考方式恰恰与正确的思考方式一样，都是历史事实，并且正如它们决定了具有这种思考方式的人所处的情境（通常是思想情境）一样。事实的确定性在于，人不能以其他方式思考自己的情境。作用于那些将要穿越其中的人身上的'山中有鬼出没'这种思想，在于他们禁不住相信鬼存在这一事实。这无疑是纯粹的迷信；但这个迷信是事实，我们正思考的情境中的重要事实。"③ 对于这里提到的穿越山脉的人来说，山里有

---

① R. G. Collingwood, *The Idea of History*, p. 310.
② R. G. Collingwood, *The Idea of History*, p. 219.
③ R. G. Collingwood, *The Idea of History*, p. 317. 柯林武德在《史学原理》英文版第100页中，也提到了"魔鬼"的例子，大意是：人的思维方式或信念，是传统熏陶的结果。无论你是否相信魔鬼存在，那都是你所处的社会传统影响的结果。

鬼是他所处的社会赋予他的认识，而且他也认为这是真的。因而，历史学家要准确地认识这个人的思想，就要考虑到他所处的社会对他的影响。山里有鬼是迷信观念，历史学家能够认识到这一点，但那个不敢穿越山脉的人所属的社会传统可能并没有赋予他这种认识。这是历史学家认识历史时需要考虑的社会因素。

柯林武德关于个体与整体关系的观点，类似于康德关于个体目的与整体目的的观点。"当每一个人都根据自己的心意并且往往是彼此互相冲突地在追求着自己的目标时，他们却不知不觉地是朝着他们自己所不认识的自然目标作为一个引导而在前进着，是为了推进它而在努力着；而且这个自然的目标即使是为他们所认识，也对他们会是无足轻重的。"①与康德相比，柯林武德史学理论中的整体或社会维度是隐匿的，需要经过文本阐释才能体现出来。

柯林武德在评述维柯思想时，肯定维柯将人类社会制度、语言、风俗等看作历史研究的对象。"维柯将历史过程看作，一个人类借以建立语言、制度、法律、政府等体系的过程。也就是说，他认为历史是人类社会及其制度起源和发展的历史。我们在此第一次达到了历史研究主题的近代观念……对于维柯来说，历史学不关注已经逝去的过去。历史学首先关注我们生活于其中的社会的实际结构，关注我们与周围人共有的风俗习惯。"②柯林武德没有对维柯上述观点提出异议，除了维柯的观点反对中世纪神意历史观的意义外，也表现出柯林武德认为人类社会制度、风俗习惯等是历史认识的适当视角。

柯林武德认识到了历史中的个人，也注意到了由这些个人所组成的社会。他在分析将社会进步理解为社会力量的缩小与个人力量的扩张这个错误认识时，说明了个人与社会的关系："这个错误严格来说是个哲学错误，通过赫伯特·斯宾塞进入社会科学领域，而且极大地妨碍了清晰认识文明生活与野蛮生活之间的关系。纠正这种错误在于认识到，个人自由、智力和自我依赖的任何增长，都自动地反映在社会中。这个社会不是神话式的超人类存在，而仅仅是处于相互联系中的诸多个体本身。"③这反映出柯林武德理论视域中个人与社会的关系是不平衡的，他

---

① 〔德〕康德：《历史理性批判文集》，何兆武译，北京，商务印书馆，1990年，第2页。
② R. G. Collingwood, *The Idea of History*, pp. 65–66.
③ R. G. Collingwood, "A Philosophy of Progress", p. 119.

更多强调的是"个人视角中的社会"或"通过个人反映出来的社会"。因而,学界将柯林武德看作方法论上的个人主义者是有其缘由的。即便如此,分析柯林武德的整体观或对社会的理解仍是必要的。

而且,在柯林武德《新利维坦》第二部分"社会"中,有一章的题目就是"作为集体意志的社会"。其中对社会内涵的分析是:"一个从事一项集体事业的人,有对事业整体认识的一般看法和对这个事业中自己所扮演角色的具体看法。如果他没有这两种想法,他就没有社会意识。没有社会意识,就不会有社会。但它们并非同样正确。在全部事业中,个人只有一个'一般'(相对模糊和不确定的)看法;在个人角色中,他有个'具体'(相对明晰和确定的)看法。为了承担自己的角色,个人必须足够了解自己所扮演角色的性质。除此之外,他对全部事业只需有个模糊的认识。他必须知道,有个整体;但他不必知道,这个整体是什么,除了他自己属于这个整体这点之外。"① 柯林武德这样界定整体,为他规避整体视角提供了理论支持。由此,个体与整体或个人与社会之间的张力关系,在其理论体系中就不存在了。

柯林武德提出一切历史都是思想史,是对他所面对的实证主义传统的反抗。与实证主义强调规律性和普遍性相对,他强调个体性和特殊性。但他所说的个体也不是彼此孤立的单子,彼此之间是紧密相联的。他对历史中个体的理解是:"历史学是有关个体的知识这个含糊的表述,立刻要求一个太宽同时也太窄的适用领域。这个领域太宽是因为,感知到的物体、自然事实和直接经验的个体性都超出了它的范围。最糟糕的是因为,历史事实和个人的个体性也同样超出了它的范围,如果个体性意味着历史事实独特性的话。这个领域太窄是因为,它排除普遍性,它仅仅是一个事件或人物的普遍性。这种普遍性使这个事件或人物,成为历史研究的适当和可能的对象,如果我们用普遍性指超越地域和时间局限,而对所有时代的所有人都有意义的性质的话。这些无疑也是模糊的表述,但是它们努力描述真实的事情:也就是说,以思想超越其直接性的方式,在其他背景中存在和复活。这些表述尝试着表达这样的真相,个体行为与个人出现在历史中,不是因为它们的个体性,而是因为那种个体性是思想的媒介。那种思想实际上是它们的思想,潜在地也是每个人的思

---

① R. G. Collingwood, *The New Leviathan, or Man, Society, Civilization and Barbarism*, p. 149.

想。"① 柯林武德所说的个体是集体中的个体，这个集体是以一定方式联系起来的个体集合，相当于人类社会。

柯林武德反对关注规律性而忽略历史事件独特性的实证主义传统，强调历史认识中的个体性，注重从个体角度理解历史。"在历史中寻找情节，意味着从个体性方面来理解历史，将历史中的每个事件看成是，一个不可替代和独特整体中的一个不可替代和独特的因素。然而在历史中寻找普遍法则的例证意味着，没有理解到历史的个体性，而且将每个事件仅仅看作一个现成类型的复本，将整体看作这样复本的一个混乱的集合。这种抽象的普遍性，有时被设想成向历史的个别性的一个前进，反过来也是如此，因为个体不仅代表特殊性，也代表普遍与特殊的综合。"②

人类社会是由处于相互联系中的个体组成的，其中任何一个个体都不能脱离其所处的社会而仅仅被孤立地理解。"如果我关于朱利叶斯·凯撒的思想不同于蒙森关于凯撒的思想，历史学如何保持真正知识的地位呢？一定不是我们中的一个人错了吗？是的，因为对象不同了。我的历史思想，是关于我自己的过去的，不是关于蒙森的过去的。蒙森与我共同拥有很多事情，在很多方面我们拥有共同的过去。但是只要我们是不同文化与时代中的不同人物与代表，我们就拥有不同的过去，蒙森的过去中的每件事，在进入我的过去之前，必须经历一个轻微的变化。"③ 柯林武德在这段论述中指出，由于时代背景的差异，不同时代的历史学家看待同一历史事实时，认识必定是不同的。这种观点也表明他重视时代与社会环境因素及其对个人的影响。

柯林武德从个人与社会角度比较全面、系统地阐释了获取历史知识的视角与方法。这其中涉及历史中的个体、个体之间、个体与社会之间的互动关系。他将理性因素即历史当事人的目的看作理解整个历史的核心。爱德华·卡尔在这方面对他作出了较为公允的评价："历史事实确实是关于个体的事实，但不是关于孤立地表现出来的个体行动的事实，不是关于个体认为自己行动中表现出来的或真或假的动机的事实。历史事实是关于社会中个体间联系的事实，关于推动个体行动的社会力量的事

---

① R. G. Collingwood, *The Idea of History*, p. 303.
② R. G. Collingwood, "The Nature and Aims of a Philosophy of History", p. 40.
③ R. G. Collingwood, "The Philosophy of History", p. 139.

实。个体行动常常不同于他们所要实现的目的，有时甚至与之完全相反。柯林武德历史观最严重的错误之一是，假设要求历史学家研究的行动背后的思想是历史当事人个体的思想。这是一个错误的假设。要求历史学家研究的是促使行动发生的原因，自觉的思想或个体行动者的动机可能完全不能解释行动发生的原因。"① 卡尔的评价既分析了柯林武德观点的合理性，也指出了其过于强调理性因素与个体视角的片面性。

但卡尔在此之后指出："历史学家真正感兴趣的不是特殊，而是特殊之中的普遍。历史学家们在20世纪20年代讨论"一战"原因时依据的假设是，"一战"或者由于秘密工作且不受公众观点控制的外交官的工作失误，或者由于世界不幸地划分为各个主权国家。在30年代的讨论中依据的假设是，为资本主义压力驱使的帝国主义国家之间，在瓜分世界过程中形成的敌对态势。这些讨论都涉及战争原因的概括或者20世纪的国际形势。历史学家不断用概括来验证他的证据。"② 卡尔的这种观点仍然将柯林武德视作只关注特殊、不关注普遍的方法论上的个人主义者。笔者认为卡尔此处对柯林武德的观点存在误解。德雷的评价更为中允："尽管柯林武德史学理论的范围可能比历史学家关注的全部内容窄，但他的理论绝不局限于'格莱斯顿和迪斯累利'类型的史学。它也能在社会史和经济史领域发挥作用，在其他个体不具名的领域发挥作用。"③ 这是因为柯林武德主张个体只有在整体之中，特殊只有在普遍之中才能得到理解。

在这种意义上，"历史学也提供一种研究人们个体与群体范围上的身份认同问题。历史学的这种功能在某些方面与精神病学和心理分析相似，因为这些领域也提供认识有意识、明确的过去来澄清现在的人类行为。正如精神病学家与心理分析家通过认真检查被压抑或无意识的记忆来处理反常的或混乱的行为一样，历史学家试图通过检查人类的历史来更全面地理解人类的行为。英国哲学家与历史学主张，人类没有自然，只有历史。作为可塑的生物，人类是由其经历决定的。即使考虑到一定程度的夸张，柯林武德有一种令人信服的观点。历史经验在重要方面塑造与

---

① Edward Hallett Carr, *What Is History?*, New York: Vintage Books, A Division of Random House, 1961, pp. 64–65.
② Edward Hallett Carr, *What Is History?*, p. 80.
③ William H. Dray, *Philosophy of History*, New Jersey: Prentice Hall Inc., 1993, p. 21.

影响着人们的认同"①。这回答了历史学的学科效用问题。

关于个体与整体的关系,也涉及柯林武德与后现代主义者之间立场的差别。"奇怪的是,詹京斯与其他人预示的立场比他们表达的更为极端。相反,早期学者像柯林武德,否认后现代主义者们宣称或论证的历史想象重建的网络中没有固定的点的观点(柯林武德1993年,第244页)。对柯林武德来说,孤立的个体历史断言最终都是历史整体中不被认可的抽象,然而缺少了整体,它自身就没有意义了。然而,广泛的共识是,'对事实与更大的历史图景'的相对孤立的个体断言之间是存在某种差别的。对后现代主义者来说,这种差异的原因和意义是什么?詹京斯论述任何语境'最终都是被想象或发明的;不同于事实,这些语境从不能最终被确定为……有意义的。这里的有意义是指所有历史解释必须包含部分到整体或整体到部分的关系'(詹京斯1995年,第19页)。"②这体现出柯林武德的史学理论立场是建构性的,承认个体之间的联系以及借由这种联系理解社会、理解历史的可能性。后现代主义者的观点则完全相反,秉持解构论立场,这使柯林武德的史学理论观点成为后现代主义者在解构历史知识过程中攻击的主要标靶。

---

① Mark T. Gilderhus, *History and Historians: A Historiographical Introduction*, New Jersey: Prentice Hall, 2003, pp. 7 – 8.
② James Connelly, "Postmodern Scepticism, Truth and History", in Alexander Lyon Macfie ed., *The Philosophy of History: Talks Given at the Institute of Historical Research, London, 2000 – 2006*, New York: Palgrave Macmillan, 2006, p. 193.

第四章 历史思想的重演

第一节 重演思想的学术来源

柯林武德著述逻辑思维清晰，语言简明而不晦涩，但在关键命题与术语运用上总给学界的误解留下野蛮生长的空间。与一切历史都是思想史这一主张一样，重演思想在英语与汉语语境中都曾遭到误解。在西方学界，重演思想曾被理解为一种直觉的甚至带有神秘主义色彩的历史认识方法。有学者甚至质疑重演思想在柯林武德史学理论体系中的地位。大卫·布歇在其早期著作《后期柯林武德哲学研究》中根本未提及这一思想。即使在后来的研究中，"布歇认为柯林武德在《史学原理》中对重演思想令人吃惊的沉默，可能由于重演思想很难应用在他分配给历史学的、范围扩大了的研究对象上"①。在国内学界，重演思想主要作为柯林武德一切历史都是思想史主张的伴生命题，未予足够关注。尽管这样，误解也还是存在的。柯林武德使用的 reenactment 一词，在《历史的观念》及《历史的观念》（增补版）中汉译为"重演"。Reenactment 有"再次扮演"的意思，在柯林武德文本语境中，其目的并非达到与历史当事人思想的完全同一，而是在历史学家主体预设的建构下实现有差别的同一。在此，reenactment 的另一汉语意思"再次设定"似乎更为合适。这也体现了柯林武德以历史想象为特点的建构历史学的旨要。

维柯提出了"重演"②的哲学涵义。"心灵，在穿越了它的进步历程之后，在从感觉顺利地上升到想象的和理性的共相之后，在从暴力上升

---

① W. H. Dray and W. J. van der Dussen, "Editors' Introduction", in R. G. Collingwood, *The Principles of History and Other Writings in Philosophy of History*, p. lxv.

② 维柯"重演"对应的英文术语是 reflux，涵义为"逆流、退潮"，结合文本语境有柯林武德的"重演"之意。

到平等之后，它遵循自己永恒的本性义无反顾地再次经历这一过程，沉陷于暴力和感觉之中，因此，它重新开始了自己的上升运动，重演出现了。"① 维柯的"重演"是在以人类心灵为根源的一系列形式变化（经济与法律，宗教与艺术，科学与语言）中体现出来的。柯林武德也有此种学术诉求，体现在《精神镜像》中所划定的宗教、艺术、历史、科学与哲学五种经验形式。只是柯林武德重演思想更为主观化、内在化了，客体要在主体思想之中得到解释，而非后者要在前者中寻找表现。

克罗齐认为，维柯以"重演"为根基的社会学理论与其要解释的历史事件之间是相互抵牾的，"历史因素在某种程度上就削弱了这种理论"②。这与维柯理论内容广泛，并非严整的理论体系有关。更为重要的原因是，维柯为了保持其理论的学术品格，断绝了其与实际生活的联系。理论与实践的分离，必然使维柯用以分析历史的理论缺乏解释力。维柯理论中蕴藏的"危机"成为柯林武德重演思想形成的"契机"。与维柯相反，他将历史思维方式看做整合诸学科或经验模式的学科平台，强调理论与实践的统一。重演思想就是其历史思考的根底。

与维柯相同，心灵在柯林武德理论中也占有重要地位，但它是其历史理论的分析对象，而非要证明的结果。心灵，在柯林武德这里并不具有维柯所赋予的那种本体论意义。柯林武德认为人类关于心灵的知识就是历史学，历史学家认识"他者的心灵"的过程不仅是发现的过程，更是一个建构的过程。与维柯的哲学与历史学研究呈现矛盾的状况相比，柯林武德的哲学与历史学研究则呈现出一种和谐关系。他通过阐释罗马史，来运用和检验其史学理论并为历史学研究树立样板。他通过哈德良长城修建的追问、对凯尔特人罗马化过程的反思，检验并例示了其史学理论观念。而对哈德良个人心灵与凯尔特人集体心灵的建构，就依赖其历史重演思想。柯林武德将历史思想的重演作为历史理解的基本程序，并且证明了以重演为根底的历史学与哲学是同一的。

狄尔泰"在《精神科学导论》中采取的立场是：历史学研究具体的个体，自然科学研究抽象的概括。这比文德尔班早11年。但这并没使他提出令人满意的历史哲学，因为他所思考的个体，被构想为孤立的过去事实，而没有被整合到一个真正的历史发展过程中"。柯林武德指出，未

---

① 〔意〕贝奈戴托·克罗齐：《维柯的哲学》，第82页。
② 〔意〕贝奈戴托·克罗齐：《维柯的哲学》，第83页。

将历史看作一个连续的过程是狄尔泰历史思想的缺点。这个缺点在温德尔班和李凯尔特那里也同样存在。狄尔泰"提出历史学家如何能在实际上完成认识过去的任务这个问题。历史学家从并不主动显示自身意义的历史文献和资料开始。这些资料给历史学家提供了唯一的机会,以使他自己在头脑中重新体验最初创造这些文献资料的精神活动。正是他自己的精神活动,以及与那种生活固有的丰富性相配,使他将生命力灌输到他所面对的僵死的材料中。真正的历史知识,是对其对象的内在经验;而科学知识,是努力去理解外在现象。这种历史学家存在于其对象中的观点,或者说使对象存在于历史学家内部的观点,相比于狄尔泰同时代德国人的任何成就而言,都是一个伟大进步"①。

但狄尔泰在英美哲学界的声誉并不太好。"狄尔泰的理解理论被误解为对历史当事人的同情,对他们所想所做的同情。因而,狄尔泰被指责为一种简单化的心理主义。英国哲学家柯林武德接受狄尔泰的理解理论,对狄尔泰的声誉是一件好坏参半的事。在柯林武德看来,理解限于理解历史当事人有意识的决定,且与一种历史知识极端主观主义的解释相联系。但更重要的是,狄尔泰的思想通常被归类为日益受英美学者质疑的历史主义传统。"② 柯林武德批判地继承了狄尔泰的观点。这使柯林武德在此基础上阐述的重演思想也遭受了与狄尔泰学术观点类似的处境:英美学界在研究柯林武德重演思想初期,误解柯林武德本意,将重演思想看作一种心理学意义上的、超验直觉的历史理解方法。

狄尔泰强调,在历史学家认识其历史对象时,要进行"同情式理解"和"体验"。按照这个方法,历史学家对历史的认识会更加深入和全面。但狄尔泰提出的这种观点还是存在缺陷的,"因为狄尔泰将体验理解为,有别于反思或认识的直接经验"③。柯林武德指出,狄尔泰试图用心理学的方法解释历史现象。这种心理分析的史学方法,正是柯林武德反对的。"现在,什么是心理史学?它并不是历史学,而是自然科学之中的一个特殊种类。它并不是为了叙述事实的目的而叙述事实。它的主要目的是证实规律——心理学规律。一个心理学规律不是一个事件,也不

---

① R. G. Collingwood, *The Idea of History*, p. 172.
② Ilsen N. Bulhof, *Wilhelm Dilthey, A Hermeneutic Approach to the Study of History and Culture*, The Hague: Martinus Nijhoff Publishers, 1980, p. 6.
③ R. G. Collingwood, *The Idea of History*, p. 172.

是一系列事件。它是一个支配着事件之间关系的不变法则。"① 心灵，对心理学来说是一个无思想的分析对象，而对历史学来说是一个有其思想轨迹的历史过程。

柯林武德将狄尔泰看作实证主义史学的代表之一。他的这种归类和概括，是令人心生疑问的。② 上述论证表明，狄尔泰将历史认识理解为对历史个体的"同情式理解"，但是将这种理解等同于对历史当事人经历的直接体验。柯林武德历史学研究对象的不在场性决定了历史认识是间接性的、推理性的，不是直接性的、感知性的。因而，历史学家认识历史当事人的思想，并不是在其直接性中重演当事人的思想活动。例如，一个历史学家要认识凯撒或拿破仑的思想，那么他不需要成为凯撒或拿破仑后再进行他们的思想活动，实际上这也是不可能的。历史学家需要根据自己拥有的有关凯撒或拿破仑的史料，在自己的头脑中构建他们当时所面对的情境，以认识他们的思想活动。

柯林武德的这种认识表明：一、历史学家是历史认识的主体，不能通过直接消融于其认识对象中来获得历史认知；二、历史学家重演过去的思想，不是直接重复过去的思想，而是在历史学家头脑中构建的情境里去重演。他认为，"作为一个历史学家，当我在自己的头脑中重新体验朱丽叶斯·凯撒的某个经历时，我不是简单地变成凯撒。相反，我是我自己，而且认识到我是我自己。我将凯撒的经历合并到我的个性中的方式，不是把我自己与他混淆在一起，而是通过将我自己与他区分开来，同时使他的经历成为我的。历史中活着的过去，存在于现在，但它不是存在于现在的直接经验中，而只是存在于现在的自我认识中"③。因而，"历史学家变成朱丽叶斯·凯撒或拿破仑是不够的，因为那样并不是对凯撒或拿破仑的认识。这正如历史学家是他自己，也并不是对他自己的认识一样"④。狄尔泰恰恰忽略了这一点。柯林武德纠正了狄尔泰存在的缺陷，认为思想重演并不是对历史当事人思想的原版复制，而是有差别的

---

① R. G. Collingwood, *The Idea of History*, pp. 29 – 30.

② 柯林武德的这种观点，在《史学原理》英文版的第86—88页、第108页等处都有阐述。对于柯林武德对心理学的攻击，赫恩肖教授针锋相对地为心理学作了辩护，具体内容参见：L. S. Hearnshaw, "A Reply to Professor Collingwood's Attack on Psychology", *Mind, New Series*, Vol. 51, No. 202. (Apr., 1942), pp. 160 – 169.

③ R. G. Collingwood, *The Idea of History*, p. 174.

④ R. G. Collingwood, *The Idea of History*, p. 172.

重演。

　　柯林武德强调有差别的思想重演，在一定程度上，是受克罗齐差异辩证法的影响。克罗齐提出差异辩证法，是为了补充和替代黑格尔对立统一的辩证法，"在克罗齐看来，精神（也即实在）的生展变化并不只是按照对立统一的辩证法展开的，与精神活动的四种形式相对应的美、真、益、善中的每一种固然是因为包涵并克服了与之对立的丑、伪、损、恶而得以成立的，但是精神活动的两度四阶段之间却是依照以下的差异辩证法的程序而不断生展变化的：理论活动［直觉（美）——概念（真）］——实践活动［经济（益）——伦理（善）］。其中的每一阶段都自成一体，各有自己的价值。较低阶段可以不依赖较高的阶段而独立，较高的阶段却必然包涵了较低的阶段于其中。精神永远在生展变化，由美、真而益、善，则理论而实践，实践活动又反过来提供了直觉的原材料，于是精神涵盖了全部实在，它的生展变化既是哲学又是历史"①。克罗齐的有差别的同一的观点，也体现在他对哲学概念的观点上：精神区分为直觉与思想，功利与伦理四种形式；它们是相异的，但不是相互独立的；概念的对立面是其自身构成的、必不可少的部分，例如，美的概念就包含其否定或对立面——丑。

　　在讨论同一个人在不同时间所进行的同一个思想活动和两个人所进行的同一个思想活动时，柯林武德在克罗齐的差异辩证法基础上，试图作出新的突破。他认为上述行动，并不属于同一种类的不同行动，而人们通常会认为，这些行动是同一种类的不同行动，是因为人们接受了有差别的同一这一教条。"这个教条并不是说，不存在有差别地同一这样的事物（没有人这么认为），而是说只有一种有差别的同一，也就是，数量上存在差异的同一种类。因此，批判这个教条，不在于证明这种有差别的同一不存在，而在于证明还有其他种类的有差别的同一，我们正在考虑的情形就是其中一种。"②

　　柯林武德举例对上述情况进行说明："假设在思考'角是相等的'五秒钟之后，思考者自己再想其他事物三秒钟。然后他再回到这个主题上来，再思考'角是相等的'。因为两个思想活动之间有个时间间隔，

---

① 彭刚：《精神、自由与历史——克罗齐历史哲学研究》，北京，清华大学出版社，1999年，第13页。
② R. G. Collingwood, *The Idea of History*, p. 285.

我们在此就有两个思想活动，而不是一个思想活动了吗？显然不是。有一个思想活动，这次不仅持续下来，而且在一个时间间隔后复活。当一个活动持续超过五秒时，在第五秒的活动正像因时间间隔而分隔开的第一秒的活动。因为在第一秒到第五秒之间的时间内，并没有出现不同种类的活动（如果那是可能的话），或者没有出现任何活动。"① 针对这个事例，我们分别说明克罗齐和柯林武德的态度，以表明柯林武德在克罗齐差异辩证法基础上所作的创新。克罗齐认为，中间有五秒钟间隔的两个思想活动，是属于同一种类的，只是数量上存在差异；柯林武德认为，中间有五秒钟间隔的两个思想活动，就是同一个思想活动，没有数量上的差异，这是因为思想活动本身具有的持续性。一个思想活动的持续性，是其能够在经历一段时间后，仍然保持原来的性质及状态。这是一个思想活动能够被重演的前提条件或者原因。

柯林武德提出有差别的重演，除了受克罗齐差异辩证法思想影响之外，与他自己构想到重演思想可能面对的反对意见有关。"反对者可能论证，重演过去的一个经验或再思考一个思想，可能意味着以下两件事之一。或者它意味着，扮演一个与前者类似的经验或进行一个与前者类似的思想活动；或者它意味着，扮演一个与前者完全相同的经验或进行一个与前者完全相同的思想活动。但是没有任何人能够经历与另一个人完全相同的事情，因此大概只有相似一种关系了。如果是那样的话，通过重演认识过去的学说，就只不过是我们熟悉和不信任的摹仿知识理论的一个翻版罢了。"② 因此，"为了认识欧几里德知道等腰三角形两个底角是相等的这个历史事实，我们不应去摹仿欧几里德的行为（也就是，做一个与欧几里德相同的行为），而要进行一个完全不同的行为：思考欧几里德知道等腰三角形的两个底角是相等的。因而我说我在自己的心灵里重演了欧几里德的认识活动，对于我如何设法完成这个行动的问题没有丝毫助益……如果重复欧几里德的行为，意味着再做一次相同的行为，那是没有意义的，因为一个行为不能被重复"③。

从维柯那里，柯林武德将历史思想的重演由客体的一种表现转变为历史学家的认识客体的一种能力；从狄尔泰那里，他将历史思想的重演

---

① R. G. Collingwood, *The Idea of History*, p. 286.
② R. G. Collingwood, *The Idea of History*, pp. 283–284.
③ R. G. Collingwood, *The Idea of History*, pp. 284–285.

由对过去的直接体验转变为历史学家对过去的间接性、推理性认识;从克罗齐那里,他将历史思想的重演由断裂的"多"转变为持续的"一";从潜在的反对者那里,他阐明了历史思想的重演不是过去思想的复制,而是对其再思考。

第二节 重演思想的前提条件

柯林武德要回答"历史知识是何以可能的"这个问题,重要的工作之一就是回答"历史学家重演过去的思想是何以可能的"这个问题。在他看来,历史学家重演过去的思想,是获取历史知识的重要步骤,这也是历史学与自然科学的区别所在。因为自然科学所研究的只是自然现象,只要说明自然现象之间的联系或规律就可以了,不存在也不可能存在阐明现象之间所存在的思想过程。历史学所研究的人类事件,是由可见的外部行动与不可见的内部思想过程构成的。历史学家所要做的,是通过分析历史人物的外部行动,剖析其内部思想过程,对历史人物的行动作出合理解释。

> 思想的历史不仅是可能的,而且如果从最广泛的意义上来理解思想,思想是能够有历史的唯一事物。只有思想能够被历史学家以那种独特方式对待,如果没有那种独特方式,历史就不是历史了。因为只有思想能够以这种方式,在历史学家的心灵中被重演。太阳系的诞生,我们星球上生命的起源,地质史的早期发展历程,所有这些都不是严格的历史学研究,因为历史学家从来不能真正进入它们的内部,不能在他的心灵中将它们现实化:它们是自然科学,不是历史学。因为无论它们可能怎样以叙述的形式呈现,都是概括的叙述,是解释任何一个世界中的事物是如何产生的,而不是解释这个世界中的事物实际上是如何发生的。它们是假设,无论有多大可能性,都没有接近文献历史的地位。①

柯林武德的重演思想与"活着的过去"的思想紧密相联。"当一个

---

① R. G. Collingwood, "Outlines of A Philosophy of History", in R. G. Collingwood, *The Idea of History*, pp. 444–445.

人去世时，世界已经对他作出评价。我对他的评价是无关紧要的。但只有我再思考他的历史这个事实，证明他没有去世，世界还未对他作出评价。以我个人的观点看，世界现在将要作出评价。"① 过去只有"活在"现在，历史学家才能重演其中的思想过程，获得有关它的历史知识。过去以文字资料或实物的形式，给历史学家留下相关证据，历史学家据此展开与过去之间的问答交流。

> 如果历史学家没有关于过去的证据，他就不能回答有关过去的问题。他的证据，如果他"有"的话，一定是眼下存在于他所处的现在世界中的某物。如果一个过去的事件，在现在的世界中没有留下任何痕迹，它就是一个没有相关证据的过去事件。没有人——我此处指的是没有任何历史学家，不涉及其他可能更具天赋的人——能够认识这个事件。一个过去的事件要在现在的世界中留下自身"痕迹"的话，这个痕迹对历史学家来说就是过去事件的证据，这种痕迹一定不仅仅是具有某种物质形态的东西，或者是任何物质形态的东西……现代历史学家以一般的术语，能够研究中世纪，以他们实际应用的方式进行研究，因为中世纪没有死去。我的意思不是指，有关中世纪的文献等仍然存在，而是他们的思考方式仍然存在，以人们仍在思考的方式存在。那种存在不一定是持续的。这样的事物可能已经死去，而又被从死尸里捡回来，就像美索不达米亚和埃及的古代语言一样。②

这涉及历史发展的过程性问题。"空间分布表明过去仍然是现在、是潜在的，虽然是以一种精炼的'存在'方式。那么这导致的观念是，过去的一些方面无论如何都是存在的，而且可以直接接触到。下述看法可能是对柯林武德教授理论的歪曲：当他谈论过去渗透到现在而且'植入'现在时，他的头脑中有这样的观念。……至少相当清晰的是，在他大部分著作中，将过去同化到现在以在证据上满足知识的常识理

---

① R. G. Collingwood, "Croce's Philosophy of History", in R. G. Collingwood, *Essays in the Philosophy of History*, p. 15.

② R. G. Collingwood, *An Autobiography*, pp. 96–97.

论要求。"① 在历史文献中体现出来的历史过程的连续性，是柯林武德思想重演过程能够进行的必要前提。

历史学家要研究过去，必须掌握过去的证据。证据必须不仅是物质形态的东西，也是能够体现过去思维方式的东西。"如果被历史学家所研究的行动，其中的思想能够被辨别出来在发挥作用，理所当然的是，行动的证据一定是向历史学家表明思想存在的事物。换句话说，它一定是表达思想或语言的：或者语言自身，一个思考的人向他自己或其他人表达他思想的身体姿势；或者一个语言'符号'，这些身体姿势在可感知的世界中留下的痕迹；或者是这些痕迹的一个可以信任的副本。一个能够从中解读它们的人，能在他的想象中重建那些姿势，因此重建了它们所表达的思想经历。"② 如果没有关于过去的证据，历史学家是不能对其进行研究的。从另外一个角度看，某个历史事件或时期没有给历史学家留下相关证据，或者是历史学家还没有掌握相关证据，这个历史事件或时期就是"死的"，不能被研究的。如果历史学家后来又发现了相关证据，那么这个历史事件或时期就能"复活"了。当然，这并不是指历史证据决定历史，而是指历史学家所掌握的证据决定他的研究视野，因而也影响他的历史认识。

与克罗齐一样，柯林武德也将编年史从真正的历史学中排除出去了。"这个区别可用来区分两种非常不同的东西：历史和编年史。经由传统传下来的伟大希腊画家的名字，并不构成希腊绘画史：它们形成了希腊绘画的编年史。那么，编年史是仅仅依靠证词而相信的过去，而不是历史地了解的过去。这个信念仅仅是个意志行为：保存某些我们不理解的陈述。如果我们理解了它们的话，它们就变成历史了。当历史由不能重新体验其中角色经验的人来叙述时，历史就变成了编年史。例如，由不理解正在讨论的哲学家思想的人，来写作或阅读哲学史，就成了哲学编年史。为了有编年史，必须首先有历史：因为编年是精神枯竭的历史躯体，是历史的死尸。"③

---

① Patrick Gardiner, *The Nature of Historical Explanation*, Oxford: Oxford University Press, 1961, p. 39.

② R. G. Collingwood, *The Principles of History*, in R. G. Collingwood, *The Principles of History and Other Writings in Philosophy of History*, p. 49.

③ R. G. Collingwood, *The Idea of History*, pp. 202-203.

克罗齐的"一切历史都是当代史"的涵义包括，历史是"活的"编年史，编年史是"死的"历史；历史与编年史虽然是不同的，但在一定条件下可以相互转化。柯林武德此处所提"死的"与"活的"历史之间的关系，也类似于克罗齐所说的历史与编年史之间的关系，在一定条件下是可以转化的。克罗齐所说的编年史与历史之间转化的条件是，历史学家当代精神的关照。柯林武德的"死的"与"活的"历史之间转化的条件，除了克罗齐所说的历史学家当代精神的关照之外，还在于历史学家是否掌握过去的相关证据。

编年史与历史学并不是截然对立的，编年史在一定条件下可以成为历史研究所必须的证据。"过去留下自身的遗迹。这些遗迹的种类很多，包括历史思想的遗迹——编年史。我们保存这些遗迹，期望将来它们的面貌能焕然一新，也就是成为历史学证据。我们现在通过历史思考，回想起过去的那些特殊部分和方面，取决于我们现在对生活的兴趣和态度……正如古董商人在其博物馆中保存着工具和瓦罐，而不必用它们重新建构历史；正如案卷保管员以同样的方式保存公共档案，例如，纯粹的学者编辑、修订和复印的哲学文本，而不必理解这些文本所表达的哲学思想，因此他们也不能重新建构哲学史。这种学术工作通常被看作历史本身。这样理解的历史，就变成了一种特殊的伪历史，克罗齐称之为文献学的历史。按照这种误解，历史学就是接受和保存证词，撰写历史的方式就是转录、翻译和汇编。这样的工作是有用的，但它不是历史学。其中没有批判，没有解释，没有在自己的头脑中重新体验过去的经验。它仅仅是博学。"① 柯林武德的这种分析类似于克罗齐的历史是活的编年史，编年史是死的历史的主张。克罗齐强调历史学的时代价值，即历史学家对自身所处时代的兴趣，决定了他的历史研究方向。柯林武德也不乏这种时代关怀，但他强调的是历史学家的主体性和能动性：历史学家不能唯史料马首是瞻，要批判分析史料、解释史料，重新体验其中的历史经验，以此来发掘历史的内涵。

柯林武德提出了自己对历史研究中所用史料的态度。"历史学非但不依赖证词，反而与证词没有关系了。证词仅仅是编年史。只要任何人谈论权威，或者谈论接受这样的陈述，他就是在谈论编年史，而不是谈论

---

① R. G. Collingwood, *The Idea of History*, pp. 203 – 204.

历史。历史建立在证据与批判两者综合的基础上，历史仅存于二者的综合中。只有按照批判的原则来解释证据，证据才是最好的证据。只有将原则用于解释证据，原则才是最好的原则。"① 理解这段话，不能望文生义，要结合其前后语境。柯林武德所说的历史学不依赖证词、与证词没有关系，并不是表明他对历史资料的轻慢态度，不是认为史料对历史研究不重要。他的本意是，单单依靠证据的不是历史学，历史学是对证据的批判解释。仅仅依靠证据的是编年史，这样来看，证据与历史学就没有关联了。

过去的观念性或历史的观念性，也是重演思想能够进行的条件之一。"历史思想的对象是过去，也就是过去的事件……一个现在正在发生的事件是实在的。一个已经发生过的事件，现在没有发生，不是实在的。成为历史思想对象的所有事件，不是正在发生的事件。因为它们不再发生，因此不是实在的。我将这个命题称为历史的观念性。用观念性一词，我想表示一个思想对象没有实在性的性质：因此一个观念的事物、没有实际存在的事物，是思想的对象。观念性是在任何现存事物中都没有体现出来的性质。一个观念的事件，是没有实际发生的、恰好是思想对象的事件。"② 在本体论上，历史是客观的。在认识论上，只有这客观的历史当下不在场时才能成为历史学研究对象。这也决定了历史认识是间接性的，历史学家必须言之有据。过去的观念性将处于当下的历史学家同与其"隔空对话"的历史事实之间桥接起来，通过赋予历史事实当下观念的形式使其具备实在性。由此，以历史思想重演为根底的历史理解才成为可能。

与此相关，一切历史都是思想史是思想重演的前提条件，这并不是将历史等同于思想。柯林武德在当时的学术背景下，用这个命题要表达的是：不应只从外在的物质层面解释历史，应该从内在的思想层面解释历史，历史才能得到更有效的解释与说明。这种认识如何进行呢？思想重演。"不用任何巫术，历史学家能重演一个过去的事件，如果那个事件本身是一个思想的话。当阿基米德发现比重思想时，他当时所进行的思想活动，我们能毫无困难地重复：他从某些资料得出某个结论，我们能

---

① R. G. Collingwood, *The Idea of History*, p. 203.
② R. G. Collingwood, "Outlines of A Philosophy of History", in R. G. Collingwood, *The Idea of History*, pp. 439–440.

够从相同的资料得出相同的结论。我们不仅能做到这一点,而且如果我们要撰写希腊科学史的话,我们必须这么做。在这样做时,我们知道我们正在自己的心灵中重复阿基米德的思想。同样地,如果我们要叙述一场战争史,我们必须自己理解,获得胜利的指挥官所理解的战略问题,而且像他那样作出结论。如果我们要叙述宪政改革史,我们必须理解改革者所面对的事实是什么;改革者如何去处理这些事实,以满足改革的需要。在所有这些情况下,也就是说,在所有情况下,正被讨论的历史是思想史,对过去的无夸张的重演是可能的,而且是所有历史的一个基本要素。"① 历史学家在重新思考过去思想的过程中,并非历史实景再现,而是将其作为自己现在思想过程的一个组成因素并赋予其历史视角。

柯林武德所理解的思想的同一性,是重演思想的另外一个必要前提。"我最后的介绍性评论关于历史学家的思想与历史当事人思想之间的关系。柯林武德的立场是明确的:思想是同一的。它们不是相似的思想,也不是可归入同一类型的思想(正如'拿破仑是矮个子'、'歌利亚是高个子'的思想都归入'关于人的体型的思想'类型)。思想是同一的。这种观点似乎使柯林武德的理论承受了无法忍受的压力,它提供了一个人为赞成重演思想的必要性而论证的第一种方法。"② 除却与物质概念相对的意义外,柯林武德所理解的思想观念是人类历史发展过程中潜存的理性的体现。因而,过去与现在的思想的同一性,并不是思想内容的同一,而是历史过程是理性的这种本质上的同一。

柯林武德的"重演思想提供了一种弥合现在与过去的方式,一种将过去看作活于当下的方式。(使用'活的'和'死的'是柯林武德著作中的一个有趣主题,一个他与其他历史哲学家共享的主题。最明显的是稍早的克罗齐和稍后的海登·怀特)。扩展这种观点,我们以如下方式论证重演思想的必要性:(i)所有知识必须是关于某种'活着的'东西。(ii)将历史带入生活的唯一方式就是将过去带入现在。(iii)将过去带入现在的唯一方式是复活过去的思想。(iv)复活过去思想的方式是重演那些思想"③。思想重演过程在弥合过去与现在差距的同时,也完成了对历史发展过程的认知。

---

① R. G. Collingwood, "Outlines of A Philosophy of History", p. 444.
② Mark Day, *The Philosophy of History: An Introduction*, London: Continuum, 2008, p. 124.
③ Mark Day, *The Philosophy of History: An Introduction*, pp. 124–125.

通过思想重演认识历史的过程是将过去的思想植入现在。"在表明一个过去的思想如何成为现在的过程中，我也费了一点周章理解'将过去带入生活'需要历史学家进行重演的原因。但是在将过去思想的知识与过去情感的知识进行比较时，这个要求变得尖锐了。我可以宣称凯撒感到害怕，而不用自己经历这种害怕的感觉。……确实，我以英国人的方式思考，凯撒以罗马人的方式思考，但是有必要假定可以用不同的语言表达同一个命题。尽管一个思想可以以与其最初的思考过程无关的方式进行重新描述……我们可能赞同柯林武德的观点：这些重新描述并没有将原来的思想带入生活。只有真正的重演做到了这一点。"① 柯林武德所理解的思想重演是一种有差异的重演，不仅体现在表述思想所使用的语言差异上，也体现在思想内涵上的差异。重演思想的差异性是历史学家在历史认识过程中主体性、能动性的体现。这种差异历史知识存在的必要条件。

因此，柯林武德给重演思想作出的定位是：重演过去的思想，不是外在于历史知识的存在条件，而是内在于历史知识的构成要素。"只有一种事物可能在心灵中发生，我们能说，正是这件事发生的事实使我们不可能认识到，它正在发生着。也就是说，它是处于一种幻想或错误的状况下。因此反对者的观点是，历史知识的两个必不可少的条件中，第一个是幻想或错误，在恰好需要知识的意义上。无疑，这点本身并未使历史知识成为不可能的。对于某种事物存在的一个条件来说，可能以两种方式与那个事物相联系：一、作为条件的某种事物必须首先存在，但是当那个事物产生时它就停止存在了；二、只要那个事物存在，作为其条件的某种事物一定也存在。如果争论是关于历史知识只有在取代历史错误时才能存在，这个争论在任何意义上都是值得思考的。但是重演过去的思想，不是历史知识的前提条件，而是历史知识必不可少的因素。如果对此还进行争论的话，其结果就是使历史知识成为不可能的了。"②

进行思想重演，要求历史学家根据自己掌握的文本与实物资料，在自己的头脑中重建历史当事人所面对的情境，在此基础上重新体验历史当事人的思想活动。因为思想中除了属于由历史当事人个人因素所决定的部分外，其余部分是公共的、可以为后来者重新体验的。例如，一个

---

① Mark Day, *The Philosophy of History: An Introduction*, p. 125.
② R. G. Collingwood, *The Idea of History*, p. 290.

历史学家可以重新体验阿基米德发现比重思想的思想过程,但是他无法重新体验阿基米德发现比重思想时的兴奋情绪。"思想行为当然是发生在确定时间的。阿基米德在洗澡的时候,发现了比重思想。但是思想行为与时间没有关联,不像纯粹的感情、感觉与时间的关系那样。不仅思想的对象在某种程度上是处于时间之外的。思想行为也是如此。在这种意义上,同一个思想行为能够持续一段时间,并且在它中止后的某个时间复活。"① 这一系列过程属于思想过程,但又不仅仅是思想过程,因为历史学家是从文本或实物资料开始其思想过程的,并不是从某个玄学命题或自己的主观感觉出发,进行玄而又玄的推论。重演思想是柯林武德理性分析如何进行历史认识得出的结论。那些将重演思想理解为神秘主义或直觉主义的人,只是片面地截取柯林武德的相关论述,对重演思想进行歪曲解释。

当然,对重演思想作出直觉主义或神秘主义解释,与当时社会思潮的影响也有关系:在20世纪初,学者们对研究超感官理解特别感兴趣,挑战主张精神交流的传统理解模式。1882年,成立于伦敦的特异功能研究学会(Society for Psychical Research),就是要客观地研究这些现象。在"一战"与"二战"之间,超心理学日益成为知识分子和一般大众探讨的热门话题。怀特海(A. N. Whitehead)尝试将这些思想整合到他的哲学研究中。到20世纪50年代,英国哲学家一般都讨论与超心理学有关的话题。前文注释中提到的赫恩肖教授对柯林武德攻击心理学的回应,也应属于这个讨论的一部分。神秘主义在英国专业人士和普通民众中间也复兴了。柯林武德的好友、伊夫林·恩德希尔(Evelyn Underhill)的《神秘主义》一书,在1911年到1930年这段时期内再版了12次。维特根斯坦(Ludwig Wittgenstein)有广泛影响的《逻辑哲学论》中,甚至也讨论了"神秘事物"的问题。②

柯林武德意识到反对者对重演思想提出的两点异议:"反对者在此声明两件不同的事情。首先,反对者说仅仅重演另一个人的思想,并不构成历史知识。我们必须也认识到,我们在重演那个人的思想。其次,反对者在论证这个附加条件,我们重演过去思想的知识,就上述情况的本

---

① R. G. Collingwood, *The Idea of History*, p. 287.
② 请参见:David Bates, "Rediscovering Collingwood's Spiritual History (In and Out of Context)", *History and Theory*, Vol. 35, No. 1. (Feb., 1996), pp. 35 – 36.

质来说是不可能的。因为被重演的思想,是当下的我们自己的思想,我们关于这个思想的知识,局限于我们自己现在意识到它是我们经验中的一个因素。"①

关于第一个反对意见,柯林武德本人也是赞同的,因而不能形成对他的异议。艾伦·多纳根精辟地概述了柯林武德的这个观点:"再思考过去的思想,是历史学家努力实现的目标的一部分,而不是全部。因为历史学家,必须证明他已经再思考了这些思想,并且用它们去解释过去的行动。"② 关于第二个反对意见,柯林武德的观点是,历史学家是在他的头脑里重演过去的思想,过去的思想被重演的同时,也被历史学家批判地吸收到他自己头脑中来。因而,重演过去的思想,是历史学家对过去思想的再思考。因此并不能将历史学家的思想等同于,他再思考的对象——过去的思想。

"如果欧几里德曾思考'角是相等的',我现在思考'角是相等的',同意欧几里德和我之间存在时间间距,并不是否认两个行动是一个行动和相同行动的理由。那么,欧几里德与我之间的差异是否认的理由吗?没有说得通的个人身份理论能证明这样的学说是合理的。欧几里德和我不是两个不同的打字机,它们从来不能进行相同的活动,而只能进行同类的活动,这只是因为它们不是同一台打字机。心灵不是一台有不同功能的机器,而是一个行动的联合体。论证欧几里德的行动不可能与我自己的行动相同,是因为它是一个不同行动联合体的一部分,这只是回避问题实质。承认相同的行动,能在我自己的行动联合体中发生两次,为什么它就不能在两个不同的联合体中发生两次呢?"③ 柯林武德这段论述所回复的质疑是:现在的思考者所进行的再思考,与历史当事人当初的思想活动并不是同一个思想活动。因为现在的思考者在重新思考过去的思想活动时,将这个思想活动从其最初发生的感情环境中抽离出来了。

对于这个问题的回应,我们需看到柯林武德主张的重演不仅包括思想的重演,也包含与思想伴随的感情的重演。这涉及到重演思想的对象,笔者将在本章第三节中阐述。"如果历史是可能的,如果我们能理解其他

---

① R. G. Collingwood, *The Idea of History*, p. 289.
② Alan Donagan, "The Verification of Historical Theses", *The Philosophical Quarterly*, Vol. 6, No. 24. (July., 1956), p. 199.
③ R. G. Collingwood, *The Idea of History*, pp. 287-288.

文化，只要我们自己再思考他们的思想，内心怀着适合他们生活的根本观念，我们就能理解其他文化。如果那样的话，他们的文化继续存在于我们当中。这正如欧几里德的几何学继续存在于现代几何学中，希罗多德的历史继续存在于现代历史学家的头脑中一样。"①

最后，我们总结一下"历史学家在什么条件下能够重演过去的思想"这个问题，柯林武德的回答是："首先，思想必须被表达出来：或者以我们所称的语言，或者以很多其他表达活动中的一种。历史画家将一个伸展开的手臂和一个指示方向的手，看作表达指挥官思想的典型姿势。逃跑表达出所有胜利的希望都已绝迹的思想。其次，历史学家必须能自己重新考虑他正努力去解释的那个思想的表达形式。如果由于任何原因，他不能做到这样的话，那么他最好不要研究那个问题。在此重要的是，研究某种思想的历史学家，必须自己重新思考相同的思想，而非另一个与之相似的思想。"② 这是柯林武德解说重演思想时经常引用的文字，也是重演思想得以进行的前提条件。

第三节　重演思想的对象

柯林武德将自己讨论的思想重演过程，限定在思想史范围内。依此理解，重演的对象就是思想或与思想有关的活动和事件。这涉及两个问题：一、柯林武德是如何理解思想的？二、柯林武德是如何理解与思想有关的活动与事件的？它们在什么条件下，能够进入重演思想的范围？

柯林武德认为历史学中思想的涵义，"很明显，我们需要作出限定。历史学不是再思考以前被思考过的，而是你自己去思考，进行再思考。学习数学的人也是一个数学史家，只要他在思考：我在此正思考毕达哥拉斯在我之前思考过的……对于毕达哥拉斯来说，了解其他人如何思考三角形，不是思考三角形的一个必要部分。对于征服者威廉来说，了解其他人对政治局势的看法，不仅是考虑局势的必要部分，也是基本部分。政治局势，也就是人们对局势的看法。因此，思想不是有两种，而是有四种意义：（a）思考行动；（b）思考对象；（c）独特种类的思考行动，其对象是思考行动；（d）独特种类的思考对象，其本身是个思考行动。

---

① R. G. Collingwood, "Oswald Spengler and Historical Cycles", p. 71.
② R. G. Collingwood, *An Autobiography*, p. 111.

我们在历史学中所涉及的,是思想的第三种意义"①。

与区分思想的四种涵义相关,柯林武德深入探讨了第三种涵义,思考活动既作为主动的思考行为,又作为被思考的对象。"思考活动不仅是主动的,而且也是被动的。它不仅是一种思考,也是能够被思考的某种对象。但是,因为(正如我已经努力表明的)它从来不仅仅是被动的,它需要以一种独特的、只适合于它的方式被思考。它不能被放置在进行思考的心灵面前,作为一个现成的对象。它不能以独立于那个心灵的某种事物而被发现。它不能孤立地被研究。它从来不能被'被动地'被研究,在'被动地'的涵义排除'主动地'的意义上。它必须以其实际存在状态被研究,也就是说,必须作为一个行动被研究。"② 思考行动既作为主体行为,又作为思考对象的双重性质,在历史学领域就意味着,历史学家重新思考过去的行为,也具有这种双重性质:历史学家在再思考过去的思想时,他自己的思考也被作出价值判断。而且被历史学家再思考的思想、以及植入现在的思想,也要被作出价值判断。

就思想的内容来说,"如果不从时空定位方面界定思想,而是从其概念(语言)内容方面界定,似乎我们很有理由将历史学(以及任何与思想相关的主题)看作反自然的。无论如何,柯林武德得出结论,认为任何真正的思想科学都建立在不受时间影响的思想内容之上,而不是建立在自然世界中的时间、空间和因果性上。因为如果思想不是时间空间的,那么它不能是因果的,特别是当因果性意味着时间的变化时。柯林武德认为我们不应将思想和行动看作与原因和结果相关的,而是看作与内部和外部有关的。要解释就是要重新描述,而不是提供一个原因:'当他知道发生了什么的时候,他已经知道它发生的原因了'。"③ 在按照这种思路界定思想的过程中,柯林武德指出了历史学研究的独特性:通过区分历史事件内部与外部,排除了自然科学意义上原因与结果概念在历史学研究中的运用。

因此,"在这种情况下,历史学家试图利用源自思想的证据,目的不在于明确恢复其中包含的思想,而是恢复作者(极有可能)没有认识到

---

① R. G. Collingwood, "Notes on the History of Historiography and Philosophy of History", in R. G. Collingwood, *The Principles of History and Other Writings in Philosophy of History*, pp. 223 – 224.

② R. G. Collingwood, *The Idea of History*, p. 292.

③ Mark Day, *The Philosophy of History: An Introduction*, p. 125.

的思想。一个人为了完成这个目的，需要进一步阐述重演思想。根据柯林武德《新利维坦》中的论述，似乎他已做到了。在那部著作中，他认为应该通过反思与说明认识心灵，这种反思是我们每个思考的个体在某种程度上都经历的。历史学告诉我们的只是思考者能够反思，尽管不仅仅是反思的内容。他乐于承认，实际上是尽力强调重演过程中他者思想重建的积极作用"①。在这种意义上，思想重演过程不仅是批判性的，也是建构性的。批判性与建构性是柯林武德重演思想所表述的历史理解理论的主要特点。

现在以柯林武德对凯撒入侵不列颠的分析为例，说明他的上述观点："从军事角度看，凯撒有资格将他入侵不列颠看作一次成功。策略上的主要问题是，发现并摧毁了他在与之战争的、不列颠部落的要塞。这个任务已经完成。战术上的主要问题已经是，如何对付不列颠的战车兵。完成这个任务，不仅通过发现他们在摆好阵型的古罗马军团面前束手无策，而且是通过进一步发现，一队足够数量的高卢骑兵加上步兵的适当支援，能够瓦解他们并且适时地控制他们。而且，尽管凯撒没有发现一个安全的海港，他已经知道如何保护船只以免除恶劣天气的破坏。他也了解到在那个国家有大量小麦。因此，他认为一支罗马军队能够在那儿过冬是对的。不列颠远没有被征服，但是征服的第一步已经迈出了。"② 凯撒在思考当时的战争，但凯撒的这种思考活动同时也成为另外一个思考活动即柯林武德的思考对象。这是柯林武德对凯撒当时的思想，进行再思考和评价的过程。透过这段分析，我们看到三重相互联系的思考行为：一、最基本的是凯撒对战争形势的思考；二、柯林武德对凯撒的战略思考进行分析评价；三、目前作为文本阅读者的笔者，通过这段文字对柯林武德的思考活动进行分析评价。在这三重思考行为中，柯林武德的思考作为行为主体，对凯撒的思考作出评价；同时，柯林武德的思考也作为笔者思考的对象，由笔者对其作出评价。

柯林武德所说的这种思考活动，是反思的活动，是思想重演的对象。反思的活动定义是："一个我们了解的活动，并且是一个我们正在努力去做的活动。因此，当进行完一个反思的活动后，我们知道这个活动完成了，通过观察这个活动已经符合我们最初构想的标准或规范。因而，反

---

① Mark Day, *The Philosophy of History: An Introduction*, p. 128.
② R. G. Collingwood & J. N. L. Myres, *Roman Britain and The English Settlements*, pp. 51–52.

思的活动是一个我们能够预先知道如何去做的活动。"① 柯林武德认为，反思的活动与非反思活动的区别在于进行活动时是否有对活动本身的意识。前者是可以重演的，后者是不能重演的。

历史学是人类进行自我认识的结果，"历史知识是有关心灵在过去做了什么的知识，同时它也是重新做心灵所做的，在现在将过去的行动保存下来。它的对象因此不是一个单纯的对象、外在于认识它的心灵的某种事物。它是一种思想活动，只要进行认知的心灵重演它，就能认识它，并且在这样做时，心灵也认识了自己。对历史学家来说，他正在研究其历史的那些活动，不是要被观察的现象。它们是被动的，或者说要被他认识的，仅仅因为它们也是主动的，或者说是历史学家自己的活动"②。但这种"自我认识，不是对人身体属性、解剖和生理的认识；也不是对人心灵的认识，只要心灵由感觉、知觉和感情构成。自我认识是对人类的认识能力、是在思想、理解、理性方面的认识"③。柯林武德将感觉、知觉等因素排除出可重演的人类经验之外，因为通过思想重演进行的历史认识，并不包括对这些因素的认识。

"一个思想行动是思想者经历的一部分。它发生于一定时间，发生于由其他思想行动、感情和知觉等构成的一定背景中。它存在于这个背景中，我称为直接性。因为尽管思想不只是直接性，它也不缺少直接性。思想的独特性在于，除了此时此地发生于这种背景下之外，它能够在一系列背景变动中保持自己，并在一个不同的背景中复活。这种维持和复活自己的能力，使思想行动不再仅仅是怀特海所谓的'事件'或'情境'。因为只要思想行动被误解为仅仅是事件，重演它的思想似乎是荒谬的，是描述另一件相似事件的不正当方式。直接性的事件同样不能被重演。因而，经验中构成其直接性的那些因素（知觉或感觉等）不能被重演。"④ "但是，思想正是不同于知觉或感觉的，因为它从来不是直接经验。"⑤ 这里的直接经验是指没有思想意识的经验，例如，"看"的行为本身。而我们知道"我们看"这个事实，则要靠思想。这也是柯林武德

---

① R. G. Collingwood, *The Idea of History*, p. 308.
② R. G. Collingwood, *The Idea of History*, p. 218.
③ R. G. Collingwood, *The Idea of History*, p. 205.
④ R. G. Collingwood, *The Idea of History*, p. 297.
⑤ R. G. Collingwood, *The Idea of History*, p. 294.

强调历史知识是间接性知识的原因所在。

思想是能够被重新体验的，但当时伴随思想活动的直接经验，却不能被重新体验。"我们从来不知道伊壁鸠鲁①花园里的鲜花闻起来感觉如何，从来不知道尼采②在风中登山时感觉如何。我们不能重新体验阿基米德取得成功的喜悦和马略③失败的痛苦。但是我们有这些人曾经思考的证据。在我们自己的心灵中，通过解释那个证据，我们重新创造这些思想。只要有任何知识的话，我们创造的思想就是他们的。"④

柯林武德对重演思想对象的这种观点，涉及他对"思想"概念的定位。他将思想视为与"感觉"相对的术语：某种感觉被经历后，会逐渐消失；但对这种感觉的陈述，其中蕴含了思想的因素，是不会消失的。因为感觉是个人的经历，而对感觉的陈述则是公众性的，能够为他人所理解和传承。在此，康德关于理性与感觉相对立的观点，为柯林武德继承并用于历史认识论建构。"人能使自己的对象脱离开感官、从而使之更加内心化和更加持久化的这一倾向，就已经标志着理性之驾驭冲动的某种意识了。"⑤柯林武德并未止步于康德的论述，而是系统地阐述过去的观念性以证明重演的可能性。

柯林武德认为感觉不能被重演的原因是："一百个人所感觉到的寒冷，不是零下十度这个自然事实；也不是因那个事实而发生的某件事。因为如果他们中的一位最近生活在较寒冷的气候中，在这种自然条件下就不会感到寒冷。它只是一种感觉，或者为每个人所独有的一百种不同感觉。但每种感觉在一定程度上又类似于其余的。但是零下十度这个'事实'或'陈述'或'思想'，不是一百种'事实'或'陈述'或'思想'。它是一百个不同的人'理解'或'赞同'或'思考'的，一个'事实'或'陈述'或'思想'。"⑥人们对某事的感觉，尽管有相似

---

① 古希腊哲学家，提出原子理论，是注重单纯快乐、友谊和隐居的伦理哲学的创始人。他建立的哲学学派从公元前4世纪一直存在到公元4世纪。

② 德国古典学者、哲学家和文化评论家，对当时社会思潮进行猛烈抨击，尤其在基督教、墨守陈规及民族主义等方面。

③ 罗马共和国后期进入贵族统治阶层的人物（公元前155—前86年）。他既是勇猛顽强的士兵，又是用兵如神的将军，在军队中极负众望。但他缺乏敏锐的政治眼光，也不擅长在公众面前演讲。他没有受过上层阶级通常受的希腊教育，生性迷信，具有睥睨一切的雄心和抱负。

④ R. G. Collingwood, *The Idea of History*, p. 296.

⑤ 〔德〕康德：《历史理性批判文集》，第66页。

⑥ R. G. Collingwood, *The Principles of Art*, Oxford: Clarendon Press, 1938, p. 158.

之处，但仍是不同的。人们对某事的思想，可能是相同的，为大家所认可的。感觉是个人性的，思想是公众性的。

　　由人类思想决定的行动是能够进入历史学研究领域的。由人类生物本能决定的行动则不能。"理所当然的是，并非所有人类行动都是历史学的主题。历史学家实际上同意这一点。但是当他们被问及如何区分历史学领域和非历史学领域的人类行动时，他们有些不知所措。从现在的观点看，我们可能提出一个回答：就人的行为由可能被称作动物本性、冲动和欲望所决定的来说，它是非历史的。那些活动过程是自然的过程。因而，历史学家不感兴趣的事实是人们吃饭、睡觉、做爱，并借此满足自己的欲望。历史学家对由人类的思想所创造的社会风俗感兴趣。社会风俗是种结构，人们的欲望在其中以传统和道德许可的方式获得满足。"①

　　根据以上分析，柯林武德认为思想重演的对象是，理性的、反思的人类行动，而由人类的本能、感觉等决定的人类行动是不能重演的。不能重演的人类行动也包括那些由人类感情决定的行动，例如由爱、恨等感情决定的行动。对思想重演对象的上述观点，主要是柯林武德在《历史的观念》中所表达的立场。在《艺术原理》与《新利维坦》中，柯林武德表明感情与思想交叠的观点。伴随感情与思想交叠的观点而来的是：在《史学原理》中，他在上述立场基础上进一步发展，将人类的感情也划入可重演的范围。需要注意的是，笔者对柯林武德观点的这种演变历程，是用"发展"而不是用"变化"来描述的。因而，在接下来阐述柯林武德在《史学原理》中所述立场时，也会引用《历史的观念》中的相关内容。这种做法的用意在于表明：在《历史的观念》中，柯林武德虽然在文字表述上将感情排除出可重演的范围，但是他以这样的用语着重表示的是将知觉、感觉等没有体现思想的因素排除出去。在《史学原理》中，他进一步将上述立场明朗化，将感情看作可重演的因素。当然，他将感情看作可重演的因素，也是有限定条件的。为了切实体会历史当事人的情境，他区分了基本情感与非基本情感。所谓基本情感是在某种感情作用下，历史人物能作出历史活动。这种区分跟其历史行动"内部"与"外部"的区分一样，是武断的、也易引起误解的。

---

① R. G. Collingwood, *The Idea of History*, p. 216.

柯林武德认为，人类的语言、行动是表达思想的。人类的行为有两个特点：一、语言的特点；二、著述的特点。"对一个理性动物来说，只要他是理性的（我重申，就人类的情况来说，那也绝不是离题的），每个行动都有语言的特征：每个行动都是一种思想的表达。他在所居住的世界中的每个行动痕迹，都有著述的特征：对能够解读这个行动的人来说，每个这样的痕迹都是他思想状况的证据。"①

柯林武德强调思想的语言特征，而语言在表达思想同时，也表达感情。"我迄今为止一直在说明，话语（discourse）有两个功能，一个是表达思想，另一个是表达感情。我想解除的误解是，科学话语或知识化的语言有第一个功能，而没有第二个。但我还想更进一步探讨。一种感情通常是关于某个行动的感情内容。对于每个不同种类的行动，就有不同种类的表达……与思想经历相关的情感内容，是由受控制的语言行为来表达的。"②

上述思想、情感与语言三者之间的关系，表明柯林武德认为思想与感情是紧密相联的。因而，历史学家在重演过去的思想时，也能体验到与这种思想相联的感情。"以语言表达一种思想，从来不是直接和即刻的表达。它是以依附于那种思想的特殊感情为中间媒介的。因而，当一个人用语言向另一个人解释自己的思想时，他直接和立刻就做的是，向他的倾听者表达他所认为的特殊感情，并说服他的倾听者去体会这种感情，也就是说，说服他去重新发现自己所发现的一种思想。倾听者认识到说话者所表达的特殊情感之中的思想。"③"故事的主题在现实生活中不断被重演，当一个爱人发现他所爱的对象后，就不再满足于接受爱慕的被动角色，而是像一个真正的人或任何方式去行事。"④ 这里的重演不单是理性思想的重演，也包括感情的重演。这表明柯林武德此时将重演对象的范围扩大，将感情也包括在内。

柯林武德认为重演的对象包括感情，但并不是说历史个体的所有感情都能成为历史学家重演的对象。只有在历史个体进行历史思考时，与

---

① R. G. Collingwood, *The Principles of History*, in R. G. Collingwood, *The Principles of History and Other Writings in Philosophy of History*, p. 49.
② R. G. Collingwood, *The Principles of Art*, p. 266.
③ R. G. Collingwood, *The Principles of Art*, pp. 267–268.
④ R. G. Collingwood, *The New Leviathan, or Man, Society, Civilization and Barbarism*, p. 69.

这些思考行动相伴随的感情，才能被历史学家重演。他对历史学家可重演的感情的限定条件有两个：一、与历史个体的思想活动相伴随；二、引起了历史个体的行为，并且留下了相关的证据。例如，一个军官在率领士兵与敌人进行战斗时，因为寡不敌众命令部下放弃一部分辎重快速撤退。这件事当然是反映了军官畏惧的心情，在一定程度上，军官也是因为畏惧才作出这个决定的。而且，这位军官的副官在回忆录或日记中也记录了上司当时的焦躁情绪。那么，历史学家根据与这个事件相关的各种史料，在重演军官思想活动同时，也能够体会军官当时的畏惧心理。当然，历史学家体会到军官的畏惧心理，更准确地说，应该是理解到军官在当时情形下产生了这种畏惧心情。

而且，历史思想的重演针对的不仅是个体的思想，还有由诸多个体组成的群体的思想。这表现在，柯林武德认为历史学家在研究中和历史个体在行动中不能忽略的是，理性活动所处的局势。"历史学家必须研究的理性活动从来没有免除强制：强制面对构成理性活动所处局势的事实。活动越理性，承受这种强制越彻底。对于一个打算行动的人来说，要成为理性的就要去思考，考虑他所处的局势是重要的事。关于这种局势，他并不是丝毫不受约束的。这种局势巍然存在，既不是他也不是任何其他人能够改变的。因为尽管局势完全由他自己的和其他人的思想构成，这个局势也不能因作为其组成部分的、历史学家自己的或任何其他人想法的改变而改变。如果想法改变了，这只是意味着随着时间的流逝，已经出现了一种新情况。对于一个将要行动的人来说，局势就是他的主导、神谕和上帝。他的行动结果成败与否，取决于他是否正确理解了自己所处的局势。如果他是一个明智的人，就会考虑自己的局势，做自己能做的每件事去查明局势，将制定出甚至是最细微的计划。如果他忽略了局势，局势却不会忽略他。"①

柯林武德将局势理解为，由历史学家或历史个体思想与其他人思想构成。这个局势超越了个体思想的范围，是历史学家在重演过去的思想时必须考虑的。他此处的分析容易给人以"局势就是群体思想"的印象。应该说，这是柯林武德所要论证的结论，要充分理解这个结论，我们还需要理解这个结论的论证过程：历史个体在理性地活动时，要思考

---

① R. G. Collingwood, *The Idea of History*, p. 316.

自己所面对的外部客观环境,同时也要思考其他人对这种外部客观环境的态度。历史个体综合自身与其他人对外部客观环境的看法,最终得出自己的结论。如同一切历史都是思想史不是将历史直接等同于思想一样,柯林武德所说的历史学家要思考和历史个体行动时要面对的局势,也并不是直接等同于群体思想的。柯林武德考虑了历史过程中的物质因素,只不过他最终将重心和落脚点放在思想方面。

柯林武德对群体思想的描述,在他分析迈亚泰人的进攻策略上可以看出。"多年前,这些迈亚泰人已经目睹马塞卢斯的军队破坏安东尼长城的堡垒。当阿尔比努斯①撤回英格兰西北部驻军时,迈亚泰人认识到,为他们祖先报仇雪耻的时机到了。他们大举入侵,没有人抵抗他们。他们以相同方式对待能发现的每一个罗马建筑。他们争辩说,没有防御工事,罗马人什么也做不了。如果他们不破坏城墙,那是因为如果那样做的话,那些城镇的居民会打退他们。他们没有准备攻城设施,只能破坏那些没有防御措施的城镇。"② 柯林武德对不列颠人起义原因的描述,体现了对集体思想的关注。"大不列颠人有更少的理由像往常那样满足。他们所拥立的皇帝忽视他们的利益,让他们自己独立谋生。因而他们反叛这个皇帝,向霍诺留斯③呈递忠诚陈词。而他们自己也武装防卫设备。但是在 410 年,霍诺留斯无论在哪方面,都不能为他们做任何事。"④

柯林武德对重演思想对象的分析,需要从四个方面理解:一、从"重演思想"这个动宾式短语来看,过去的思想是历史学家重演的对象,这是最基本的理解;二、在历史领域,思想体现在理性的、有目的的行动中。历史学家要重演过去的思想,就必须研究作为思想载体的行动。在这个意义上,这些作为思想载体的历史行动,也是重演思想的对象;三、历史学家不仅要重演过去的思想,而且要重演与思想相伴随的感情;四、历史学家要重演的思想,包括个人的思想和集体的思想两个层面。

---

① 罗马将军,原籍为罗马阿非利加行省的哈德鲁梅(Hadrumerum)。据说是元老院议员家庭出身,他后来也成为元老院议员。公元 180 年左右,他在达契亚(Dacia)以北的一次战役中立下战功。此后历任执政官、莱茵河地区军事长官和不列颠军事长官。

② R. G. Collingwood & J. N. L. Myres, *Roman Britain and The English Settlements*, p. 157.

③ 西罗马帝国皇帝,公元 393 至 423 年在位,狄奥多希次子,10 岁就成为西罗马帝国唯一统治者。他在位前期,朝政一直由斯提利科(Flavius Stilicho)把持。他是最懦弱无能的罗马皇帝,只要他主持朝政,往往会带来灾难性后果。

④ R. G. Collingwood & J. N. L. Myres, *Roman Britain and The English Settlements*, pp. 291 – 292.

但柯林武德在说明重演思想的对象时，没有对与思想相伴随的可重演的感情进行详细的界定。起码是没有作出令人信服的界定。尽管他举例说明，但是这仍然不能使人明白可重演的感情与那些不能被重演的冲动、欲望等的区别在哪里？为什么前者可以重演，后者不可以？他所说的集体的思想中，集体外延是什么？一个部落、一个民族，还是一个社会？或者是指除了个人以外的所有群体性范畴？对于这些问题，他并没有给出清晰的解释，或许他认为这些问题不需要作出特别的说明。但这并不妨碍我们理解其历史重演思想，因为柯林武德是一位理性的、辩证的思想家，给我们留下了思考这些概念的相关论述或例证。

第四节 重演思想的内涵

柯林武德在1928年的手稿《历史哲学纲要》中，第一次阐述了重演思想："历史学家如何能在他的心灵中真正地重演历史？历史学家如何能让逝去的再度复活，如何能重复已经发生的只此一次的，并且不可逆转的过去的事件？"① 思想不是完全为个人私有的，历史学家重演过去的思想也并不是对过去思想的原样"复制"。历史学家是站在自身所处时代立场上再思考过去的思想，从而解释其历史。

重演思想是柯林武德关于在历史研究中如何认识过去的核心观点。②"如何以及在什么条件下，历史学家能够认识过去？……如果历史学家对他研究的事实，没有直接和经验的知识，也没有流传下来的和经过验证的知识，那他有何种知识呢？换句话说，历史学家为了认识他所研究的事实，必须做些什么呢？"③ 柯林武德根据自己对历史观念发展史的回顾，给出的回答是："历史学家必须在自己的心灵中重演过去。"④ 对于重演思想，他提出的一般性解释是："一般来说，重演思想的意义容易理解。当一个人历史地思考时，他有一些过去的文献和遗物。他的任务是，发现这些遗物所留下的过去是什么。例如，遗物是一些书面文字。如果

---

① R. G. Collingwood, "Outlines of A Philosophy of History", in R. G. Collingwood, *The Idea of History*, p. 443.
② Mark Day, *The Philosophy of History: An Introduction*, p. 121.
③ R. G. Collingwood, *The Idea of History*, p. 282.
④ R. G. Collingwood, *The Idea of History*, p. 282.

是那样的话，他必须发现写作者用这些话所表达的意义。这意味着，发现作者用这些话表达的思想。要发现这个思想是什么，历史学家必须自己再思考这种思想。"①

因而，"现在清楚的是，历史学家习惯于将历史知识领域限于发现人类事务的原因。一个自然过程，是个事件的过程；一个历史的过程，是个思想的过程。人被看作历史过程的唯一主体，因为人被看作唯一的思考动物，或者说能够思考的动物，能够清晰思考的动物，这使人的行动成为其思想的表达。认为人是唯一思考的动物的信念，无疑是个迷信。而认为人比任何其他动物，思考得更多、更持续和更有效；人的行为在很大程度上，由思想决定，而不是由纯粹的冲动和欲望决定。这个信念可能有充分根据，足以证明历史学家单凭经验方法的合理性"②。在一切历史都是思想史这个前提下，"历史学家如何辨别他试图发现的思想呢？只有一种方法行得通：在自己的头脑中重新思考这些思想。阅读柏拉图著作的哲学史家，想知道柏拉图说某些话时所表达的思想。他唯一能做的就是自己去思考。事实上，这是我们说'理解'这个词的意思。因此政治史家或战争史家，解释朱利叶斯·凯撒的一些行动，试图理解这些行动，也就是去发现使凯撒作出这些行动的精神。这意味着历史学家自己正视凯撒所处局势，自己思考凯撒在这个局势下的所想的以及凯撒提出的应对这种局势的几种可能方案。思想的历史，因此一切历史都是过去的思想在历史学家头脑中的重演"③。

柯林武德得出的结论是："历史（等于历史思想）作为在现在对过去的重演这个观念。就一切历史都是思想史来说，情况一定如此：因为一个人只有通过思考一个思想，才能理解这个思想；通过再思考一个思想，来理解一个过去的思想……也许可以说，思想这个词的意义是不明确的。它可能意味着思考行动或者被思考的事物。现在你可以再思考一个被思考的事物，因为两个思考行动可能有相同的对象。"④ 历史学家能够通过重新思考过去的思想来认识历史，但不能原样重复过去的思想。

---

① R. G. Collingwood, *The Idea of History*, pp. 282 – 283.
② R. G. Collingwood, *The Idea of History*, p. 216.
③ R. G. Collingwood, *The Idea of History*, p. 215.
④ R. G. Collingwood, "Notes on the History of Historiography and Philosophy of History", in R. G. Collingwood, *The Principles of History and Other Writings in Philosophy of History*, p. 223.

因为重新思考过去的思想,强调历史学家现在的立足点。而原样重复过去的思想,强调现在的思想与过去的相同,这不是柯林武德重演思想的应有之意。

与此相关的是,柯林武德自己提出反对者将重演一个思想等同于重复一个思想,并借此否定重演的可能性。"可能有人会说这样的重演是不可能的,因为任何事情都不能发生两次。阿基米德发现了比重思想:我能知道他发现了这个思想,但我不能重新发现那个思想,因为发现意味着优先权。第二个思考比重思想的人,就不是在发现那个思想了。可能有人会说,这也不仅仅是个逻辑的区分:因为在发现或发明的经验中,有个独特的性质,成为第一个洞察到这个特殊真理存在的人,所具有的一种独特感受。这种独特感受是历史学家不能再度获得的,只是因为它与这样的发现紧密相连。"①

柯林武德对这种反对观点的处理方式是:"我们将通过承认这种反对意见对其作出答复。当然,每个人都知道,取得胜利的指挥官以独特的振奋心情目睹敌军防线溃败,这种振奋心情是历史学家不能再度获得的。没有人认为研究希腊自然科学的历史学家在撰写阿基米德的历史时,就应该跳出澡盆赤身裸体地绕着城镇乱跑。显而易见的是,历史学家重演阿基米德发现比重思想或指挥官取得战斗胜利的职责,并不包括实际上再度发现那个规则或再度打败敌军这样不可能实现的壮举,只是意味着对过去的这种重演是可能的。"② 按照柯林武德的观点,历史学家所进行的重演是认识历史事件,而不是重复历史事件。重演思想的反对者将柯林武德从历史认识论层面上提出的思想重演,理解为本体论层面上的重建历史。这是对他的误解,因而其观点也就不攻自破了。

柯林武德的重演思想不包括重演历史事件中的激情因素。这使他面临的问题是:"这种重演能够被称作相同事情的再次经历吗?这种重演难道不是仅仅对过去事件的一个苍白复制吗?或者所重演的是完全不同的某种东西?"对这些问题的回答,也是柯林武德对重演思想的进一步阐述。"回答是,在现在重演过去,是在给过去一个新性质的背景中去重演过去。这个新背景是对过去本身的拒绝。因而诗歌史家在阅读但丁的作品时,重演那首诗中所表达出来的中世纪经验;但在这样做时,他仍然

---

① R. G. Collingwood, "Outlines of A Philosophy of History", pp. 445–446.
② R. G. Collingwood, "Outlines of A Philosophy of History", p. 446.

是他自己——他仍然是一个现代人,而不是中世纪的人。这意味着,但丁的中世纪精神尽管在诗歌史家的心灵中真正被复活和重新经历了。这种复活和重新经历的背景是由本质上并非中世纪的习惯和思想构成的一个不同的世界。这个背景平衡和克制这种复活和重新经历,防止它占有历史学家的全部视野。"① 在这样的理解下,柯林武德分析了思想重演过程发生的背景,也借此说明历史学家的思想重演并非对思想的复制。

> 我因此真正地重演了但丁的中世纪精神,但我是在一个赋予它新性质的背景(也就是我心灵构成的其余部分)中重演它。如果我没这样做,我只是没能理解或欣赏他的诗。这种新性质是成为一个思想整体中的一个因素,超越但丁的中世纪精神。这种新性质并不是成为一个无所不包的思想整体。成为我的经验中一个因素这种性质,是历史的观念性。这个因素被其他因素克制和平衡,因而有利于整体的平衡。那个整体是实在的,而且是唯一实在的。当征服者威廉在进行攻打黑斯廷斯的战斗时,他的战略计划对他来说是实在的,因为在这个计划中,他总结了自己关于进行战争所知道的每件事。因此这个计划对他来说是个完全的整体。对战争艺术史家来说,黑斯廷斯的战术形成了他能够在自己心灵中再思考的一个思想、一个计划。但这个计划对战争艺术史家来说,并不是一个整体,它只是随着其他因素共同构成他所称的战争史那个整体中的一部分。也就是说,是他全部实际历史知识的一部分。这些历史知识是他现在思想的整体,这就如同黑斯廷斯战斗的战略计划,是征服者威廉思想的整体一样。②

柯林武德坚持:"通过关注历史当事人动机,能够最妥善地理解历史过程:'历史知识是心灵在过去所做的事情的知识,同时它是对这件事情的再次经历,使历史当事人在现在持续存在'。因而,他将历史知识称为'过去思想在历史学家心灵中的重演'。他强调只有理性思想能被重演,因而能被历史学家认识。像阿基米德的成就感和马里厄斯的痛苦这样的情感经历在随时间流逝后,不能被重新捕获。只有理性的思想'不完全

---

① R. G. Collingwood, "Outlines of A Philosophy of History", p. 447.
② R. G. Collingwood, "Outlines of A Philosophy of History", pp. 447-448.

卷入经验之流'。"① 历史认识过程的理性特质是柯林武德始终都强调的。

重演一个过去的思想活动并不是去模仿它。"因而,一切历史都是思想史,思想在此是以最广泛的意义被使用的,包括人类精神中一切有意识活动。作为时间中的事件,这些活动已经成为过去,并且不再存在了。历史学家在自己心灵中重演它们:他并非仅仅重复它们,就像一个后来的科学家可能重新发明一个较早的科学家所做的发明那样。历史学家有意识地重演它们,认识到这正是他在做的事,因而赋予这个重演一种独特的心灵活动的性质。这个活动是个自由的活动。它完全不同于模仿,模仿是通过观察其他人或兽所做的事,使一个人或兽去做其他人或兽所做的事。对于历史学家来说,并不是观察其他人所做的事,他再做一遍。直到他自己再做那些事,他才知道那些事是什么。只有在我已经理解了比重思想后,我才能理解阿基米德所做的事是什么;因此,我在任何意义上,都没有模仿阿基米德。"② 历史学家所进行的思想重演活动是自由的,不受原来思想活动限制并且具有与之不同的独特性质。思想重演过程呈现的这种特点,需要从历史学家与他要重演的对象两个方面分析。

柯林武德认为:"有另一个条件,没有它,一件事情就不能成为历史知识的对象。如我所说,历史学家与其对象间的时间间隔必须从两个方面弥合。对象必须是这样的,它能够在历史学家的心灵中复活自己。历史学家的心灵,也必须能够提供那种复活的场所。这不意味着他的心灵必须是某个种类,拥有一种历史的气质;也不意味着他必须按特殊的历史方法规则接受训练。这意味着他必须是研究那个对象的合适人选。历史学家正在研究的是某个思想:研究这个思想就是在自身中重演它,为了使它发生于他自己思想的直接性中。他的思想一定好像经预先调整后,成为被研究思想的居所的。"③ 历史学家为思想提供复活的场所,是指历史学家能够理解体现思想的文本或其他资料,在自己的心中构建思想当初发生的情境。思想要在历史学家心灵中复活自己,除了留下体现自身的相关资料外,还要适合于历史学家的研究专长。例如,要研究司马迁的史学思想,合适的人选显然是一个专于中国古代史研究的学者,而不

---

① Ilsen N. Bulhof, *Wilhelm Dilthey, A Hermeneutic Approach to the Study of History and Culture*, p. 205.
② R. G. Collingwood, "Outlines of A Philosophy of History", p. 445.
③ R. G. Collingwood, *The Idea of History*, p. 304.

是一个研究现代国际关系的学者。因为前者一般更具备相关的专业素养和研究兴趣,更易于发现司马迁的思想,并提供重演这个思想的心灵场所。

历史学家需要进行某些训练或调整,使自己成为重演某种思想的合适人选。重演的对象在思想重演的过程中,也要经历某些变化。"过去的事件,尽管是观念的,但在历史学家重演它时,它一定是实在的。在这个意义上,只在这个意义上,历史学对象的观念性与实在性是兼容的,而且确实与实在性不可分离。音乐史家对他没有听过的任何音乐作品,当然是不能撰写其历史的。因为这些音乐作品,在他自己的音乐经验中没有实际地被确立起来。在哪些方面,第九交响乐不同于马特峰①?是前者比后者更具观念性吗?"② 历史事件是观念的,因为它存在的过程或状态已经结束,只能出现在人的头脑中。历史事件是实在的,因为历史学家在重演这个事件时,也赋予了这个观念上的历史事件以实在性。物质存在就与此不同,比如马特峰,其存在状态能够在时空中持续,因而能够被记住,也就不存在历史事件所具有的那种观念性与实在性了。

历史事件的观念性与实在性是同一的。"历史学家在他的心灵中重演过去:但在这个重演中,过去并不变成现在或一个实在。实在是历史学家重演过去的真实思想。历史思想对象是实在的唯一意义是,这个对象事实上被思考。但这并不赋予过去任何实在性,就过去自身来讲。过去仍然完全是观念的。"③ "历史事件既是实在的,也是观念的;但是马特峰并不同样地既是实在的,又是观念的。马特峰不是一个事件,因为它是个物质存在,在时空中持续存在而且可能因此被感知和记住。但是历史思想的对象是一个事件,在时空中并不持续存在。历史事件的持续性在于它完全不存在,只要它有持续性的话:一旦逝去了就不存在了,没有逐渐消失的过程;在任何地点和任何时间,事件都能在历史学家的心灵中重演,因为它在任何地点与时间都不能重现。历史事件的实在性,仅仅是其观念性的一个别名:被看作自身时,它完全并仅仅是观念的;

---

① 阿尔卑斯山系最著名的山脉之一,地跨瑞士和意大利之间的边界,位于瑞士采尔马特村西南10公里处,高4478米。

② R. G. Collingwood, "Outlines of A Philosophy of History", pp. 441 – 442.

③ R. G. Collingwood, "Outlines of A Philosophy of History", p. 444.

被看作历史思想行为的对象时,它是实在的,只要思想行为是实在的。"① 柯林武德的实在性并不是指物质存在,而是指历史学家现在思考着历史事件这个事实。这个进行中的思想活动将历史事件带到当下,使其成为历史认识的对象,也具有了观念性。

柯林武德的"观念性"可以按照我们现在理解的字面意义进行解释。但"实在性"不能按我们通常的理解去解释,要结合其文本语境理解这个术语。历史事件的"实在性",不是指以具体形态事物作为其体现的状态,而是指一个观念的历史事件,进入历史学家的视野,成为历史学家重演的对象。观念性的历史事件,如果只是处于文献记载中的事件,没有被纳入历史学家动态的思考过程中,就不具有实在性。因而历史学家进行思想重演的过程,将观念形态的历史事件实在化了。"在历史学家心灵中进行的这种历史重演,是历史观念性的对立面或补充面。因为历史事实是观念的,它有自己的实在性,一种特殊的实在性:它被思想活动实在化,对于思想活动来说,它有观念性的存在。那么,历史学的对象尽管除了思想就没有其他存在形态了,只要它是观念的,就被思考它的那个思想实在化了。"② 柯林武德对历史事件观念性与实在性的解释除了体现其坚定的唯心主义立场之外,仍是很晦涩、含混的。

我们现在以柯林武德给出的一个重演思想的例子,说明重演的过程是如何进行的。"例如,假设历史学家正在阅读狄奥多修斯法典,他面前有皇帝法令的某个编辑版本。仅仅是阅读文字并且能够翻译它们,并不等于认识到这些法令的历史意义了。为了认识到法令意义,历史学家必须正视皇帝努力应对的局势,必须像那个皇帝一样去正视它。然后历史学家必须自己观察,可能以怎样的方式去应对这样的局势,就好像皇帝所面临的局势是他自己面对的局势一样。历史学家必须理解可能的解决方案以及选择一个方案而不选另一个的理由。因此,他必须经历皇帝所经历的这个特殊的决策过程。因而,历史学家是在自己的心灵中重演皇帝的经验。只有他这样做了,才能获得有关法令意义的历史知识,区别于仅仅得自文献的知识。"③ 思想重演过程是重新体验过去的经验,也是在历史学家个人经验中历史地理解过去。

---

① R. G. Collingwood, "Outlines of A Philosophy of History", p. 442.
② R. G. Collingwood, "Outlines of A Philosophy of History", pp. 442–443.
③ R. G. Collingwood, *The Idea of History*, p. 283.

柯林武德理解的"历史学是对过去经验的重演"①。"如果音乐史家没有亲自研究,他试图描述的过去音乐的成长和发展,那么他就不配音乐史家这个称号……我们可能因此大胆地说,撰写过去音乐历史的必要条件是:在现在重演过去的音乐。同样的情况也适用于其它艺术门类:例如,我们必须自己读古诗,自己看带着岁月尘埃的古画。实际上或在想象中除去这些尘土,古画的颜色恢复了它们古老的价值。同样,要撰写一场战斗的历史,我们必须再思考决定战斗不同战术阶段的思想:我们必须像敌军指挥官那样观察战场,并且从地形学角度作出结论等等。"② 历史学家重演过去的经验,就是重新思考过去的思想过程。这个思想过程因其直接性而作为历史当事人的实际经验,引起转手性即能够在历史学家心灵中复活自身而成为历史认识对象。

　　重演过去某个人的思想是为了认识这个人的历史。但这不需要历史学家直接变成那个人,这是不可能的,也因为历史学家的心灵提供了那个思想复活的新的场所。"如果一个心灵只是它自身的活动,如果去认识过去的一个人的心灵,比如说托马斯·贝克特③,就是去重演他的思想。当然,就作为历史学家的我这样做了来说,我就完全变成贝克特了,这似乎是荒谬的。为什么是荒谬的呢?我们可以说,成为贝克特是一件事,认识贝克特就是另一件事了:历史学家的目的在于后者。然而,这种反对意见已经被回答了。它依赖于对主观与客观区别的一种误解。对贝克特来说,就他是一个思考的心灵来说,成为贝克特,也是认识到他是贝克特。同理,对我自己来说,成为贝克特,就是认识到我是贝克特。也就是认识到现在的我自己正在重演贝克特的思想,在那个意义上,我就是贝克特。我没有'完全'成为贝克特,因为一个思考的心灵从来不'完全'是任何事物:它是自身的思想活动,又不'完全'是这些活动(如果'完全'意味着'直接地')。因为思想不仅是直接经验,而且一直是反思和自我认识,认识到自身是存在于这些活动中的。"④ 重演在此

---

① R. G. Collingwood, *The Idea of History*, p. 282.
② R. G. Collingwood, "Outlines of A Philosophy of History", p. 441.
③ 12世纪中叶,英格兰国王亨利二世的枢密大臣,后任坎特伯雷大主教(1162—1170年),因反对亨利而被谋害。他先后在梅尔顿(Merton)修道院、伦敦市学校、巴黎等处受教育,成年后曾任市政职员和郡长会计。3年后,由他父亲介绍到坎特伯雷大主教西奥博尔德宅第任职。
④ R. G. Collingwood, *The Idea of History*, p. 297.

是一种历史理解方式,旨在通过历史维度理解历史研究对象。

历史学家的知识与社会背景,使他在重演过去某个人的思想时,并不变成那个人。历史学家要认识纳尔逊①,就要重演他的思想,"但是对纳尔逊思想的重演,是个有差别的重演。纳尔逊思考的思想,与我重新思考的思想,当然是同一个思想。然而在某种程度上,又不是一个思想,是两个不同的思想。差别是什么呢?在我的历史方法论研究中,没有任何一个问题使我如此困惑。直到几年以后,才完全解答了这个问题。差别是背景的差别。对纳尔逊来说,那个思想是现在的思想。对我来说,它是个存在于现在的过去的思想(正如我在其他地方所称的),是植入现在的思想,而不是无所限制。什么是植入的思想呢?它是个尽管仍然存在,但在提问者头脑中不再形成问答联合体一部分的思想。问答联合体构成人们所谓的'现实'生活、表面的或明显的现在。"②

历史学家要深刻地认识某个人的思想,就要尽力去体验那个人的经历。"当我理解了纳尔逊所说的'我赢得了荣誉,我将荣耀地死去'的涵义时,我正在做的是,身披戎装,站立在敌方士兵步枪的短距射程之内,其他人建议我注意隐蔽和保护自己。我问自己,我要换掉大衣吗?我用'我赢得了荣誉,我将荣耀地死去'这些话作为回答。理解这些话,意味着自己思考纳尔逊说这些话时所想的:这不是放弃荣誉而保住性命的时候。如果我不能自己思考这些话,即使只是瞬间的思考,纳尔逊的话对我就是没有意义的。"③

因而,柯林武德的重演思想含有狄尔泰主张的"同情式理解"因素。历史学家要获得深刻的历史认识,就要设身处地设想和体验历史当事人的经历。历史学家从自身价值标准和社会立场出发,进行这种历史体验。历史学家在解读历史当事人的思想时,对自己正在进行的解读工作是有自我意识的,会认识到自己历史研究工作的价值标准和社会立场。在这个意义上,历史学家在认识历史的同时也认识了自己。"如果历史学家认识的是过去的思想,如果他通过重新思考而认识它们,由此得出结

---

① 英国海军统帅,曾和大革命时期的拿破仑法国多次作战。在尼罗河战役(1798)和特拉法加战役(1805)两大关键性战役中,击败对方;在特拉法加战役中,他在英国军舰"胜利号"上被对方枪弹击中身亡。
② R. G. Collingwood, *An Autobiography*, pp. 112–113.
③ R. G. Collingwood, *An Autobiography*, p. 112.

论，他通过历史研究获得的知识，不是与自我认识相对立的对自己境况的认识，而是对自己境况的认识，同时也是对自己的认识。在重新思考某个人的思想时，他自己进行思考。在认识到某个人思考它时，他知道自己能够思考它。发现他能做什么，就是发现他是何种人。如果通过重新思考，他能理解很多种人的思想，因而断定他一定能成为很多种人。事实上，他一定是他所能知道的所有历史的一个微缩镜像。因而他的自我认识，也是他对世界上各种事件的认识。"① 将认识自我等同于认识历史是柯林武德唯心主义与主客体同一论立场的体现。

　　柯林武德阐述的思想重演过程不是消极的、被动的，而是积极的、批判的。"这种重演只有在下列情况下才得以完成，分别就柏拉图和凯撒来说，历史学家将他所有心灵力量和所有哲学与政治学知识运用于这个问题。重演不是被动屈服于另一个人心灵符咒之下。重演是一种积极的因而是批判思考的活动。历史学家不仅重演过去的思想，他也在自己的知识背景中重演它。因而在重演它的过程中，也批判了它，形成自己对它的价值判断，纠正他能在其中辨别出来的任何错误。对历史学家研究其历史的思想的批判，并不次于对思想的历史的研究。对思想的批判是历史知识本身必不可少的条件。没有比下述观点更彻底的错误了：假设历史学家关注历史思想，只是确定'某某人的思想是什么'，而将确定'思想真假'的任务留给其他人。所有思考都是批判性的思考。历史学家重演过去的思想，在重演的过程中也批判了它们。"② 思想重演过程，不仅是认知性的，也是评价性的。历史学家的任务不仅要发现发生了什么，而且要根据自己的道德理念进行价值判断。要勇于作出价值判断，不能退缩。历史学因此是一种规范科学，并不存在完全价值中立的立场。

　　柯林武德重演思想的意义在于主张历史研究中的问题来源于现实生活，因而历史认识的过程，就是回答现实生活所提出的问题。"历史知识是对植入现在思想背景中的、过去思想的重演。现在的思想，通过与过去思想的抵触，将过去的思想限制到一个不同于其原来所处的平台上。一个人如何知道这些平台中哪一个是'现实的'生活，哪一个是纯粹的'历史'呢？通过观察历史问题出现的方式。每个历史问题，根本上都源于'现实'生活。主张剪刀加浆糊的人完全不这么想：他们认为，人

---

① R. G. Collingwood, *An Autobiography*, pp. 114 – 115.
② R. G. Collingwood, *The Idea of History*, pp. 215 – 216.

们首先养成读书的习惯，然后这些书向他们的大脑提出问题。但我不是在谈论剪刀加浆糊历史学。在我正在思考的那种历史学中，在我一生都在实践的那种历史学中，历史学问题源于实际问题。我们研究历史是为了更清楚地理解，我们被号召对其进行改造的局势。因此，所有问题根本来源的平台是'现实'生活：对现实生活所提及的问题进行解答的是历史学。"① 这可以说是柯林武德问题意识的再次体现。

重演思想强调历史当事人行为的目的性，要求历史学家在进行历史认识时，站在自己所处时代立场去重新体验历史当事人的思想。柯林武德强调历史认识的时代性，认为历史学家进行历史认识的过程，也是对时代问题进行回答的过程。他的这种历史认识，是其理论与实际统一观点的体现，"这些可能被称作'理论'问题，但它们从不是纯粹的理论问题。它们源于自身与其他事物关系的实际问题。通过对这些事物做某种事情并观察其结果，来获得这些问题的答案。这些理论问题的答案实际上一直是对它们所缘起的实际问题的解决"②。随着时代不断发展，社会的价值规范与所提问题发生变化。因而，每代人都需要重写自己的历史。

人类思想与经验的发展相互影响：思想具有持续性，可以在一段时间间隔后复活。人类的经验不断发展，也会影响对思想的解释。因而，随着人类经验的发展，需要不断重新解释人类的思想。"政治学家们在撰写他们的自传时，很好地记住了一个危机的影响以及由此产生的情感。但是他们在描述自己当时支持的政策时，容易受到其职业后期思想的影响。这是自然而然的：因为思想并不完全植于经验之流中，所以我们不断重新解释我们过去的思想，并且将它们吸收到我们现在正在思考的思想中来。"③ 这也是历史学家需要不断重写历史的原因。新的时代需要新的史学，不同的时代需要不同的史学。这是柯林武德重演思想所表达的史学理念之一。

通过重演思想，"柯林武德将历史学描述为'人性科学'，其目的是'自我认识'。对他来说，那一陈述易导致误解的简化意味着，历史学的恰当研究对象是人类的心灵，更恰当地说是人类心灵的活动，因而研究

---

① R. G. Collingwood, *An Autobiography*, p. 114.
② R. G. Collingwood, *The New Leviathan, or Man, Society, Civilization and Barbarism*, p. 125.
③ R. G. Collingwood, *The Idea of History*, pp. 295-296.

心灵的恰当方法是'历史学方法'。换句话说,历史学家通过理解心灵所做的来认识心灵。他讨论了自然科学与人文科学方法的不同,解释了前者与后者没有类比关系的原因"①。重演思想的观念性、批判性与在价值判断方面的规范性,都证明历史知识相对于自然科学知识的独特性与独立性。

柯林武德认为:"历史学家重演的心灵在重演过程中认识自己,因为所有心灵的自我意识都是历史的。"②"通过重演过去人物(通常是个体的人)的思想来加强自我认识。一个人可能期望,这样的行为能扩展一个人重演的力量,但是从重演到增加自我认识是一个漫长的过程(到增加政治智慧是一个更长的过程)。"③ 这涉及重演思想这种历史解释理论的局限性问题,"柯林武德的历史解释观念与政治事件的解释联系过于紧密。例如,如果我们研究16世纪西班牙物价上涨原因,说我们重演依据统计资料研究原因的当代人的思想就没有意义了"④。这种局限体现了学界对柯林武德史学理论的批评:过分关注历史研究中的政治维度,不适用于经济与社会史研究。但是学界对柯林武德的这种批评忽略了他阐述重演思想所面对的学术语境,有意或无意回避了其史学理论所要回答的核心问题。他并非想阐述一种具有普遍适用性的、整全的史学理论体系,而是要在实证主义史学传统占据主导地位的背景下证明历史知识的独特性与历史学研究的合法性。

与上述批评相关,学者们还指出柯林武德的重演思想过分关注理性层面,忽略了人类行为的非理性方面。"当我们阅读一份资料时,柯林武德宣称,我们在自己心灵中重演这份资料撰写者的思想。但是这太有限了。历史学家习惯于通过比较文献,发现其中的意义。这样一来,一份文献被挖掘出比其作者所思考的更多的内容。一份文献中的这些空隙即它所没有提到的内容,与它所包含的内容一样有趣。当我们将一份文献中的一个统计数据与作者没意识到的其他统计数据放在一起时,可能呈现出与其作者所想的完全迥异的面貌。我们将自己的想法施加到文献上,

---

① Mark T. Gilderhus, *History and Historians: A Historiographical Introduction*, p. 78.
② Aviezer Tucker, *Our Knowledge of the Past: A Philosophy of Historiography*, pp. 202 – 203.
③ John Vincent, *History*, New York: Continuum, 2005, p. 45.
④ Richard J. Evans, *In Defense of History*, New York & London: W. W. Norton & Company, 1999, pp. 79 – 80.

这些想法对如何解读文献有重要影响。很多资料并不是写出来的。进入某个4世纪在一座坟墓中埋藏了珠宝的人的头脑，或进入20世纪一个新闻短片制作者的头脑，远非易事。"① 学者们在评析一切历史都是思想史这一命题过程中也提出了类似的批评。但是，持这种批评观点的学者是站在柯林武德研究的起点上提出的，并未全面地、客观地认知与评价柯林武德的史学理论体系。柯林武德由于自身所持有的理性主义立场，关注历史研究中的理性层面，但并未将理性提升到独尊的位置。

学者们还指出："这样的重演（同情）至少有两个危险。柯林武德的史学方法使一种历史哲学太关注历史个体的行为。正如上一章表明的，当我们讨论目的性、行动和个体力量时，其中充满了问题。尤其是柯林武德阐述的史学研究程序强调人性的'普通意义'观念。确实没有质疑'人性'这个事物的假设。但第二个危险可能更加重要。柯林武德所谓的历史学'普通方法'是在重要观念与事件的语境中洞察思想。这意味着如果我们了解事实，历史学家应该能够通过一种'思想史'方法阐释其意义。换句话说，事实固有其合理性。尽管第一人称解释无疑是一种再思考历史表现的方式，它仍然负载着下述认识论假设：如果历史学遵循'发现'历史知识的认识论模型的话，那么它就不是真正的历史学。它使'讲述'和'表现'的问题再次凸显出来。"② 这种批评再次指出柯林武德的方法论个人主义倾向和过分关注历史过程中思想因素的"局限"。针对这种观点，上文在评析一切历史都是思想史这一命题内涵时，从个人与社会、物质与思想层面进行了辩护性阐释。上述辩护也适用于回复此处对重演思想的质疑。

柯林武德的重演思想表明，历史解释由于各方面因素影响，不断变化。"如果不将重演原理看作一种方法，而是看作历史知识的一个条件的话，每代人重写历史的观点就不那么难与重演原理调和了。与从字面上解释重演观点不同，柯林武德认为历史解释是不断变化的，没有任何解释是终结性的。这不仅是因为当方法变得更加精致、研究能力增长时证据发生变化这些外显原因，而且因为解释原则变化了。解释必须运用一个人的全部经验、历史知识、本性、生活、哲学和数学，而且要运用其思维习惯和各种心灵工具。这些因素变化了，我们对过去的观念也就变

---

① Richard J. Evans, *In Defense of History*, p. 79.
② Alun Munslow, *Narrative and History*, New York: Palgrave Macmillan, 2007, pp. 75–76.

了。价值标准的改变通常很慢，但随着每一个改变的发生，历史就要从不同的角度理解。以往认为好的，在完全不同的价值标准下可能就变得截然相反了。"① 柯林武德的这种历史知识观念对当代的历史知识构建也是有启发意义的。

重演思想是柯林武德系统阐述的史学理论体系的核心部分，关注回答"历史知识何以可能"这个问题。"柯林武德的重演理论最初是对历史知识如何可能的认识论问题的回答（回答可以概括为：历史知识是可能的，因为通过重演历史当事人的思想，这些思想被带到现在并且能在此时此地研究）。"② "思想从来不能仅仅是对象。只有在相同的思想获得能够在某个人心灵中重演这个假设下，认识另外某个人的思想才是可能的。在那种意义上，认识'某个人正在思考什么'（或者'已经思考了什么'），是指自己去思考那个思想。拒绝这个结论，意味着否定我们有任何谈论思想的权利，除非这个思想发生于我们自己的心灵中；拒绝这个结论，还意味着我的心灵是思想存在的唯一场合这个原则。我将不去反驳，任何接受那种形式唯我论的人。我正在思考，作为有关过去思想（思想行动）知识的历史学，是如何可能的。我只关注说明，历史知识只有在下述情况下才是可能的：认识另一个人的思想活动是指自己去重演它。"③ 再思考过去的思想并赋予其历史维度，这是思想重演的过程，也是历史认识的过程。

历史思想的重演不是对过去的记忆，因为记忆是我们自身的一种主观经验，不具备这种历史认知的间接性与言之有据的可信性。历史思想的重演不是对过去经验的复制，因为这种历史认知的选择性与批判性使历史学家总是用一定原则去解释"自己不能说话的"资料。历史思想的重演的指向不是过去，尽管历史理解的前提是将现在分解为过去与未来两个部分，但现在是时间之流的最终流向，过去的经验内容只有在现在赋予它的先验概念中才能得到理解，才能历史地定位。"但作为将历史学看做一种人文主义研究的理由，这也是柯林武德承认的理由，除了运用

---

① David Boucher, "In Defence of Collingwood: Perspectives from Philosophy and the History of Ideas", p. cv.

② F. R. Ankersmit, *History and Tropology: The Rise and Fall of Metaphor*, Berkeley: University of California Press, 1994, p. 51.

③ R. G. Collingwood, *The Idea of History*, p. 288.

社会科学和实证主义的理论和方法之外,同样重要的是,批判的重演过去的思想。我们或许可以这样阐述这一点:正如以往历史学家孜孜以求的和柯林武德在其历史学实践和哲学反思中着力构想的,历史理解从要求历史学家运用实践理性的意义上说,是人文主义的。"① 作为历史理解根本的历史思想重演过程例证了这一点。具备历史学的心灵或思想过程,只有在历史学家再思考它时才能成为历史知识的组成部分。这种思考是从"人"出发,也是为了"人"的自我认识的。

柯林武德的重演思想不仅要获知历史当事人的思想或目的,更要了解历史上的"他者的心灵"。其认知方式是从个体着手,但他又并未仅仅停留在个体心灵认知层面上,也想获知历史上由诸多他者心灵构筑的集体心灵的本质。结合柯林武德从事的诸多学术领域,我们会发现,他在进行历史认识论问题研究时结合历史事实的特殊性,但是注入概括化的哲学理论思维。他通过历史学与哲学的融合,赋予历史事实具有科学特质的普遍化思维。此外,他通过强调历史学家作为研究主体具有追问能力与特质,突出历史事实并非僵滞在既往历史时空中的孤立单子,恰恰相反,它是当下世界建构的能动因素。他在论述历史思维时,将历史事实的个体特征与普遍思维相结合,将过去与现在相联接,比较妥善地处理了历史知识中普遍与特殊、过去与现在的关系,也塑造了一种有生命力的历史知识理论。

---

① William H. Dray, *History as Re-enactment: R. G. Collingwood's Idea of History*, p. 327.

第五章 思想遗产

第一节 历史知识性质"同异"之争与批判的历史哲学

19世纪末20世纪初,西方历史哲学发生了第一次转向,即由思辨的历史哲学到分析的或批判的历史哲学。这一转向也是由历史本体论到历史认识论的重点转移。西方学界围绕历史知识性质及其与自然科学知识关系的问题展开探讨,由此推动20世纪西方史学理论研究的问题更迭与范式变迁。

历史学是一门科学吗?如果是,它是自然科学意义上的科学吗?近百年来,西方历史哲学界围绕这一核心问题进行了持续的讨论和论战。参加这一学术论战的学者可以分为实证主义者与唯心主义者两个阵营。实证主义者认为,历史学与自然科学没有差异,历史学研究的知识论是自然科学的思维模式。与此相对,唯心主义者认为,历史学与自然科学是有差异的,历史学研究对象、方法与目的不同于自然科学。就外延来看,实证主义者包括19世纪孔德实证主义纲领的追随者和20世纪30年代的逻辑实证主义者。唯心主义者包括狄尔泰、克罗齐与柯林武德。

历史学家是其所处历史时代的"产儿",其学术研究也无法撇开时代的影响。唯心主义阵营的代表人物,并不反对自然科学发展所产生的社会效应,反对的是将自然科学思维模式移入历史研究领域。其实,身处自然科学飞速发展的时代,狄尔泰、克罗齐和柯林武德的史学理论研究也深受自然科学的影响。"爱因斯坦的广义相对论(1913年),在被1919年的天文学观察证实后广为人知。这创造了一种思想氛围,其中的'事物面相'随着观察者角度的改变而改变。观察者与事实相对性的思想被两次大战之间很多哲学家应用于历史学,特别是意大利自由主义思想家克罗齐与他的英国同道柯林武德。他们的这种做法与战前的德国哲学家威廉·狄尔泰类似。狄尔泰开始对获得客观知识的可能性持怀疑态度。"① 唯心主义者与实证主义者面对着共同的社会背景与学术传统，在历史知识性质问题上却作出了迥然相异的学术选择。这种学术观点的对立与论辩使唯心主义阵营三位代表人物的学术主张趋同。

狄尔泰、克罗齐与柯林武德三位历史唯心主义者的共性体现在，"都一致坚持人类行为与非人类实体的基本区分，以及相应的学科群之间的基本区分。这些学科分别研究这两类不同的行为。这些被命名为与自然科学相对的人文科学，或者用德国类似的精神科学与自然科学的表达。根据这一学派，自然科学的任务是解释非人类现象，并通过发现这些现象一致遵循的规律来完成这个任务"②。这一立场体现了三位唯心主义者与实证主义者学术立场的差异：人类世界与自然世界有本质差异，研究两者的历史学与自然科学遵循的学术理论也是不同的。唯心主义者坚持人与自然对立的二分法，由此将历史学与自然科学区分开来。

除了上述共性之外，唯心主义阵营内部的三位代表人物的观点也存在差异。柯林武德与狄尔泰在研究史学理论的过程中，对"历史"概念的范围有不同理解。"为了进一步澄清狄尔泰解释学历史理解的观点，将它与柯林武德的历史知识理论进行比较或许有益。柯林武德对历史哲学的兴趣始于他在翻译古典古代哲学文本时意识到的困难。他意识到，古典古代作家没有像我们一样用不同语言谈论相同的事情，如谈论运动和能量，他们谈论的完全是不同的事物。柯林武德觉得，自己大多数同事没有意识到他们所使用的词汇是高度历史性的。为了理解过去写就的文本的意义，柯林武德在他著名的《历史的观念》中提倡一种与狄尔泰历史理解理论相似的重新体验理论。但是柯林武德关注的历史比狄尔泰关注的范围更加狭义：将过去及过去的事件看作历史当事人有意识行为的结果。相反，狄尔泰广泛关注集体、社会和文化结构。"③ 相对来讲，柯林武德对历史的理解更加个人化、主观化。他以历史学家个人经验为历史理解的出发点，将历史学研究对象纳入其思想领域。

---

① Richard J. Evans, *In Defense of History*, p. 26.
② Arthur C. Danto, "Historical Explanation: The Problem of General Laws", in Arthur C. Danto, *Narration and Knowledge*, New York: Columbia University Press, 2007, p. 205.
③ Ilsen N. Bulhof, *Wilhelm Dilthey*, *A Hermeneutic Approach to the Study of History and Culture*, p. 205.

探讨的"历史"外延不同,使柯林武德与狄尔泰所理解的历史知识存在下述五方面的区别:"第一,像所有知识一样,历史知识是一件认识完全的人的事,而不仅仅认识他的理性。第二,历史知识不限于认识历史当事人理性的思想,而在于认识全部人类经历。第三,历史当事人并没完全意识到他们通过自己的行动想要实现的目的与实现的事情。"第四,"狄尔泰主要关注过去人们体现人性的不同方式。这种过去是摆脱了现在的"。第五,"狄尔泰的努力只在确保认识过去的、仍然存在于人们固定表达中的一种无意识的、潜在形式的客观知识"。① 当然,这些学术差异表明柯林武德与狄尔泰这两位同道中人是"有差异地同一"。

克罗齐与柯林武德既是哲学家,又是历史学家,这种学术身份使他们的史学理论研究紧扣历史学发展实际,又不乏超越以实证精神为训的历史学研究的哲学思辨性。为了证明历史学知识的独特性,克罗齐将自然界与人类世界区分开来,并由此论证了自然科学与人文科学的差异。"孤独的牛津大学历史主义者"柯林武德也是按照这种研究理论分析历史知识的。

克罗齐与柯林武德都侧重于揭示历史学研究的理性维度,注重历史学研究的道德训诲功能。"这样,我们更易于理解克罗齐在《历史学的理论和历史》中提出的命题:'一切真历史都是当代史'。许多读者不知克罗齐是谁,却记住了这个广布四海的命题。如今,稍有史学理论知识的人更容易明白克罗齐提出这个命题的立意,即惟有现在的兴趣和要求才促使我们去研究过去、激活过去,将编年史转变为历史。这种活的历史、真历史因为活在当下而可以称之为当代史。这正是一种历史主义思想的演绎。从历史学研究的角度,我们换一种说法,这个命题说的便是历史研究必须具有关乎现在的问题意识。据此,克罗齐声称兰克和布克哈特的历史学是没有历史问题的历史学,理由是:兰克不能敏锐感觉到促成他自己历史研究的现实根源,不能在历史写作中承担时代赋予他的道德使命,而布克哈特总是想逃离他生活的动荡世界,把历史当作避风港。这未必是对兰克和布克哈特的唯一解释,但在克罗齐的眼中,没有历史问题的历史学必定是反历史主义的,因为历史学家作为研究者,他

---

① Ilsen N. Bulhof, *Wilhelm Dilthey, A Hermeneutic Approach to the Study of History and Culture*, pp. 205–206.

的研究主题必然受制于当代自我意识的发展,历史学家若总是想脱离自身处境,那历史学的意义也将丧失,只能成为一种没有现实责任感的历史。"① 这体现了克罗齐与柯林武德学术立场上的共性:突出问题意识,强调通过研究历史问题来关照现实生活的时效性。

在批判历史怀疑主义观点过程中,克罗齐和柯林武德从文化层面阐明了历史学的用处:"尽管有几位著名的实在论历史学家仍然在反复申说着一个根本上错误的观点:他们的同道提到的'认识论上的怀疑主义'不仅指不可能理解过去的意义,而且指不可能获得任何意义。这既不是一个新论点,也不是不那么谬误的观点,因为它的核心假设是错误的。这就是必须有两种相对立的、也必然对立的研究过去的观点——或者你在认识论上了解它的意义,或者不了解。意大利历史学家克罗齐和有影响的唯心主义历史哲学家柯林武德很久以前就批驳了这个奇怪的观念。他们都同意仅仅因为我们都有共同的思想和认知构成即语言,我们才可能为过去提供一种文化上有用(实际上是建立在过程上的)的意义。"② 历史学作为二者都认可的人类经验形式,靠相应的社会文化来保障其存在根基。

在学术旨趣上,克罗齐与柯林武德在各自的学术生涯中都致力于论证历史与哲学、历史思维与哲学思维的同一。"关于历史学与哲学的同一性,克罗齐在其《逻辑学》第二部第四章中曾反复加以申说。通常所谓的认识或知识,基本上是通过概念分析的方式(如,人是脊椎动物)。但是历史学还需要有生活的体验,有的人称之为生命,克罗齐则称之为精神,也就是说它本质上是一种精神境界。单只澄清人们的逻辑概念,那思路只能停留在语言文字的水平上;只有深入体验生命本身,才能掌握到精神的(因而是历史的)实在。因此也可以说,历史即实在,实在即历史;也因此克罗齐就得出了这样的概括:'唯有生命与实在才是历史。'艺术和历史就穷尽了全部的实在;所谓人就是艺术家而兼哲学家(即历史学家)。既然历史学即哲学,哲学即历史学,所以就并不存在历史学家的思想与哲学家的思想之别;历史思维即哲学思维,哲学思维即

---

① 陈新:《葛兰西实践哲学中的历史性》,《北京师范大学学报》(社会科学版)2012 年第 4 期,第 94 页。
② Alan Munslow, *Narrative and History*, pp. 169–170.

历史思维，二者乃是同一回事。"① 后期柯林武德也提出了一切知识都是历史的主张，其中也包括将哲学与历史学同一的学术诉求。

克罗齐确实影响了柯林武德的史学理论研究，尽管我们不能精确量化其影响程度。但柯林武德在自身学术生涯中所经历的学术立场转变表明，他的史学理论主要是通过个人长期的学术探索获得的，而非从克罗齐那里习得的现成结论。从学术影响来看，"二战"后西方史学理论研究就是围绕柯林武德在《历史的观念》等著述中所表达的观点展开的。如果从 20 世纪 40 年代中期到 60 年代中期的西方史学理论发展史中选取代表人物的话，柯林武德是当仁不让的首选对象。这一段学术史也使柯林武德摆脱了生前那种"学术孤儿"的状况，其理论观点成为英国、美国、荷兰等国史理论研究者竞相研究的热点。柯林武德的史学理论观点由此在现代西方社会展现出其巨大影响力。

实证主义者认为，历史学知识与自然科学知识的性质是相同的。孔德、巴克尔和穆勒提出的实证主义哲学观点激起了强烈的应战。其论争对手狄尔泰、克罗齐和柯林武德共同论证，源于自然科学的类比不可行，历史写作的复杂性要求完全不同的概念体系。柯林武德的《历史的观念》体现了批判实证主义传统的学术立场。实证主义者是柯林武德及其史学理论观点追随者的重要论战对手。

柯林武德批判"事实+规律"的实证主义知识模式的原因是："第一，唯心主义者坚持他们的方法是健全的，宣称如果谨慎、严格地执行他们的方法，对心灵的运作确实能够得出可以证实的理解。通过正确使用文献档案即信件、日记等，历史学家能够进行合理的推论。第二，唯心主义者看重关于过去的积极的、活跃的思想的作用。只有通过这样的手段，他们才能给历史学带来活力。柯林武德谴责愚钝地复述基于早前'剪刀加浆糊史学'权威的纯粹事实。最后，柯林武德认为实证主义者强调的概括对历史学研究无关紧要。"② 以柯林武德为代表的唯心主义者与实证主义者之间的对话与论战是"二战"后西方历史哲学发展史上的重要学术景观。

双方的争论渗透到关于历史方法论的所有讨论中。"对历史解释、因

---

① 何兆武、陈启能主编：《当代西方史学理论》，上海，上海社会科学院出版社，2003 年，第 132—133 页。

② Mark T. Gilderhus, *History and Historians: A Historiographical Introduction*, pp. 79 - 80.

果性与客观性的不同概念直接与这个争论相关,而且体现了当代争论的其他方面。这进一步表明历史思考的一些复杂难料的结果。这使学界更加信赖哲学家沃尔什的观察,事实上'历史学是一门比我们惯常了解的更加陌生、更加困难的学科'。"① 柯林武德与实证主义者围绕历史知识性质问题、历史认识客观性问题和历史解释中的因果观问题展开论争。

按照柯林武德的理解,如果我们称历史学是一门科学的话,那么历史学也绝不是自然科学那种意义上的科学。他的史学理论是对"历史学是不是科学"这个问题所作的一种回答,也表明了他对历史学中科学主义或唯科学主义倾向的反抗。他反对的是按照自然科学的模式去构想历史学,但他并不反对自然科学知识。按照自然科学模式所构建的历史学有这样的原则,历史学家所研究的过去是不依赖于历史学家的解释行为独立存在的;历史学家对过去的叙述应该与这个独立存在的过去一致,也就是,历史学家应该做到兰克所提出的"如实直书";历史学家在叙述过去时,不应该将自己的价值和情感倾向渗透其中,不应对过去做任何价值判断,应该保持"价值中立"。

柯林武德认为,布莱德雷于1887年出版的《批判历史学的前提假设》"在原则上已经完成了历史知识理论中的哥白尼革命"②。布莱德雷认为批判的历史学是认识到自身认识前提与限度的历史学,而通常所见的历史学是"非批判的",因为它们没能认识到这一点,认为可以不带任何"偏见"地进行历史研究。"我们已经看到了何以每一种历史都必然以预先判决为其基础的原因,而经验则证实了事实上并没有任何一种历史其基础不是这样的,不是从它的作者的特殊立场而得出来它的个性的。根本就不存在没有任何预先判决的历史这样一种东西;真正的区别只在于有的作者有着他的各种预先判断而并不知道它们是什么,并且他们的预先判断可能是错误的,又有的作者则是有意识地根据自己所认为是真理的已知基础而在有意识地发号施令并且在创造。"③ 这表明预先判断在历史学中的普遍性。

柯林武德继承布莱德雷思想,指出历史学家与作为其研究对象的历史之间的关系,并不是彼此孤立的。历史学家自身的政治和价值观影响

---

① Mark T. Gilderhus, *History and Historians: A Historiographical Introduction*, p. 80.
② R. G. Collingwood, *The Idea of History*, p. 240.
③ 〔英〕F. H. 布莱德雷:《批判历史学的前提假设》,第28页。

他的历史认识与理解。这种历史认识也使历史学家与历史资料之间的关系发生变化：历史学家不再单纯满足于批判、整理历史资料，并将它们组织成有关某一主题的合理历史叙事。他要更深入地挖掘史料中潜藏的历史意义，体会历史当事人的思想与目的，对历史事件作出有效的历史解释和相应的价值判断。柯林武德所理解的科学历史学的共性是：历史学家并不简单地重复权威所告诉他的内容，证词的罗列不是历史学；历史学家提出问题，并在自己所拥有的资料中寻求解答。

柯林武德认为，历史学家认识到并且承认自己在历史认识过程中存在的前提假设，有利于而不是妨碍历史认识。因而，历史学家重演过去的思想是"有差别的重演"，而不是对过去思想的"原版复制"。"有差别的重演"的原因是，进行思想重演的主体或者说进行历史认识的历史学家有自己特定的价值观。尽管历史学家要尽量体验历史当事人所处的情境，重新思考历史当事人所进行过的思想活动，对历史事件作出解释和评价，但这并不能抹煞作为历史学家进行这一系列思想活动出发点的"前提假设"。这就是说，历史学家进行历史认识只能从他自身的时代立场和价值观念出发，在此基础上作出的判断也只能是历史的判断。

> 历史学家是一个人，一个处于具体时空中的人。他从现在的观点观察过去：他从自己国家与文明的观点出发，去观察其他国家与文明。这种观点只对他以及立场与他相似的人们是有效的，但对他确实是有效的。他必须立足于这种观点，因为这是他能具有的唯一观点。如果他没有一种观念立场，那么他就不能理解任何事。例如，对中世纪成就所做的判断，会因历史学家是个18世纪、19世纪或20世纪的人而不同。身处20世纪的我们，知道18和19世纪的人是如何看待这些事情的，也知道他们的观点不是我们所能具有的观点。①

随着历史不断发展，人们的观念发生变化，也必然要对历史进行重新认识，需要重写历史。每一个判断都是历史的判断，因为判断者的价值立场会因社会变迁而不断变化。因而每一代人都需要从自己的角度重

---

① R. G. Collingwood, *The Idea of History*, p. 108.

新认识和评价历史，这就暗合了克罗齐的名言："一切真历史都是当代史。"在这个问题上，英国历史学家爱德华·卡尔赞同柯林武德，认为历史学家从一定社会和价值立场选择和解释历史事实，"如果我们试图根据抽象的、屹立于社会之外的个人观念行事，我们就既不能真正理解过去，也不能真正理解现在……历史学家是一个个体的人类。像其他个体一样，历史学家也是一种社会现象，是他所处社会的产物和有意、无意的代言人。历史学家正是凭借这种地位，来处理过去的事实的……历史学家是历史的组成部分。历史学家在历史过程中所处的地位，决定了他观察过去的角度"①。有什么样的历史，就有什么样的历史学家，反之亦然。

历史认识客观性问题，是分析的或批判的历史哲学探讨的重要问题之一，也是难题之一。柯林武德属于分析的或批判的历史哲学这一流派，当然也不能回避这个问题。而且，对历史认识客观性这个问题的认识，也直接牵涉对历史学的定位。

西欧发生工业革命与科学技术进步，使西方人相信他们即将迎来历史发展的黄金时代。在大多数知识分子心里，科学是人类心灵所取得的最高成就，科学方法是解决人类一切问题的根本方法。西欧历史的发展和自然科学技术的进步，也极大地提升了历史学家的自信心。实证主义史学家认为，历史学家能够像自然科学家探索自然现象那样去认识历史。在价值观念上保持中立，是实证主义史学家秉持的原则，也是保持历史认识客观性和历史学科学性的重要前提。至于历史学家能否真正做到完全客观、中立，历史学家自身的价值观、政治倾向对历史认识的影响这类问题，实证主义史学家认为无需考虑。这是自然科学发展赋予历史学家以征服历史领域信心的表现，也是实证主义史学家没有这类问题意识的体现。对他们来说，如何保证历史认识客观性问题是无关紧要的。这种客观性理念成为后来的史学家和历史哲学家诟病实证主义史学的缘由。

实证主义史学家所理解的客观性，是排斥价值判断的。与此不同，柯林武德所理解的客观性，并不一定是排斥价值判断的。但这绝不意味着，他主张一切历史知识都源自历史学家的主观洞见。因为他既反对历史认识中将主体与客体看作彼此独立的实证主义倾向，也批评将客体完全消解于主体之中的倾向。② 因此，有学者从一切历史都是思想史这个

---

① E. H. Carr, *What is History*, pp. 41–43.
② R. G. Collingwood, *The Idea of History*, p. 190.

命题，推论出柯林武德认为历史学完全是历史学家主观建构的观点，是对他的一种误解。在他看来，真实的历史虽然对历史学家来说是当下不在场的，在时间上远离现在的，但历史通过潜藏在当前证据中的形式存在于现在。历史学家从现在的立场出发，以存在于现在的证据为媒介重构和认识历史。

在柯林武德看来，历史学家从自己的立场与视角出发选择相关的历史事实。至于确定哪些事实作为要解释的历史事件的原因，取决于历史学家的理解。因此，确定历史事实的过程，也是历史学家对事实进行价值判断的过程。实证主义史学家认为，历史学家所确定的历史事实不受他个人价值观影响，如此才能保持历史研究的客观性。在历史认识客观性这个问题上，实证主义史学家认为历史学家遵守不偏不倚、价值中立的原则是保持客观性的必要条件。而柯林武德认为历史学家要保持历史认识的客观性，恰恰要承认自己在历史认识中是有价值判断的。两种立场的分歧体现在：

> 根据人本主义或唯心主义的模式，原因就不是等待着被发现、而一旦发现后就在被叫作"历史"的古董博物馆中永远保持不变的单纯客观事实。毋宁说，它们既是历史判断或历史解释的产物，又是历史判断或历史解释的前提；指导着这些判断或解释的建构过程的，主要是有关责任定位的价值判断（如美国内战史的编写就是如此），或是另一些构成了历史学家的"观点"的准价值。也正是由于这一原因，两个以上的历史学家在运用同一个证据时，可能会出于他们的因果说明和解释模式而得出完全不同的结论。①

柯林武德与实证主义者之间分歧的焦点在于，历史认识客观性与历史学家的价值判断是否矛盾。实证主义史学家认为客观性是排斥价值判断的。柯林武德认为保持历史认识的客观性，是需要历史学家的价值判断的。"客观性并不意味着永恒性，只是意味着相似经验之间的共性。"②

---

① 〔加〕里昂内尔·鲁宾诺夫：《历史哲学》，刘清平译，朱志方、张建华校，载于欧阳康主编：《当代英美哲学地图》，北京，人民出版社，2005年，第350—351页。
② R. G. Collingwood, "Notes Towards A Metaphysic", in R. G. Collingwood, *The Principles of History and Other Writings in Philosophy of History*, p. 135.

他对这个观点的进一步解释是:"客观性是观念的特征,凭借这个特征,客观性超越了经验。对我的经验所具有的内容来说,某件事不属于我的经验,这件事是客观的。客观性不需要超越所有经验:称法国大革命是个客观的历史事实,并不意味着法国大革命真的独立于革命参与者的经验而独立存在;也不意味着,在那个经验中,革命就恰好在我研究它时而出现在我面前;称这场革命为客观的涵义是,法国大革命是一个思想或观念的对象,这个对象以不同的方式呈现给经历它的不同的人。对法国大革命有真正了解的每个人,无论是大革命的见证者还是历史学专业的学生,知道大革命实际上或本质上是什么。也就是说,这些人构想大革命的本质。而且,这个本质是公共的、客观的一个观念,任何思考它的心灵都能够认识它。"①

我们要结合柯林武德"活着的过去"的思想,理解上面这段话的涵义。法国大革命已经过去了,但它以文本资料或实物遗迹形式仍然存留在现在。具有法国大革命相关知识的人,能够凭借当前的相关证据,在自己的头脑中重新构建大革命的知识图景。不同研究者的政治和价值观念不同,可能会从相同的历史资料中选取不同的历史事实,或者赋予相同历史事实以不同的意义。不同研究者所理解的法国大革命的面貌,可能也是不同的。但法国大革命是思想的对象这个事实,是客观的。只是不同思考者去思考这个对象时,法国大革命可能会呈现出不同面貌。柯林武德表明,历史认识的客观性不是历史学家通过放弃自己的价值判断标准而获得的。历史学家恰恰需要根据自己的政治和价值观去理解和评价历史,才能认识客观的历史。

柯林武德的上述观点,容易使历史认识陷入极端相对主义和怀疑主义之中:既然每个历史学家从自己的立场出发,所认识到的历史都是客观的。那么,有多少种关于客观历史的不同认识,也就有多少种客观历史了。他也意识到自己的史学理论将面对的这个理论难题。按他的理解,历史学家进行历史认识时所依凭的政治和价值观,应该是历史学家所处的时代赋予他的"前提假设",而不是历史学家个人的偏见。他认为,处于同一时代的历史学家因为拥有相同的"前提假设",对同一历史事实的认识会取得某些共识。例如,在某个社会中,"人性是恶的"这个

---

① R. G. Collingwood, "Notes Towards A Metaphysic", in R. G. Collingwood, *The Principles of History and Other Writings in Philosophy of History*, p. 134.

信念被广泛接受和认可。这个社会中的历史学家，在分析历史事件时就会首先从"人性是恶的"这个基本前提出发。在美国内战发生原因上，学者们的观点大体可分为阴谋论、冲突论和修正论三种。那么，来自承认"人性是恶的"社会的历史学家，在分析美国内战原因时，可能会支持阴谋论的观点，认为美国内战是政治领导人为了谋求自身利益而蓄意发动的。

在历史解释的因果观上，柯林武德与实战主义者的观点也是针锋相对的。"实证主义因果观是，即使被选择项自身并非其结果的充分条件，在称呼它为原因的时候，我们含蓄地宣称它促成了不确定系列的充分条件。换句话说，我们宣称在外在环境不变的情况下，这个原因的出现使结果的发生不可避免。至少在这个意义上，原因和结果之间存在一种必然联系。"① 实证主义者理解的原因与结果之间存在的必然联系，为"普遍规律"在历史解释中发挥效用腾出了空间，与此同时也扼杀了历史发展的可能性与自由意志。

但是，"历史学的自主性源于历史解释不能归于普通的因果解释。……按照奥克肖特教授的观点，在历史学中没有个体历史事件能够借以'化约为一个原则表现'的普遍规律。历史学家对其材料应用自身的解释类型。就奥克肖特使用的因果类型来说，他是在一种特殊的意义上使用因果观念。柯林武德将这种特殊意义界定为，历史学中的'原因'通常被理解为'促成历史事件的人心灵中的思想'，它就是'事件的内部'"②。柯林武德与奥克肖特在因果观问题上的相似性表现在，他们都反对用"普遍规律"解释历史事件。

对柯林武德来说，"如果一个原因被称作一个历史活动的充分条件，那么它被这样称谓不是在行动必然发生的意义上，而只是在行动按照理性必然发生的意义上。不需要一种无之必不然意义上的必要条件，而需要一种缺少它就没有好的理性引导行为意义上的必要条件。……因为它们是原因，它们必然抑制个体的自由。但因为它们是行动的原因，对柯林武德来说，它们不能按照规律演绎的方式与其结果联系起来。因为这会取消个体的自由意志"③。柯林武德从历史理性维度对实证主义者眼中

---

① William H. Dray, *Philosophy of History*, p. 64.
② Patrick Gardiner, *The Nature of Historical Explanation*, p. 30.
③ William H. Dray, *Philosophy of History*, pp. 65–66.

原因与结果之间的关系进行"松绑"。当"无之未必不然"的或然性观念进入历史解释的因果观时,历史学研究的独特性与历史发展的多样性从认识论意义上得到了保证。

每个历史学家的经验都是独特的,但不同历史学家的经验在观念或思想层面上又可能具有相似性。"我的经验只能是我的,不是其他人的。但在我的经验中显现出来的观念,也可能在其他人的经验中显现出来。没有两个人能经历相同的牙疼,但他们可能都牙疼。因而,不同的观念提供了不同经验汇聚的一个共同基础。任何思想领域都是一个公共领域,不但能被每个共有的心灵认识,而且能被两个有相似经验的心灵认识。正是因为他们有相似的经验,他们能有相同的思想。正是通过拥有相同的思想,他们能认识到他们的经验是相似的。"① 柯林武德认为,一个人的历史塑造了人性在他身上的表现,这种人性表现又影响着他对历史的理解。因此,具有相同社会背景的历史学家,能够达成历史认识共识。

柯林武德从主体与客体、主观与客观两个层面,分析了历史学的知识模式是不同于自然科学的,历史学是一门独立的学科。他认为研究自然现象的正确方法是自然科学的方法,而研究人类心灵的正确方法是历史学的方法。他试图完成由布莱德雷发起的历史知识理论中的哥白尼革命,证明和捍卫历史学的自律性。他进行这场革命所针对的对象是历史学中的实证主义传统。实证主义史学家遵循照镜子式的、机械的认识论,认为历史学家通过分析整理历史资料,可以如实地认识历史。按照实证主义史学家的理解,历史认识的主体(历史学家)和客体(本体历史)是彼此独立的,历史学家要做的就是像照镜子一样如实反映历史。

按照柯林武德的问答逻辑,历史认识的主体和客体是相互影响的,历史学家的地位会影响他所认识到的历史。他认为历史学家在叙述历史时需要进行解释,而解释历史事实的过程也是进行价值判断的过程。因此,历史学家要保持历史认识的客观性,就需要从自己的立场出发进行价值判断。柯林武德融合客观性与价值判断的思想,并没有成功地解决历史认识论中的客观性问题。但他所追求的目标是将历史学从自然科学的专制暴政下解放出来,"在我历史地勾勒历史观念的发展时,我已经努

---

① R. G. Collingwood, "Notes Towards A Metaphysic", in R. G. Collingwood, *The Principles of History and Other Writings in Philosophy of History*, pp. 133 – 134.

力表明,历史学是如何最终摆脱自然科学的学徒状态的"①。柯林武德史学理论为捍卫历史学的自律性作出了积极贡献,也从不同角度给后世历史学家和历史哲学家以有益启示。

柯林武德认为:"观念是重要的。他所写的每一页文字都是其严肃性的证明,这些文字既生动又不失深刻。他认真思考了一系列理论问题和实践问题,深入反思了艺术、历史学、哲学和政治学的本质,呈现出一种巧妙而有吸引力的黑格尔主义形式。"② 沿着黑格尔的思路,他强调历史研究中理性的重要性。这体现在历史学研究是对历史当事人思想与目的的挖掘。除此之外,他的史学理论体系也探究了物质因素、非理性因素在历史研究中的地位。因而,理性主义倾向是我们认识柯林武德的维度之一,而不是唯一的维度。我们更应该从他所要回答和解决的"问题"去分析其史学理论:从注重理性因素出发,柯林武德的史学理论研究体现的是对历史学独立学科地位问题的关切。

柯林武德的史学理论研究推动了旨在证明历史知识性质独特性的批判的历史哲学的发展。"然而,柯林武德的著作直到"二战"后批判的历史哲学发轫并快速发展时才得到广泛研究。当时的分析哲学家们摆脱了逻辑实证主义模型,扩大了兴趣范围,将历史知识性质等问题纳入自己的视野。科学哲学家卡尔·亨佩尔1943年发表的一篇有关历史解释性质的文章极大地推动了这种发展。"③ 而"柯林武德的成功是因为他的思想广为流传,他以生动口号体现其思想的才能,他认识到历史学本质上的自主性与非(自然)科学特点(所有这些表明历史学的名分,即历史学是一种有其自主权利的活动,而非自然科学灰色的影子),以令人尊敬的哲学外衣表达的、回溯到沃尔特·斯科特爵士的一种历史想象传统"④。柯林武德的史学理论推动了批判的历史哲学的发展,但他的影响并未限于这方面。

柯林武德在很大程度上规范、引导着英美学界对历史哲学的认知与研究路向。"柯林武德是一位宣传者、简化者与困难的回避者,一位历史

---

① R. G. Collingwood, *The Idea of History*, p. 315.
② Gary K. Browning, *Rethinking R. G. Collingwood: Philosophy, Politics, and the Unity of Theory and Practice*, New York: Palgrave Macmillan, 2004, p. vi.
③ William H. Dray, *Philosophy of History*, p. 4.
④ John Vincent, *History*, p. 41.

学的宣传员。但是和20世纪上半叶大学中历史学家不反思的职业行为比较起来，柯林武德的口号与简化有生命力。就主要方面来说，他对所有从事社会科学研究的人来说是一个当代的心灵。……他错误之处甚至比他正确之处影响更大。"① "伟大的研究者倾向于证明其伟大，更多的是在对一种研究的推动作用上，而非精确地指明方向上。如果他们建立一个学派，更倾向于是一种研究学派，而非思想学派。历史哲学的情况就是如此。历史哲学研究已意识到一些鲜明特点，尤其是后期柯林武德的印记。"②

因此，"如果问英国历史学家的历史哲学是什么，可能会得到一个毫无用处的答案，或者说他们认为柯林武德大体上是正确的（他们常常谨慎地加上，除了柯林武德的错误之外）。因为柯林武德是一个天才的宣传家，他用英语写作，他捕捉到战后一代人的心声。尽管马克思主义的兴起与社会科学的出现在一定程度上削弱了柯林武德的影响，但柯林武德是实践上最炙手可热的历史哲学家（在一个人如何研究过去的意义上，而不是在过去如何运行的意义上）"③。这体现了柯林武德在20世纪西方历史哲学从思辨的历史哲学到分析或批判的历史哲学转型过程中的重要地位。在后一历史哲学范式下，史学理论研究者关注的问题是认识论意义上的"我们如何认识历史"，而非本体论意义上的"历史是什么"。

柯林武德的史学理论研究有其特定的时代背景与学术语境，但其影响超越了这种时空樊篱，"在意识到第一人称解释认识论后果的历史学家中间，很久以来就日益分析解释的实践与它对一个国家（和一个阶级、种族或性别）历史意识的影响。在一定意义上，考虑到英国史学理论家柯林武德的影响，这没有什么可奇怪的。尽管柯林武德的著述已是60年前的事了。将历史学家安放在历史过程的中心，问人们如何以及从何人那里获得其生活的意义？柯林武德给历史学家的答案是，通过'再思考'历史人物的思想来理解其目的。众所周知，这是历史学课堂中的一个重要活动，以一种同情式活动出现的角色扮演是其主要形式"④。柯林

---

① John Vincent, *History*, p. 48.
② Michael Oakeshott, *What is History?*, Edited by Luke O'Sullivan, Charlottesville: Imprint Academic, 2004, pp. 204–205.
③ John Vincent, *History*, p. 39.
④ Alun Munslow, *Narrative and History*, p. 75.

武德史学理论观点的阐述及后世学者的相关研究,并非一蹴而就、一帆风顺的。柯林武德及其理论观点支持者是在不断与其对手进行对话与论辩中阐述自身的史学理论主张,同时也不断彰显自身史学理论的影响力。

柯林武德推动了批判的历史哲学的发展,其研究既注重理论的思辨性,又兼顾理论的可操作性。他提出的史学理论主张在其历史学研究和考古学实践中都得到充分运用和体现。这冲击了英国学术界深受实证主义传统影响的牛津学派与剑桥学派,使历史写作文风由"呆板"转变为"灵动"。"二战"后,当分析哲学家将"历史学是科学吗"这一问题纳入学术视野时,20世纪西方史学理论研究的核心问题发生转换,呈现出新的学术面相。

第二节　理论意义:超越时空的对话的延续

柯林武德阐明历史学的知识解释模式不同于自然科学,以此来证明历史学的自律性。他的史学理论可分为四个层面:一、历史学家所研究的历史事实,分为以物质形态表现的"外部"和由思想过程构成的"内部"。二、历史学家的任务是从研究历史事实的"外部"开始,深入历史事实的"内部"。这在历史学实践中的表现是,历史学家首先提出一个问题,并且收集相关的文本或实物资料——"外部",通过与史料进行问答交流,历史学家要发现资料中描述的历史事件的思想动因——"内部"。三、历史学家通过思想重演来完成上述任务。历史学家分析历史资料,在自己的头脑中设想历史当事人所面对的处境,并且重演历史当事人当时所进行的思想活动。四、历史学家重演历史当事人的思想过程,也就理解了历史当事人作出某种行为的原因。历史学家要在理解历史事件的基础上,对其作出评价。因为历史学家进行的思想重演过程,具有认识和评价两个功能。自然科学家的研究对象是单纯的自然现象,研究任务是发现支配这些自然现象的规律,研究方法是观察、试验和归纳。历史学在研究对象、方法和任务方面,都不同于自然科学。

1942年,亨佩尔在《哲学杂志》发表论文《普遍规律在历史学中的作用》驳斥柯林武德上述观点:历史学是一门不同于自然科学的、独立的学科。事实上,柯林武德是亨佩尔一个逻辑上的而不是事实上的对话者或辩论者。亨佩尔1942年发表这篇文章,而身体羸弱的柯林武德于

1943 年去世。柯林武德此时没有精力、也没有时间同亨佩尔进行争论了。但亨佩尔在这篇文章中，行文立论所批评的对象确实是以柯林武德为代表的史学理论观点。柯林武德、克罗齐、狄尔泰等人从不同角度强调历史学的人文性，证明历史学是一门不同于自然科学的独立学科。因此如果从中选取一个同亨佩尔进行对话的代表，柯林武德当然是合适的人选。

亨佩尔《普遍规律在历史学中的作用》一文的目的，在于证实"普遍规律在历史学与自然科学中有相似的作用。普遍规律是历史研究必不可少的手段。普遍规律甚至构成了社会科学不同于自然科学的不同程序的共同基础"①。亨佩尔对否定普遍规律在历史学中作用的观点，持否定态度，"一种被广泛接受的观点是：与自然科学相对，历史学关注描述过去的特殊事件，不关注搜寻可能支配那些事件的普遍规律。这种观点作为对一些历史学家主要关注的问题种类的描述，可能不会被否定。但作为普遍规律在科学的历史研究中理论功能的叙述，这种观点是不可接受的"②。

亨佩尔对普遍规律内涵的界定是："我们在此应将普遍规律理解为，对普遍适用的条件形式的一个陈述。普遍适用的条件形式，能够被适当的经验发现证实或证伪。'规律'这个术语表明这个思想，正在讨论的陈述事实上已经被能够得到的相关证据证实了。由于这个界定在很多情况下，与我们的目的是不相关的，我们将频繁使用'普遍形式的假设'或'普遍假设'这样的术语，来代替'普遍规律'……在本文中，一个普遍规律可能被用来断言下述类型的规律性：在每一情况下，一个特定种类的事件 C 在某个地点和时间发生，那么在与事件 C 发生的地点和时间相关联的一个地点和时间，一个特定种类的事件 E 就会发生。"③

亨佩尔认为经验科学中的解释和预言都依赖普遍经验规律，具有相

---

① Carl G. Hempel, "The Function of General Laws in History", *The Journal of Philosophy*, Vol. 39, No. 2. (Jan. 15, 1942), p. 35.

② Carl G. Hempel, "The Function of General Laws in History", p. 35.

③ Carl G. Hempel, "The Function of General Laws in History", p. 35. 亨佩尔在文中用"普遍形式的假设"或"普遍假设"这样的表述方式，来代替"普遍规律"。笔者在遇到"普遍形式的假设"、"普遍假设"这样的表述时，仍将其翻译为"普遍规律"。这样做一方面是为了更加契合文章的主题，便于读者理解；另一方面是因为亨佩尔认为这三种表述在其论文中是等同的，可以互相替换的。亨佩尔在文中将假设（hypothesis）与规律（law）也看作可以彼此替换的。因为亨佩尔认为，规律就是被适当经验材料证实的假设。

同结构。"解释与预言之间的习惯性区分,主要依靠两者的实用差别。就一个解释来说,已知的是最终事件已经发生,必须寻找的是最终事件的决定条件。就一个预言来说,情况正好相反:初始条件在此是给定的,它们的'结果'还未发生,是要被确定的。"① 在亨佩尔看来,历史学与自然科学都是经验科学,都需要运用普遍规律对各自的知识领域进行解说。在历史学中,历史学家根据普遍规律解释历史事件发生的原因。在自然科学中,自然科学家根据普遍规律,预言各种自然现象的结果。普遍规律在历史学与自然科学中的功能不同,但普遍规律既是历史学知识也是自然科学知识的基础这一点是相同的。

亨佩尔认为历史解释也应用普遍规律,与自然科学中的解释没有区别。"历史学解释的目的也在于表明,所讨论的事件不是'偶然事件',而是在某些前件和同时存在的条件作用下发生的。这种期望并非预言和占卜,而是依据普遍规律的、理性的科学预期。如果这种观点是正确的,令人奇怪的是,尽管大多数历史学家都坚持对历史事件进行解释,但他们中很多人否定在历史学中应用普遍规律的可能性。"② 因此,亨佩尔给出了在历史学中应用普遍规律的例子。"在一些情况下,构成一个历史解释基础的普遍规律,是被相当明确地表述出来的。正如下面的斜体字段落要解释的那种趋势:政府机构要使自身长久存在,就要扩张自己的规模。随着政府活动范围的扩大,就会有更多人关注政府功能的持续和扩张。那些有工作的人不想失业。那些熟练掌握某些技术的人,不喜欢革新。那些习惯于运用某种权力的人,也不愿意放弃这种控制权——如果有任何可能的话,他们想获取更大的权力,相应地也得到更大的声望……因而,政府机构一旦创立了,接着就要不断发展。这不仅是要在抵御外部攻击中巩固自己,而且要扩大政府的运作范围。然而,历史学和社会学中的大部分解释,都没有明确陈述他们预先假设的普遍规律性。"③

亨佩尔进一步分析,历史学与自然科学的解释模式也是相同的。"对历史事件的解释分析所提供的,在多数情况下并不是上述意义上的一个解释,而是某种可能被称作解释梗概的东西。这样一个解释梗概,由一

---

① Carl G. Hempel, "The Function of General Laws in History", p. 38.
② Carl G. Hempel, "The Function of General Laws in History", p. 39.
③ Carl G. Hempel, "The Function of General Laws in History", p. 40.

个对一些规律或多或少含糊的暗示和一些被看作相关的初始条件组成。这个梗概要变成一个完备的解释，需要进行'填充'。这种填充工作要求进行进一步的经验研究。对经验研究来说，这个梗概指明了工作方向。"① 具体来说，在历史学领域"对一个事件进行因果分析，就是为它确立一种解释。这需要运用普遍规律和相关性假设。因此，在有效解释一个制度的历史发展时，也需要运用普遍规律和相关性假设"②。因此，"即使一个历史学家打算将自己的研究局限于对过去的'纯粹描述'上，并不试图解释、叙述相关事件和决定因素，他也不得不频繁地使用普遍规律。因为他的研究对象是过去——他永远也不能直接观察的过去。他必须通过间接的方法确立自己的知识：运用普遍规律，将当前的资料与过去的事件联系起来"③。

与亨佩尔相对，柯林武德指出历史学与自然科学在知识解释模式上的区别："历史学家深入到事件内部并发现事件表达的思想，而这是科学家不需要做也不能做的。按这种方式，历史学家的任务比科学家更加复杂。按照另外一种方式，就更简单：历史学家不需要也不能（除非他不再是历史学家了）在寻找事件的原因和规律方面模仿科学家。对自然科学来说，是通过观察发现事件；进一步研究事件原因，是将事件归类并确定不同类别之间的关系。"④

关于历史学中的知识解释模式，亨佩尔与柯林武德的观点针锋相对。"在历史学中，如同其它经验研究领域一样，只有凭借适当的普遍规律或作为一组有机关联的假设组成部分的理论，才能得到科学的解释。这个观点明显与下述常见的观点对立：历史学中的真正解释，是通过一种将社会科学与自然科学区分开的方法获得的，也就是通过同情式理解的方法获得的。按照这种方法，历史学家设想自己处于他要解释的历史事件中的历史人物的立场。历史学家试图尽可能全面地认识到，历史人物活动的处境和影响其活动的目的。通过这种想象将自己看作要解释的人物，历史学家理解了并有效解释了自己关心的事件。"⑤ 事实上，"对于历史

---

① Carl G. Hempel, "The Function of General Laws in History", p. 42.
② Carl G. Hempel, "The Function of General Laws in History", p. 46.
③ Carl G. Hempel, "The Function of General Laws in History", pp. 47–48.
④ R. G. Collingwood, *The Idea of History*, p. 214.
⑤ Carl G. Hempel, "The Function of General Laws in History", p. 44.

学家来说，同情式理解的方法并非必不可少的。例如，一个历史学家可能并不能体验到一个偏执的历史人物的个性，但他根据变态心理学的原理，很有可能解释这个人物的某些行为。因此，无论历史学家是否设想自己处在要解释的历史人物的地位，与他所做解释的正确性都是无关的。对历史学家解释正确性有影响的是，所应用普遍规律的有效性"①。显然，亨佩尔认为历史理解的根本是普遍规律，并非同情式重演。

在质疑、反驳柯林武德主张的同情式理解观点后，亨佩尔断言："在历史学中，也正如在经验科学中一样，解释一个事件就是将这个事件纳入一般的经验规律之下。解释的有效性……只取决于它是否依赖经验上可证实的假设上。这些假设是关于初始条件和普遍规律的。"② 而"历史学家在进行说明、预言、解释和判断相关性时，直接或间接使用的普遍规律都来自科学研究的不同领域"③。

亨佩尔"在1962年发表了另外一篇文章，试图以策略性的调整回应与抵挡各方的攻击。他这次更直接处理历史学家的实际写作问题，并赋予他们更大的发挥空间。根据他的系列概念，解释的'概率—统计形式'仍然有效，'如果具备一定条件的话，某某结果就会以某某统计概率发生。''不完全的'解释计划预设了普遍规律的存在，却没有明确地援引它们。'溯源型解释'通过将历史状况与较早的状况系统地联系起来，解释历史状况的不断变化。但亨佩尔仍坚持历史学家必须接受他所谓的'演绎推论解释'，宣称在完善的实证主义模式下，'在科学研究的所有领域，理解的性质……基本相同。'他宣称已经满意地证明了'所有经验科学方法上的统一性'"④。亨佩尔对其学术论争对手的回应，因其缺乏历史学实证研究的支撑，仍然是抽象、宽泛的。

威廉·德雷系统总结了对立双方的观点："亨佩尔关于历史学中何者可以看作解释的思想受到很多使用他提出的一般方法的学者抵制。这种情况是可以理解的。因为他并未严格限定演绎模型，是为了图方便而不是为了原理本身。一种解释理论以阐释先验概念的基本意义开始，而不是检查在一个既定学科内部可以称作解释的性质，在面临单纯应用上的

---

① Carl G. Hempel, "The Function of General Laws in History", p. 44.
② Carl G. Hempel, "The Function of General Laws in History", p. 45.
③ Carl G. Hempel, "The Function of General Laws in History", p. 47.
④ Mark T. Gilderhus, *History and Historians: A Historiographical Introduction*, p. 82.

困难而放宽初始条件时,这个理论的基础是不稳固的。当前情况下进行这种行为的必要性,无论如何都要考虑历史学家在解释过程中可以选择的解释,不仅是要在实践上偏离实证主义模型,而且要更细致地检查作出一种解释意味着什么。像迈克尔·奥克肖特和柯林武德这样的唯心主义哲学家声称给出了这样的解释。他们两人都将反对意见建立在一种历史学家研究对象特殊性的观念上。对奥克肖特来说,关键是历史学家关注一种独特的、不可重复的事件序列。对柯林武德来说,历史学家的兴趣在于人类过去的理性活动。"① 无论普遍规律在历史认识中处于何种地位,历史认识对象本身的特殊性都是任何历史知识理论研究不能抹杀的。亨佩尔为了证明其普遍规律的有效性,似乎恰恰有意忽略了这一点。

荷兰当代史学理论家弗兰克·安克斯密特指出这场争论的实质问题是,各个学科在方法论方面是否是统一的。② 这个学科序列是:"顶端是(理论)物理学,然后是化学、生物学、地质学、(从经济学开始的)社会科学,序列的末端是历史学。"③ "所谓的覆盖率模型,根据普遍规律确定历史学家描述和解释过去的方法,不符合上述状况。过去实在本身缺乏能一直应用相同规律所需的稳定性。相似的状况适用于通过柯林武德和行动哲学家提出的同情方法重构历史学对象的努力。"④ 安克斯密特所分析的亨佩尔与柯林武德各自史学理论的缺陷是当代的学术认知。两种对立史学理论体系的阐释与对话则经历了一段具体、生动的学术史历程。

亨佩尔及其追随者认为,各个学科之间在方法论上是统一的,历史学与其他经验科学一样,都需要根据普遍规律进行解释。因此,《普遍规律在历史学中的作用》这篇文章的结论是:"在历史研究中,广泛应用普遍规律的必要性……仅仅是所谓经验科学方法论统一性的一个方

---

① William H. Dray, *Philosophy of History*, pp. 12 – 13.

② F. R. Ankersmit, "The Dilemma of Contemporary Anglo-Saxon Philosophy of History", *History and Theory*, Vol. 25, No. 4, Beiheft 25: Knowing and Telling History: The Anglo-Saxon Debate. (Dec. , 1986), p. 5. 何兆武对这个争论的实质也有相同的认识:"两种观点的对立,在某种程度上也代表着科学统一论(即各门科学原则上都是一样的)和科学差异论(历史学与自然科学是性质上截然不同的两种学科)两种见解的对立。"何兆武:《分析的历史哲学》(下),参见何兆武、陈启能主编:《当代西方史学理论》,上海:上海社会科学院出版社,2003年,第264页。

③ F. R. Ankersmit, "The Dilemma of Contemporary Anglo-Saxon Philosophy of History", p. 5.

④ F. R. Ankersmit, *History and Tropology: The Rise and Fall of Metaphor*, Berkeley: University of California Press, 1994, p. 153.

面。"① 而柯林武德及其后继者认为，历史学与自然科学在方法论上并不是统一的，历史学有自身的方法论和知识解释模式。

柯林武德的继承者威廉·德雷、艾伦·多纳根等人，是亨佩尔实际的对话者。柯林武德的历史重演理论对德雷和多纳根都有影响。他们在吸收柯林武德史学理论基础上，挑战亨佩尔在《普遍规律在历史学中的作用》一文中提出的观点。1957 年，德雷出版《历史学中的规律与说明》，引发了那场从 20 世纪 50 年代至 70 年代成为英美历史哲学界关注焦点的学术争论。② 德雷将亨佩尔主张的一切科学都依照普遍规律进行解释的观点，称为涵盖率模型。③ 德雷要证明的是，历史学有自身的解释模式，并不需要应用自然科学中的涵盖率模型。他的这种努力也是在证明历史学的学科独立性和自律性。

柯林武德将历史学看作人性科学，我们研究历史"是为了获得自我认识"④。这使思想重演处于历史学的核心地位。因为成为历史学研究对象的，是理性的历史个体在追求自己目标过程中所作出的行动。这使历史个体的思想，成为解释他所作出的历史行为的有效原因。这不同于自然科学，因为自然科学是通过发现支配各种自然现象的外在规律来解释自然现象的。历史学家在解释历史事件时，要重新思考历史个体的思想，对历史个体的行为作出解释。德雷明确表示，柯林武德的重演思想是他自己思想的重要灵感来源之一。⑤ 他通过批判和重新阐释柯林武德的重演思想，提出行动的合理解释观点，试图克服重演思想所面对的困难，以便更有效地维护历史学的自律性。

第三节 历史解释模式"同异"之争与分析的历史哲学

柯林武德的历史解释观点是："对历史学来说，要发现的对象不是单纯的事件，而是事件中表达的思想。去发现那个思想，就已经理解那个

---

① Carl G. Hempel, "The Function of General Laws in History", p. 48.

② 关于柯林武德追随者和亨佩尔支持者之间这场争论的具体情况，请参见：F. R. Ankersmit, "The Dilemma of Contemporary Anglo-Saxon Philosophy of History", pp. 1 – 14.

③ W. H. Dray, "Explanatory Narrative in History", *The Philosophical Quarterly*, Vol. 4, No. 14, (Jan., 1954), p. 15.

④ R. G. Collingwood, *The Idea of History*, p. 315.

⑤ W. H. Dray, *On History and Philosophers of History*, Leiden: E. J. Brill, 1989, p. 11.

事件了。在历史学家确定了历史事实之后,没有进一步研究这些事实原因的过程。当历史学家知道发生了什么时,他已经知道它为什么发生了。"① 这种观点似乎将确定历史事实的过程与解释其原因的过程合一了。但柯林武德指出,历史学家在解释历史事件时仍需用"原因"这样的术语,并且是在一种特殊的意义上使用它们。"当一个科学家问,'为什么那张石蕊试纸变成粉红色的了'时,他的意思是,'在什么条件下,石蕊试纸变成粉红色的'?当一个历史学家问'为什么布鲁图斯要刺杀恺撒'时,他的意思是,'布鲁图斯是如何想的,什么想法使他决定刺杀恺撒'?对历史学家来说,事件的原因是作出历史事件的历史人物心灵中的想法:这个原因并不是不同于事件的某种东西,就是历史事件的内部。"② 柯林武德将思想看作历史事件的原因,这个"内部"也是历史事件的根本。

因果解释模式在自然科学和历史学中的体现是不同的。对自然科学家来说,解释一个自然现象,就是根据相关规律和一系列前提条件说明自然现象发生的原因。对历史学家来说,解释一个历史事件,就是从研究事件的外部表现开始,直到发现作为事件原因的内部思想过程。"对科学家来说,自然一直是并且仅仅是个'现象'……而历史事件绝不是单纯的现象,绝不是供凝视的景观。历史事件不是历史学家注视的事物,而是历史学家要看穿的事物,以便认识其中的思想。"③ 因而,自然现象是单纯的,科学家通过观察即可获知其原因。历史现象是复合的,历史学家需要思考并解释文本资料的隐含意义。

威廉·德雷对柯林武德上述历史解释观点持否定态度:"此处的论点是对一个著名悖论的回顾。这个悖论是柯林武德在《历史的观念》中含糊提出的:他声称,当历史学家真正认识到发生了什么时,他就必然知道它为什么发生了。根据一个对柯林武德这个悖论顺理成章的解释:他告诉我们的是历史学家确定历史事实所必须经历的推理过程,同时要求他理解这些历史事实发生的原因。"④ 德雷认为柯林武德简化了确认历史

---

① R. G. Collingwood, *The Idea of History*, p. 214.
② R. G. Collingwood, *The Idea of History*, pp. 214–215.
③ R. G. Collingwood, *The Idea of History*, p. 214.
④ W. H. Dray, "On the Nature and Role of Narrative in Historiography", *History and Theory*, Vol. 10, No. 2, (1971) p. 158.

事实的过程,将历史事件中因果方面的逻辑确认过程等同于历史解释过程。显然,德雷在这方面想要表达的更多。

在德雷看来,在分析"当历史学家知道发生了什么时,他就知道它为什么发生了"这种观点时,"柯林武德的言论在此提出的假设,完全颠倒了我们关于发现原因与确定责任之间关系的通常观念。因为不言而喻的是,在得出谁对一个既定结果负有责任的结论之前,我们必须发现谁的行为是其原因。此处的意思是,至少在一些研究文本中,在那些作为发生事情起因的人们的行为中,确定谁事实上负有责任可能是必要的。这提供了一个选择原则,确定哪个行为是原因。应该注意的是,如果这是正确的,所得出的因果结论本身就是准评价性的"。① 这种评价性体现出历史学中的因果推理不同于自然科学中的因果解释。柯林武德的因果观并没有这种涵义。

柯林武德被否定的原因,显然不是因为他像亨佩尔那样,将普遍规律作为历史解释的基础,而是因为他的历史解释观点将"是什么"与"为什么"的问题合一了。德雷认为柯林武德将历史事件与其原因等同了。德雷的历史解释理论,强调说明历史"是什么"这个问题,而不是"为什么"、"怎么样"的问题。"即使柯林武德关于实践科学与历史学中因果断言区别的观点是正确的,他仍没有处理二者相似性的问题。两者都区分条件,所有这些条件都(以适当的方式)与所谓的结果相关。我们因此可能在历史学的因果断言中,期望另一个原因相对性的原则表现出来。"② 德雷在此意指,历史事件的原因是多重的,历史学家在历史解释过程中选择相对重要的原因的作为初始因。这一选择过程也是评价过程、比较过程。但柯林武德的因果观隐匿了这一过程。

德雷的批判对象是在历史学中应用自然科学那种简单的因果模式解释历史事件的倾向。"实证主义的论证过程是,即使被选择项不是其结果的一个充分条件,在称它为原因时,我们含蓄地宣称它完善了一组未指明的充分条件。换句话说,我们声称在外部环境确定的情况下,原因的出现使结果的发生不可避免。至少在这种意义上,断言原因与结果之间的必然联系。但是关于历史事件,历史学家几乎不愿意支持这种主

---

① W. H. Dray, *Philosophy of History*, p. 68.
② W. H. Dray, *Philosophy of History*, p. 68.

张。"① 历史学家在解释历史事件时，要考虑历史中偶然因素的作用。因而，历史学家解释历史事件是说明在一定情况下，某个历史事件可能发生，而不是必然发生。"涵盖率理论家的主要论点是，要解释某件事，必须证明这件事是必然的。与此相反，我将证明在很多文本包括一些历史文本中，只要证明事件是可能发生的，就能满足解释事件的要求了。"②逻辑实证主义者将有因必有果这种必然性解释模式加诸历史事件时，忽略了历史发展过程中因人性作用而存在的或然性。

如果历史学家按照自然科学的因果律解释历史事件，历史事件就是必然发生的。这排除了历史中偶然因素的影响，成为一种历史决定论了。这显然是一种简单的、直线型的因果决定思维模式。亨佩尔历史解释的涵盖率模型就遵循这种思维方式：在相关规律作用下，只要出现一系列前件，某个历史事件就必然发生。以德雷为代表的分析历史哲学家，目标是通过分析历史解释，将上述因果模式从历史学中排除，"因为历史学家在解释历史事件时，几乎从不引用普遍规律。在绝大多数情况下，历史学家是否能承认相关的规律也是十分不确定的"③。而且，亨佩尔理论遭到抵制的原因是，所谓的"普遍规律"往往是历史发展过程中众所周知的人性常识，并非长期调查研究或严密学术论证的结果。

德雷认为，柯林武德史学理论要成为有效历史解释理论，还需要进一步修订。这样才能捍卫历史学自律性。他在批判地继承柯林武德思想基础上，与亨佩尔及其涵盖率模型的支持者进行论战。他虽然对柯林武德和亨佩尔的历史解释理论都提出质疑，但对两者的质疑是在不同意义上作出的：对柯林武德史学理论，是批判地继承；对亨佩尔的涵盖率模型，是完全的批判。尽管在柯林武德支持者和亨佩尔追随者论战过程中，两个派别也形成了一些共同之处。但这种情况在德雷这里还未明显表现出来。

需要指出的是，德雷对柯林武德史学理论存在理解偏差：在他看来，柯林武德解释历史事件在一定程度上也遵循简单的因果决定模式。也就是，历史人物思想决定了历史事件的发生。根据前述内容，柯林武德重

---

① W. H. Dray, *Philosophy of History*, p. 64.
② W. H. Dray, "Explanatory Narrative in History", *The Philosophical Quarterly*, Vol. 4, No. 14, (Jan., 1954), p. 17.
③ W. H. Dray, *Philosophy of History*, p. 11.

视从思想方面解释历史事件，但也考虑到了物质因素、感情与社会环境方面的影响。在柯林武德看来，思想因素的作用是重要的，但并不是决定历史事件的唯一因素。德雷对柯林武德的这种片面理解，并未影响他自己在探讨历史解释方面为分析历史哲学发展作出贡献。这就像柯林武德对实证主义史学传统的理解虽然片面，但并未影响他对史学理论研究发展作出贡献一样。因为实证主义史学家并不像柯林武德理解得那样纯粹，在历史研究中是并非完全客观中立、不进行价值判断。

在批判亨佩尔覆盖率模型所遵循的单线因果观时，德雷肯定柯林武德的下述观点：历史学家在特殊意义上使用"原因"一词，因为历史学研究的不是自然事件，而是有意识地作出的人类事件。"那么，对柯林武德来说，如果一个原因被称作一个历史行为的充分条件，这不是在原因给定的情况下、行动必然被作出的意义上称谓它；而是在原因给定的情况下，行动从理性上要求被作出的意义上称谓它。它也不需要在下述意义上成为一个必要条件，没有这个条件行为就不可能发生。它只是在没有它，就没有合理理由作出行动的意义上，成为一个必要条件。需要补充的是，在人们理解中，原因促使人们行动，是历史个体不以其他方式做事的充分理由。这是在理性、历史的意义上算作原因。因为只有这些能适当地被称作'造成'、'促使'或'迫使'。因为它们是原因，必然约束历史个体自由。但是对柯林武德来说，因为它们是历史活动的原因，它们不能以体现规律的方式与其结果相联系。因为这将取消历史个体的自由意志。"① 这体现德雷与柯林武德历史理解的人文主义立场：历史事件可以理解是因为它本身就是可以理解的，并不是由于将其置于所谓普遍规律下的原因。

德雷指出："'涵盖率模型'并未圆满回答历史学家'为什么'和'怎么样'这样的问题，也未提供一种令人满意的分析。"② 亨佩尔下述观点是种误解：根据经验上可证实的观念作出的任何解释，必然要把被解释事件置于普遍规律下。因此，"将涵盖率理论看作解释的必要条件是错误的"③。亨佩尔涵盖率理论想要说明历史事件发生的原因即回答"为

---

① W. H. Dray, *Philosophy of History*, pp. 65 – 66.
② W. H. Dray, "'Explaining What' in History", in Patrick Gardiner, *Theories of History*, New York: The Free Press, 1959, p. 403.
③ W. H. Dray, "'Explaining What' in History", p. 405.

什么"。但这不同于历史解释要求说明的"是什么"这个问题。有效历史解释理论体现于解释历史的过程中,不是以它替代或决定历史发展过程。

德雷强调:"历史学家的问题是,发现实际上发生了什么。而且,历史学家通过解释'它是某某'这个形式,解决这个问题。"① 他举出例证:"'这是一场社会革命'这个断言是个解释。这个断言解释了一场社会革命中发生了什么。这个问题表达出来的要求是,这样的解释运用的疑问是'是什么'?而非'怎么样'或'为什么'。"② 他进一步分析:"'解释是什么'……要求详细说明已发生的事情。然而,在刚才提到的例子中,问题显然不是发现新信息并提供更具体的细节,而是重新组织已经占有的信息。这是对被解释对象的综合而不是分析。确实,解释一个事件是什么,可能被初步看作根据一个普遍概念而非普遍规律作出的解释。因为解释是一种对解释对象的满意分类。"③ 因此,德雷提出历史学中"以适宜的概念进行概括的理论"。在概括层次上,历史中存在反复出现的"规律性",例如多次出现的革命或战争。解释这样的历史现象时,将它们置于一定的局势中进行考察,展现这些事件与其他事件的关系,以此理解这些事件共同构成的整体。④ 德雷的概括理论,通过揭示历史事件之间的联系解释历史事件。这排斥了亨佩尔覆盖率模型以普遍规律为基础,对历史事件作出的因果决定论解释。

在历史解释问题上,德雷不赞同柯林武德完全不利用经验上可证实的规律来解释历史事件的观点,也不同意亨佩尔根据一个普遍规律解释历史事件的观点。既考虑历史事件发生的必然性,又兼顾人在历史活动中的目的性,德雷提出行动的合理解释观点。行动的合理解释观点包含两个方面:一、合理解释是说明人类作出从其思想角度看合适的行动。历史事件是人类行动的结果,而人类行动是有目的的、由思想支配的。德雷否定了只有事件和过程才能作为原因的观点,指出:"动机、目的、

---

① W. H. Dray, "'Explaining What' in History", p. 403.
② W. H. Dray, "'Explaining What' in History", p. 403.
③ W. H. Dray, "'Explaining What' in History", pp. 403–404.
④ Leon Pompa, W. H. Dray, W. H. Walsh, *Substance and Form in History: A Collection of Essays in Philosophy of History*, Edinburgh: Edinburgh University Press, 1981, p. 156.

习惯、信仰以及其他类似的因素都能成为原因。"① 这体现柯林武德的影响。二、合理解释是在一系列事件中,每个先行历史事件都能说明后续事件的解释。

在德雷看来,自然现象不涉及价值判断,可以用因果模型说明;而人类现象是与价值判断有关的,要用行动的合理解释说明。"对历史学家来说,经常通过应用(或者说'延伸')来自其他领域的概念,意识到自己研究对象中的一种可理解模式。例如,他们谈论'议会进化',将许多有关议会历史的细节解释'为一个进化'。或者他们谈论'文艺复兴'或'启蒙运动',将15世纪或18世纪欧洲史上的一系列事实,解释为'一种再生'或'一种思想开化'。在以类比方式利用社会领域之外的概念时,作出所发生的事'为某某'的解释,不再允许我们说被解释事件是一种反复出现的社会现象了。历史上可能有很多革命,但只能有一个启蒙时代。对研究18世纪欧洲的历史学家来说,如果事实果真如此的话,丝毫没有减少概念的解释价值。"② 亨佩尔的涵盖率模型按照说明自然现象的因果律解释历史现象,忽略了人类行动目的性及相关道德因素。柯林武德主张从人类目的性方面解释历史事件,不利用经验上可证实的概括,也是片面的。

在历史解释模式方面,"实证主义者与唯心主义者在因果观上也存在鲜明分歧。作为覆盖率模型的支持者,实证主义者认为一定动力因意义上的原因是最适合于历史学的。实证主义者所倾心的解释形式,明显使他们将原因看作一系列事件与条件。而且,作为一种推论,他们通常将原因看作基于一种物理学机械论概念的能量。正如母球推动黑八进入台球岸边球洞的影响一样,人口压力与土地稀缺的综合影响迫使人们迁往美国大西部。相反,唯心主义者通常将原因理解为目的因。对他们来说,原因必然意味着历史当事人的意志或目的。有目的的行动是关键。一旦确定布鲁图刺杀凯撒时的思想,历史学家就别无他求了"③。对立双方的论战过程并未完全解决学术界在历史解释因果观方面存在的困惑与疑

---

① W. H. Dray, *Laws and Explanations in History*, London: Oxford University Press, 1957, p. 151.

② W. H. Dray, "'Explaining What' in History", in Patrick Gardiner, *Theories of History*, New York: The Free Press, 1959, p. 407.

③ Mark T. Gilderhus, *History and Historians: A Historiographical Introduction*, p. 83.

难,但这一过程推动了西方历史哲学的学术演进历程。柯林武德通过德雷塑造了分析历史哲学内部的"重演论"传统,与卡尔·亨佩尔代表的涵盖率模型传统展开持续论争。这体现了柯林武德对分析历史哲学的影响。

德雷行动的合理解释观点,真正开启了柯林武德支持者与亨佩尔追随者之间的学术争论,也延续了柯林武德与亨佩尔之间那场超时空对话。德雷对历史解释的认识,还不是这一问题的完满解说。与柯林武德史学理论一样,德雷行动的合理解释也存在值得进一步修正之处。弗兰克·安克斯密特分析了认识论历史哲学中柯林武德与亨佩尔这两个派别的共同特点:一、所作的理论分析脱离历史学家的实践。二、过分关注历史研究的细节,忽略了历史研究的整体。按照这种学术思路,难以产生像兰克、托克维尔和布罗代尔等人的那种宏大制作。三、对柯林武德理论的支持者来说,并不是所有历史事件都能最终归因于人类目的。① 这在一定意义上也是对他们共有缺陷的批评。这样的批评当然也适用于德雷。

至此,我们需要系统总结批判的历史哲学与分析的历史哲学之间的关系。二者的共性在于,都属于认识论历史哲学范畴,是西方历史哲学在20世纪发生第一次学术范式转型后出现的两种学术形态。二者的差异表现在:批判的历史哲学因应于19世纪实证主义史学传统的危机,这使批判的历史哲学家的史学理论研究紧扣历史学发展实际,又不乏超越以实证精神为训的历史学研究的哲学思辨性。克罗齐、柯林武德等既是哲学家,又是历史学家的双重学术身份,也是批判的历史哲学呈现这种学术面貌的重要原因。分析的历史哲学依托于20世纪30年代的逻辑实证主义思潮,其史学理论研究偏重逻辑演绎,逊于实证分析。威廉·德雷、艾伦·多纳根、卡尔·亨佩尔主要是哲学家,缺乏历史学的学术根基,其理论分析脱离历史学研究实践。"1972年初,涵盖率模型支持者在英美历史哲学界占绝对优势。"② 这使西方历史哲学研究局限于单一文本或理论逻辑的内部统一,逐渐失去对历史研究的理论统摄力。认识论历史哲学研究衰落,"历史学是科学吗"? 这个核心问题的探讨也就此式微。

---

① F. R. Ankersmit, "The Dilemma of Contemporary Anglo-Saxon Philosophy of History", pp. 10 – 14.

② F. R. Ankersmit, *History and Tropology*:*The Rise and Fall of Metaphor*, p. 47.

第四节　效用评价：史学理论界的多元反响

在历史认识中主体与客体关系上，柯林武德主张历史学家通过与历史资料进行的问答交流来认识历史。历史学家的问题意识体现在时代责任感和注重在学术研究中提出问题两个方面。在他看来，历史认识主体和客体不是彼此孤立的，而是相互影响的。历史学家自身的现实处境影响他的历史认识。历史学家的历史认识，也会影响他的自我认知。在历史认识中主观与客观的关系上，他提出一切历史都是思想史，认为历史学家主要从思想方面认识历史，在认识历史同时也作出相应价值判断。历史学家在自己的头脑中重演历史人物的思想，认识了历史人物行动的思想动机，也就认识了历史。1946年《历史的观念》出版以后，引起英美学术界的持续研究与讨论。

学者们认识到，柯林武德史学理论的目的是：证明历史学是不同于自然科学的，具有自身的学科独立性。就目前研究状况来看，柯林武德史学理论体系中的相关命题，已经得到比较客观的分析和说明。但这种情况并未平息在理解和评价柯林武德历史思想上存在的分歧。现在笔者以亚瑟·马威克和艾伦·多纳根两位当代学者为例，评述英美学术界对柯林武德史学理论的不同评价。亚瑟·马威克对柯林武德的历史重演理论，持完全批评态度。艾伦·多纳根与威廉·德雷一样，在比较客观地分析柯林武德思想的基础上，持批判地继承的态度。艾伦·多纳根追随柯林武德，继续批评亨佩尔的理论，论证历史学的学科自律性。

英国开放大学历史系教授亚瑟·马威克分析柯林武德一切历史都是思想史和思想重演这两个命题，指出柯林武德将历史学完全看作历史学家个人的事情："柯林武德真正表达的是，历史学仅仅是看法不同的问题。如果你没有很多个不同的观点，你就没有历史学。"[①] 亚瑟·马威克对柯林武德史学理论持激烈的批评态度："柯林武德滑稽地高估了个体历史学家的重要性。他以忽略原始资料的决定性意义为代价，夸大了纯粹思想的力量。他表现出关于以往社会存在的传统混淆（如我们所知，过

---

① Arthur Marwick, *The New Nature of History: Knowledge, Evidence, Language*, Hampshire: Palgrave, 2001, p. 43.

去的社会在现在不存在,在过去存在)。他附带地混淆了'事实'与'资料'。"① 在马威克看来,柯林武德重视个体历史学家作用、重视思想作用,使他忽视了原始资料与历史学家之间的协作。马威克对柯林武德更苛刻的评价是,认为柯林武德不作具体的历史研究,"对历史学持否定态度的学者频繁引用的《历史的观念》,完全是垃圾"②。

马威克批评柯林武德忽视原始资料和不进行历史研究,是没有立论根据的。就柯林武德对原始资料的态度来说,前文已作出分析:柯林武德继承了实证主义史学重视原始资料的传统。他重视原始资料,但强调历史学家应该以培根拷问自然的精神阅读和分析原始资料。他认为历史学家应该以自己的问题为导向,挖掘史料内涵,而不是被动地接受史料传达的信息。马威克在这一点上批评柯林武德,如果不是误解的话,也反映了两人对历史学家与史料关系的不同理解。爱德华·卡尔就这个问题指出:"历史学家的困境是人性的一种反映。人可能除了在嗷嗷待哺的幼年和垂垂老矣的暮年时期外,并不是完全卷入他周围的环境并受其影响。在另一方面,人也并不是完全独立于其周围环境,并不是环境的绝对主宰。人与其环境的关系,也是历史学家与其研究主题的关系。历史学家既不是他所处理的事实的卑微奴隶,也不是事实的残暴主宰。历史学家与其事实之间的关系,是一种平等、互动的关系。"③ 柯林武德对史家史料关系的理解与卡尔的观点有相通之处。

柯林武德在从事史学理论研究同时,也进行具体的历史研究工作。他从1927年开始担任牛津大学罗马史讲座教师,并成为一名罗马不列颠古代史研究专家。柯林武德在这方面出版两本著作:《罗马不列颠》(1923年)和《罗马不列颠与英国殖民》(1936年)。而且,他的史学理论研究与罗马不列颠史研究工作,不是完全独立、毫无关联的,而是相辅相成、相得益彰的。他在《自传》中总结自己的罗马不列颠史研究时说:"我已经在我的实验室(按:柯林武德将考古学看作知识实验室)中呆得够久了。我想以自己的研究取而代之。现在开始安排和出版我在考古学和历史学工作中,得来的有关历史哲学的经验适逢其时。但是我对罗马不列颠史研究,不能不告而别。一部关于罗马不列颠史的大型著

---

① Arthur Marwick, *The New Nature of History: Knowledge, Evidence, Language*, p. 42.
② Arthur Marwick, *The New Nature of History: Knowledge, Evidence, Language*, p. 15.
③ E. H. Carr, *What is History*, p. 34.

作,不仅表明我对这个领域的告别,而且以具体的形式展现我现在理解的历史思考原则。"①（历史学）理论来源于（考古学）实践并运用于（历史学）实践,这体现了柯林武德理论与实践统一的立场。

通过上述分析,我们看到马威克对柯林武德历史理论的批评,是以他对柯林武德的误解甚至有意曲解为基础的。像马威克这样因误解或理解不充分而对柯林武德持批评态度的学者,并不在少数。因此,大卫·布歇撰写《捍卫柯林武德:从哲学与思想史角度》一文,对这种情况作出分析和回应。大卫·布歇分析,一些学者忽视柯林武德的重演思想,是因为他们将重演思想理解为直觉主义的。按照对重演思想的直觉主义理解,历史学家拥有"洞察其他人心灵的特殊能力,直接认识过去的原貌"②。这是对柯林武德重演思想的字面解释,并没有揭示其实质。大卫·布歇指出,《历史的观念》中"历史学证据"和"作为过去经验重演的历史学"两部分,以及《自传》和《史学原理》中的相关论述,都没有表明柯林武德主张直觉地认识历史。与此相反,这些著述表明,"柯林武德强调历史知识是建立在证据基础上的推论性论证,与观察无关。在《自传》中,他坚持必须将过去的遗存物解释为有目的的。历史学家必须确定,一个具体物体是为什么目的存在的,它是否成功体现了这些目的。历史学家做这些工作,不是靠猜测,而是以证据为基础。历史学家给出的答案,一定是证据要求的或能够支撑的"③。正如论文题目所表明的,大卫·布歇通过澄清学者们对柯林武德重演思想的误解,分析柯林武德思想在哲学与思想史研究方面的贡献,以此维护柯林武德的学术形象与地位。

柯林武德的史学理论观点影响了20世纪70年代政治思想史研究领域剑桥学派代表人物昆廷·斯金纳、约翰·邓恩和波考克。"柯林武德历史研究准则的主要特征是:识别作者自己所研究问题的必要性。恢复那些作者目的的必要性,成为英语世界特别是在英国、北美和澳大利亚研究观念史的一种特殊方式的明显特征。这个史学流派最著名的成员昆

---

① R. G. Collingwood, *An Autobiography*, p. 121.
② David Boucher, "In Defence of Collingwood: Perspectives from Philosophy and The History of Ideas", p. cxix.
③ David Boucher, "In Defence of Collingwood: Perspectives from Philosophy and The History of Ideas", pp. cii – ciii.

廷·斯金纳称之为'柯林武德方法'。"①"波考克,约翰·邓恩和昆廷·斯金纳坦言:'我们三个都承认柯林武德影响了我们的方法论研究'。这种柯林武德方法的特点是什么?第一,柯林武德因强调辨识一个文本想要回答问题的重要性而受到称赞。换言之,我们必须恢复特定哲学文本要解决的问题。第二,历史学中没有长期存在的问题,只有对具体问题的具体回答的观点,强调了理解的语境性质。……第三,历史学的目的不在于发现覆盖率。柯林武德是英国反对实证主义的重要哲学家之一。……第四,像狄尔泰以及金蒂利一样,柯林武德将说话方式包括复杂的哲学论证看作行动的历史的组成部分。换句话说,像他之后的奥斯汀一样,柯林武德完全意识到在使用词语的过程中,人们正在进行着复杂的社会活动。第五,柯林武德因其强调解释而不是理解,被看作英国解释学派的代表。第六,斯金纳巧妙地支持了柯林武德的名言一切历史都是思想史。柯林武德用这一名言意指,所有人工制品都表现思想并体现有目的的活动。"② 剑桥学派的思想史研究从实践上彰显了柯林武德史学理论的时效性与当代效用。

艾伦·多纳根支持柯林武德史学理论捍卫历史学自律性的立场。但他在阐述自己主张的过程中,并没有像威廉·德雷那样详细分析柯林武德理论的得失再去批判亨佩尔理论。艾伦·多纳根直接通过分析批判亨佩尔的涵盖率模型,阐述自己的主张。艾伦·多纳根试图解构亨佩尔的涵盖率理论,认为历史学家将初始条件与被解释项连接起来的个体假设,既不是普遍规律,也不是普遍假设。"这就是我按照波普尔—亨佩尔理论构建的所谓解释,是虚假解释的原因。"③ 对于历史解释来说,没有必要检查历史学家可能使用的公认统计规律,因为统计规律不能作为历史解释原则。艾伦·多纳根指出:"历史学家没有提出符合涵盖率的历史解释。"④ 关于亨佩尔提出的涵盖率理论,艾伦·多纳根的评价是:"(1)在我们当前的知识状态下,历史解释不需要普遍规律;(2)很多这样的历史解

---

① David Boucher, "In Defence of Collingwood: Perspectives from Philosophy and The History of Ideas", p. xciii.

② David Boucher, "In Defence of Collingwood: Perspectives from Philosophy and The History of Ideas", pp. xciv – xcvi.

③ Alan Donagan, "Historical Explanation: The Popper-Hempel Theory Reconsidered", *History and Theory*, Vol. 4, No. 1 (1964), p. 11.

④ Alan Donagan, "Historical Explanation: The Popper-Hempel Theory Reconsidered ", p. 16.

释是能证实并且被证实了的;(3)将历史解释置于普遍规律之下,尽管在推理上是可能的,在当前纯粹是幻想;(4)社会科学还没有确立任何普遍规律,社会科学所取得的成就是历史方法的成果。"①

柯林武德史学理论对20世纪英美哲学家关于历史解释问题的争论产生了重要影响。关于威廉·德雷等柯林武德的追随者与亨佩尔的支持者间立场上的区别,艾伦·多纳根分析:"应战者们(按:曼德尔鲍姆对德雷、多纳根等柯林武德追随者的称呼)与涵盖率理论的一些支持者间的区别,不在于后者是'以科学为导向的',而前者不是。两者的区别在于,前者尊重历史学的科学地位;而后者如此关注自然科学,以至于他们不承认历史学是科学的,除非他们首先将历史学同化于自然史之中。"②

柯林武德史学理论是在一定社会背景与学术语境下形成的理论体系。作为认识对象,后世学者对它的认识经历了由浅入深、由表及里的过程。研究资料的增多和研究思路与方法的更新,使现在国内外学术界对柯林武德历史思想的认识更加深刻。认识的深刻也并不排除认识过程中存在的分歧与争议。"真理愈辩愈明",理解上的分歧在一定意义上也是柯林武德研究不断深入的动因之一。

---

① Alan Donagan, "Explanation in History", *Mind*, *New Series*, Vol. 66, No. 262. (Apr., 1957), p. 164.

② Alan Donagan, "Historical Explanation: The Popper-Hempel Theory Reconsidered", pp. 24 – 25.

第六章　后现代主义视域下的柯林武德

第一节　历史哲学：思辨、分析及后现代转向

每个时代因面临的问题不同，都有自身的世界历史观，这种历史观的集中表达就是孕育于各个时代的历史哲学。目前，西方历史哲学经历了从思辨的到分析、批判的，再到后现代主义的两次转型。在面临环境变迁、气候危机和人口流动等全球性问题时，西方历史哲学在反思后现代主义得失的过程中，出现了回归宏大叙事的趋向。

历史哲学作为历史学与哲学缔结而成的交叉学科，在西方学术传统中有着悠久的渊源。从字面意义来讲，历史哲学是对历史的哲学反思。对"历史"这一术语的本体论与认识论划分，也即何兆武先生区分的历史学 I 与历史学 II，使西方历史哲学呈现出侧重本体论探讨与侧重认识论反思两种面貌。这两者分别对应于韩震教授区分的历史的哲学与历史学的哲学。在国内外学界产生广泛影响的划分是，沃尔什提出的思辨的历史哲学与分析的或批判的历史哲学。根据时代条件不同，这两种历史哲学形态分别在不同时期占据主导地位。

中世纪神学家奥古斯丁的《上帝之城》是西方历史哲学的最早范本。他将历史划分为"上帝之城"与"地上之城"两个领域，指出历史发展的动力是两个世界的争斗，历史发展的目的是"上帝之城"战胜"地上之城"从而体现上帝的神圣性。奥古斯丁描述的人类历史在道成肉身这一神圣法则支配下，具有了统一性和目的性。

伏尔泰在《风俗论》中描述的人类历史历程剔除了天意成分，增添了理性主义色彩。他将历史过程看作不受任何法则支配的从迷信到理性的发展过程。孔多塞的《人类精神进步史表纲要》明确体现了对历史进步的确信，完全排除了对历史的宗教性解释。

1744年维柯的《新科学》出版，是西方历史哲学正式诞生的标志。历史哲学这一学科的形成是因应着当时社会背景的。在17世纪以前，欧洲是落后的，甚至是被其他文明如伊斯兰文明鄙视的。但在17世纪以后，随着资本主义发展、工业革命发生，西欧各国的生产力、国家实力都获得了巨大发展，超越了那些原来对他们嗤之以鼻的文明或国度，以及那些它们原来向往的国度。这种现实在使西欧人信心大增的同时，也使他们产生了了解其来由的愿望。这就是：西欧为什么在如此短的时间内迅速崛起？这背后的原因是什么？如果这是历史发展的必然趋势或规律的话，这种趋势或规律又是什么？有了这种现实需要，就涌现出大批思辨的历史哲学家和探索历史发展趋势的著述。

赫尔德坚信人类历史领域存在着和自然科学领域一样的法则，同情地理解历史上社会与文化的特殊性是历史学家的首要使命。康德提出"非社会的社会性"作为支配人类历史的发展机制。康德历史进步观的目标是按照一定法则进行有序竞争的"国际共同体"。黑格尔继承康德的进步观，但主要将其应用于人类意识领域。在黑格尔看来，人类历史是从东方到西方，从不自由到自由的一个线性发展过程。每个人都拥有自由并遵从理性的日耳曼世界是人类历史发展的终点与完美之境。黑格尔的历史哲学由此成为西欧中心论的先声。福山的"历史终结论"在一定意义上可以看作黑格尔学说在当代西方的回光返照。

19世纪末20世纪初，西方历史哲学发生第一次学术范式转型，即由思辨的历史哲学到分析的或批判的历史哲学。这一转向也是由历史本体论到历史认识论的重点转移。思辨的历史哲学主要探讨历史本体论问题，其对象是作为整体的历史过程，其目的是对历史的路线和方向作出总的解释。分析的或批判的历史哲学解决属于历史认识论领域的问题，注重阐释历史学的性质、任务、功能及研究的方法等问题。认识历史对于分析的或批判的历史哲学来说，首先必须分析历史知识的性质。

这次转向的时代背景是：由于科学发展所带来的物质利益，西欧人怀有一种理性、乐观的精神。但是正当他们幻想着历史会按当前的趋势无限地、乐观地发展下去的时候，第一次世界大战爆发了。这体现了人类非理性的一面，也使欧洲人自信、乐观的情绪遭到打击。历史会走向何处？西方的历史命运会怎样？历史究竟有没有其内在的发展规律？人类自身究竟是理性的，还是非理性的？……这一连串的疑问，表达了西欧人迷惘、彷徨的情绪。因此，他们也就没有原来那种揭示历史发展规律的宏愿与雄心了。这种失落过后，西欧人对自己赋有的理性能力也不那么自信了。他们探讨的重心，也从历史本身转向认识历史的方式。人们原来探讨、关心的是"历史是什么样子的"？现在关注的则是"如何去认识历史"？

这一转向由布莱德雷《批判历史学的前提假设》掀起的历史知识理论中的哥白尼革命发其端。他强调历史学家的主体地位和价值判断与历史语境对理解历史事实的意义。在英美学界，布莱德雷向盛极一时的实证主义史学首举义旗。20世纪40年代中期，历史哲学家们围绕历史知识性质及其与自然科学关系问题形成两个针锋相对的学术阵营。一方以柯林武德"重演论"为代表，另一方以亨佩尔覆盖率模型为代表。柯林武德在《历史的观念》中证明历史知识不同于自然科学知识，以此捍卫历史学的学科独立性。卡尔·亨佩尔在《普遍规律在历史学中的作用》中提出，历史知识与自然科学知识性质是同一的，历史解释仍需依靠普遍规律。

柯林武德的"重演论"影响了威廉·德雷的"行动的合理解释"和艾伦·多纳根的"逻辑关联论证"，推动了分析历史哲学的发展。斯克里文和莫顿·怀特修正了亨佩尔的覆盖率模型，试图赢得更多支持者。亨佩尔理论尽管"外"有柯林武德追随者的批判，"内"有自身支持者的质疑，却将这些批判和质疑转化成优化覆盖率模型的契机，并保持其理论地位的稳定性。亨佩尔覆盖率模型1972年在英美学界占据主导地位。两个对立阵营的理论主张在不断论争的过程中相互影响，逐渐呈现出同质化倾向。因为它们都反对思辨的历史哲学从过去推断现在以至预言未来的方式，没有探讨历史发展规律的雄心。它们关注历史学研究的前提假设、历史知识的性质和客观性问题。这是20世纪60年代之前英美学界批判的历史哲学关注的主要问题。英美学界之外的威廉·狄尔泰和雷蒙·阿隆，通过探讨精神科学基础和历史想象问题，强有力地批判了实证主义史学传统。

20世纪70年代，历史理解问题一度成为德雷、雷克斯·马丁等关注的焦点，但他们所代表的认识论历史哲学传统面临着以海登·怀特为代表的后现代主义历史哲学的挑战。这在使西方分析的或批判的历史哲学面临困境的同时，也给西方历史哲学发展带来新的生机。

20世纪60年代末70年代初，一些西方历史哲学家在结构主义特别是后结构主义语言理论影响下，将历史语言作为研究重心，逐渐实现历史哲学的"语言学转向"。后现代主义思潮影响各门人文、社会科学的表现是，使人们的思维模式由"结构"转向"解构"。这种影响在历史学中的表现是，历史学家不再那么倾心于"大写历史"了，更加关注"小写历史"。而且，一些后现代主义历史哲学家，如海登·怀特、安克斯密特等，从历史学的话语分析入手，强调历史学的文学、美学特性。他们认为，历史学关注的，现在已不是如实描述历史，而是如何用语言描述历史。

与这种强调历史学文学、美学特性倾向相关的是，随着解构"宏大叙事"倾向的出现与发展，从事历史哲学研究的历史学家相对于从事这方面研究的文学家、美学家的数量，是较少的。这些人大多从自己本专业（文学、美学的）立场出发，突出历史学的文学、美学性质与倾向。那么专业历史学家此时又在做什么呢？随着逐渐对"宏大叙事"失去信心，他们大多数注重从微小问题入手，期待在这个层面上反映更加真实的历史。因此，妇女史、新文化史等新兴史学分支学科蓬勃发展的同时，历史学研究也呈现出碎片化趋势。

海登·怀特认为，历史学家的语言不是透明的，我们通过语言所暗示的角度来理解过去。在海登·怀特、基斯·詹京斯等后现代主义历史哲学家的理论构景中，历史学效用的地位是优于历史真理的。他们认为，既然在人类试图认识自我的过程中，历史叙述不能达到纯然客观，那么为了当前的目的，我们应用历史与应用小说或诗歌就没有区别了。因而，一些后现代主义者主张只保留历史学"讲故事"的功用，否认通过历史研究可以获得历史真理。他们将历史著作看作一个文本，单纯从语言运用和情节构建模式角度去分析它、解构它。历史学在他们这里不存在以何种地位存在的问题，而是根本没有存在的必要了。历史学似乎"终结"了。

这体现出后现代主义历史哲学的前提假设：没有过去，只有现在。这里涉及的过去与现在的关系，包括两个维度：一是历史中从过去到现在的动态发展过程；二是历史学家根据历史的"倒溯性"，站在现在的立场去研究过程的历史。前一个维度，是历史研究的本体论前提。因为，与其他科学研究不同，历史学家的研究对象是"不在场的"，他不能直接面对自己的研究对象，只能通过过去遗留下来的资料、遗迹等，间接地展现自己对过去的认识和理解。这是后现代主义者诟病现代主义史学的重要原因之一。因为，在他们看来，历史是"文本真实"或"话语真实"，是历史学家在当下构建的"文本"或"话语"，与历史本体无关。他们理解的"历史"，是"历史编纂学"，是历史学家构建"文本"或"话语"的活动。这样就将"历史学家"与其所要认识的"过去"剥离开了。依此看来，后现代主义者的立场可谓极端。

后一个维度，是历史研究的认识论前提。这体现了现代主义史学对历史学家主体地位的肯定。这是对西方实证主义史学传统要求历史学家在研究中保持客观中立，以求实现"如实直书"理想的反动。按照现代主义史学的要求，历史学家在研究中要进行理解、解释和想象，在清醒认识到自身理论前提的条件下，去建构一种既尊重历史事实，又不抹杀或回避自身主观性的历史认识。按照这种理路，我们是能够不断推进历史认识，从而不断接近"那个高贵的梦"的。任何历史研究在对相关研究主题得出结论性的观点之后，也为后来者提出了进一步展开研究所要回答的问题。这意味着，任何历史研究都不是终极、完善的，其结论都是"开放性"的。承认这种认识上的"局限性"，并不等于说自身的研究是不科学的，反而恰恰是一种理性、科学态度的体现。后现代主义者否认历史真理、抹杀历史学地位的反基础主义态度是不科学的。

后现代主义历史哲学的批判性与解构性也并没有终结历史研究及相关的理论性思考。相反，它自身成为当下学界反思的对象。在这种反思中，西方历史哲学出现了一种回归宏大叙事的趋向。

西方历史哲学回归宏大叙事，并不是在启蒙运动时代思辨历史哲学体系基础上的"原地踏步"，而是一种"螺旋式上升"。这种发展趋向既保持了观察、思考历史的整体视角，也没有忽视整体之中的部分，尤其是那些在既往学术话语体系中被视为异质的"他者"部分。世界历史体系中的亚洲、非洲和拉丁美洲，宏观历史结构中文化维度，人类社会中的女性、底层和少数族裔等，成为当代西方历史学研究与思考的热点。

探讨人与自然的关系，是不断转变研究范式的西方历史哲学所着力解决的一个核心问题。近代分析型学科体系确立之后，人类成为学术话语的掌控者，自然是人类话语的受动者，人与自然的关系是对立的。在这一认知前提下，各种思辨的历史哲学体系的学术旨趣是彰显以人类利益为核心的理性的作用。为了实现自己的目的,人类对自然主要是征服、索取。近现代科学技术的发展带来的巨大社会效益,使得自然科学思维模式几乎成为各个学科所服膺的知识图式。分析历史哲学家就论证了自然科学思维模式在历史学领域的合理性。而批判的历史哲学家着眼于人类的价值属性,从人与自然的差异、人类知识与自然知识的区别入手,论证历史知识的合法性。

人类对自然一味开发,不注重保护,结果招致自然这只"沉默的羔羊"的报复。全球气候变暖,自然资源匮乏,地质灾害与生态危机频发等现象,警示着人类中心主义思维模式所存在的局限。这使得布罗代尔的"长时段理论",在当代西方历史哲学研究中焕发出其时代效应。自然不再被视为历史知识的一个被动的、衬托性因素,而是一个主动的、建构性因素。物种、宇宙、生态环境等具备"长时段"特性的集合体,似乎成为时下新兴历史研究与思考的对象了。具备这种认知特点的历史学,被当代西方学者冠以"后人文科学"、"大历史"、"环境史"等不同名号,但其共同特点是人与自然的合一。但这些理论探讨并不意味着,也远未达到中国传统文化所追求的"天人合一"境界。作为富有创新性和启发性的学术思想,上述当代西方历史哲学思想是我们可以批判地借鉴的"一家之言"。

学术的逻辑归根到底取决于时代的逻辑。宏大叙事的回归反映了两方面需求。一方面,学者们试图通过宏大叙事的"整合"效应,克服历史学研究的碎片化和形式化缺陷。另一方面,在面临经济全球化趋势下频发的自然灾难、科技进步等新的时代课题时,学者们不甘落后于时代,试图通过自身的研究为解决这些问题提供一定助益。这体现在全球史观、普遍史和生态历史哲学等学术课题的探讨中。历史的无限发展决定了历史哲学的发展也是没有"终点"的,任何历史哲学反思都是其漫长发展历程中特定时间与地点上的"驿站"。①

第二节 历史认识的可能性与后现代主义历史哲学

20世纪西方史学理论的两次范式转型,是20世纪西方历史与历史

---

① 本节部分内容曾在下述论文中发表——张作成:《西方历史哲学回归宏大叙事》,《社会科学报》2012年8月30日。

学深刻变化的反映。从理论角度来讲，虽然"叙事转向"、"语言学转向"是 20 世纪西方史学理论研究的发展方向，但这一发展过程仍存在着多种史学理论观点的频繁交流交融交锋，其中就包括影响极大的柯林武德史学理论。在历史认识可能性与可靠性问题上，柯林武德对历史语言、历史想象等方面的阐述，既启示着海登·怀特这样的后现代主义者，也指出了评价后现代主义历史哲学的"适当边界"。

后现代主义者①质疑历史认识的可靠性与可能性，突出历史研究中隐喻、情节建构等文学性因素，隐匿理性、真实性等科学性因素，将历史写作与文学写作等同起来。后现代主义者认为历史知识没有独立性可言，否认历史认识的客观性。柯林武德的理性主义立场成为后现代主义者攻击的对象。在历史认识可靠性问题上，柯林武德要求历史学家在研究中要进行理解、解释和想象，建构一种既尊重历史事实，又不抹杀或回避自身主观性的历史认识。在可能性问题上，柯林武德问答逻辑所表述的历史过程观，保证了具有"不在场"特性的历史认识在无限的问答循环中延续。在这场超时空对话中，柯林武德史学理论提示着我们西方史学理论领域士气正盛的后字号显学的局限与过激之处。

柯林武德史学理论是由四个部分构成的一个有机统一整体。"对我们来说，他历史哲学的组成部分最好单独考虑。他的核心主张是'一切历史都是思想史'。从此得出的结论是，历史研究是为了认识自我，通过认识自我与观念上进一步的大幅跳跃，历史学可能成为在实际事务基础上运行的一所政治智慧学校。第三，历史学是与自然科学地位平等的、关于'人类事务的科学'。第四，历史学研究在于提出恰当的问题。"② 这反映了柯林武德理论的人文主义取向。

任何史学理论研究都与史学实践的变量相关。柯林武德也概莫能外。"每种史学理论都与历史写作的某个变量有种自然的密切关系。诠释学处理文本解释问题，因此是我们思考思想史时首先想到的史学理论。柯林武德的'重演理论'催促历史学家寻找历史当事人做事、思考和制造某

---

① 这里需要指出的是，笔者将海登·怀特、安克斯密特等后现代主义历史哲学家作为一个群体论述对象，并不意味着将他们各自的理论体系视为同质的。相反，不同后现代主义历史哲学家之间理论的异质性，才是这个学术群体的特色。但这也不能抹煞"异中之同"的存在，如他们都关注历史写作层面的问题，分析立论的角度大都包含历史语言、历史想象、历史叙述等方面。这种"求同存异"恰恰也是本书行文论述能够得以展开的学术前提。

② John Vincent, *History*, p. 41.

种东西的目的。如此坚持这个问题，柯林武德史学理论清楚地证明，他的史学理论与考古学的密切关系。柯林武德自己是考古学领域最成功的研究者之一。"① 与偏重演绎模型分析的"覆盖率模式"相比，柯林武德的理论研究紧密结合研究实践，更具生命力。这种学术生命力的重要体现是，他关于历史学想象和历史叙述故事性的观点，影响了后现代主义历史哲学的标志性人物海登·怀特。

柯林武德理解的历史学想象是建构性的，"但是在他看来，建构性想象并不局限于纯粹的物理关系与过程的推论。对一种潜在的'思想对象'来说，建构性想象使历史学家注意一个给定系列事件必定具有的形式。可以确定的是，他倾向于结论说，探讨的潜在思想对象是过去既定时间与地点确实发生的事件的故事。然而，他同时坚持，建构性想象既是一种先验的（意味着它并不任意而为），也是结构的（意味着它在构建潜在思想对象的过程中，受形式一致性观念约束）。历史学家在历史记录中'发现的'，一定是甚至在研究开始前就在历史学家意识中存在的。这增强了对人类及其行为观念的建构"②。这表明历史学想象在柯林武德看来是以构建关于历史的真实故事为旨归的。而在后现代主义者看来，这历史学想象与文学想象是无异的，其中缺乏历史真实性的"质感"。在术语使用方面，柯林武德是以 constructive imagination 来表示历史学想象，而海登·怀特以 fiction 来表征历史学想象。③

历史过程的理性或人类历史活动的目的性，是柯林武德分析历史学想象时坚持的基本立场："我现在讨论当代哲学家认为讲故事作为历史学研究一个模式是合理的第三个也是更重要的原因。这个原因存在于当前对历史学中因果联系一般性质的主导观点中。按照柯林武德和德雷（与当前的哲学兴趣一致）的观点，一般认为历史事件的解释，首要甚至只是归因于有目的的人类行动。因而在一定的社会状况下，一般的做法是从一个人或

---

① F. R. Ankersmit, *Historical Representation*, Stanford: Stanford University Press, 2001, p. 262.
② Hayden White, *Tropics of Discourse: Essays in Cultural Criticism*, Baltimore & London: The Johns Hopkins University Press, 1978, p. 60.
③ 彭刚教授在《叙事的转向：当代西方史学理论的考察》第一章中分析了怀特运用这一术语的涵义："怀特的虚构（fiction）概念并不是说，历史著作可以排除史料的限制。"在此意义上，怀特的 fiction 并非全然解构，也具有柯林武德相应术语中的建构论内涵。这揭示出柯林武德与怀特二人学术理路上的相承关系。但是怀特作为后现代主义历史哲学的代表，其意绝非"求同"，更多的是"立异"。

多个人追求的目的去分析历史变化过程;然后在随后事态之下,再次分析历史当事人计划要做的事情,等等。历史学被理解为由可理解的人类活动构成的一个线性序列,追溯这些活动过程被看作对过去的真正构建。这确实表明,历史学家的工作像一个故事讲述者,因为构建'故事'的范式强调历史当事人的选择,强调随着这些选择而发生的事态变化。"①

后期柯林武德认为,历史学研究是凭借历史学想象构建的一个真实故事。"历史学家首先是一位故事讲述者,主张历史的可理解性体现在:能够从一群凌乱、毫无意义的'事实'中制造一个可信的故事。在努力理解零散且通常不完整的历史记录过程中,历史学家不得不利用柯林武德所谓的'建构性想象'。这告诉历史学家,正如有能力的侦探一样,'一定如此的'状况向能够提出恰当问题的意识展现其可获得的证据与真正的性质。这种建构性想象以与康德设想的先验想象同样的方式发挥作用。当它告诉我们即使我们不能同时观察到一个桌面的两面的时候,如果它有一个面的话,我们可以确定的是桌面有两个面,因为正是一个面的观念使至少另外一个面的存在成为必要。柯林武德认为,历史学家使他们的证据赋有一种可辨识的人类状况可能呈现的不同种潜在形式。他将这种识别力称为发现包含于证据中'故事'的能力,或发现隐藏于'显明'故事之中或背后的'真实'故事的能力。柯林武德得出结论说,当历史学家成功发现蕴含于证据中的故事或一系列故事时,他们就提供了可信的解释。"② 尽管坚持历史学研究的求真本性,但柯林武德将历史叙述看作故事,表明他注意到了历史认识中的不确定因素。

早在后现代主义之前,一些经验主义大师就告诉我们"不确定性"的相关知识。"我们真的需要后现代主义告诉我们最重要的经验主义者多年前就以不同方式告诉我们的东西吗?休谟、后来的罗素以及再后来的逻辑实证主义者们怀疑确定性。……休谟声称对知识的严肃反思最终造成的都是一种对确定性的怀疑态度。罗素在《哲学问题》中开篇就指出,确定性问题是哲学中最难的问题。"③

---

① Geoffrey Roberts ed., *The History and Narrative Reader*, London & New York: Routledge, 2001, p. 54.

② Hayden White, *Tropics of Discourse: Essays in Cultural Criticism*, pp. 83–84.

③ David Boucher, "In Defence of Collingwood: Perspectives from Philosophy and the History of Ideas", p. cvi.

在柯林武德史学理论体系中，这种历史认识上的不确定性并没有使他陷于休谟的不可知论。相反，这种不确定性成为历史研究具有勃勃生机的根由。这是因为他理解、践行的"确定性""不是关于过去本身的确定性，而是对具体问题提出具体答案的证据的确定性。这些问题是历史学家明确阐述并且拷问证据得来的"。① 历史学证据是确定的，但历史学家分析历史学证据的理论体系、价值观念和时代立场是不断变动的、"不确定的"。由于要回答的学术问题和要解决的时代问题不同，不同时代的史学家运用相同的史料会得出不同的历史知识。历史认识的不确定性由此也转化为历史研究的"正能量"。柯林武德"十分准确地指出人们需要谨慎对待他们的绝对前提假设。这是当代运用柯林武德方法的思想史家敌视以后现代主义形式呈现的文学挑战的原因"。"历史学不仅是一种合法的知识形式，而且事实上是唯一一种人文科学的知识形式。"② 每个时代都需要重写自己的历史，新的世界需要新的史学，也是柯林武德史学理论体系的应有之义。

柯林武德上述立场在经后现代主义者吸取后，却转换成历史学知识的"致命伤"。"柯林武德曾评论，对一个不了解你所在文化中'悲剧'是指何种状况的人，你不可能向他解释清楚一个悲剧。那些教授或学习过通常名为西方文明或西方文学名著课程的人知道柯林武德所思考的是什么。如果不了解悲剧的、喜剧的、浪漫剧的或讽刺剧的一般属性，当你在一个文学文本中遇到它们的时候，你不会这样理解它们。但是历史状况没有以文学文本的方式使上述状况成为其本质意义的一部分。历史状况并不内在地是悲剧的、喜剧的或浪漫剧的。历史状况内在地可能都是讽刺的，但它们并不必然以那种方式进行情节建构。所有将一种悲剧状况转化为喜剧状况的历史学家需要做的，是改变他的观点或理解范围。无论如何，我们只将这些状况看作悲剧的或喜剧的，因为这些概念是我们文化遗产特别是文学遗产的一部分。一种既定历史状况如何被构建，取决于历史学家如何将一种具体的情节结构与他希望赋予其某种意义的历史事件序列巧妙地结合起来。这本质上是一种文学的、也就是虚构的

---

① David Boucher, "In Defence of Collingwood: Perspectives from Philosophy and the History of Ideas", p. cviii.

② David Boucher, "In Defence of Collingwood: Perspectives from Philosophy and the History of Ideas", p. cxii.

行为。"① 后现代主义者以文学思维模式构想历史学知识,试图以此达到解构历史学的目的。

海登·怀特对故事与情节结构的区分体现了柯林武德的影响,却站在了与之截然相对的立场上。"简而言之,历史虚构中的虚构因素表明,读者要对叙述中不同种类的事实予以'适当的严肃对待和尊敬'。这里提请注意的历史叙述中故事与情节的区分,类似于柯林武德在《历史的观念》中对历史解释的分析。在讨论历史学家合理地超出其'权威资料'所讲述过去内容的范围时,柯林武德设定了双重解释策略:批判的与建构的。在批判性阶段,他坚持历史学家为了证伪某些事实,可以依靠他们所处时代的科学知识,无论这些事实如何妥善地为文献记录证实。例如,当他们否定充分证实的奇迹记录时。通过批判文献,历史学家建立他的叙述'结构',一个'故事'中的事实也将在他叙述解释它们的时候被塑造。一旦这种结构建立后,历史学家的问题是通过推断'一定发生的事实'填补记录中的空白。"② 后现代主义者继承了柯林武德对历史学研究中主体性与主观性因素的强调,隐匿或摒弃了他重视的理性因素。

柯林武德认为:"人类活动是理性个体在追求理性目的的过程中作出的假设,未必使我们服膺它们是理性的观点。但我们不得不假定,人类在活动中有理性,有好的理性和坏的理性。人类的理性是间歇的、不稳定的。但只要人类是理性的,他们就会按照理性做事。换句话说,人类的思想是标准逻辑的。"③ "理性活动的表现形式有自己的感情色彩。在一定意义上,每个活动都是独特的情感或情感系列。但只是在它们是一个特殊种类感情的意义上,依附于理性个体的即为理性的,并且构建它们理性的情感方面。"④ 因而,理性的历史认识包含对历史活动的价值评价与对非理性因素的学理分析。

历史学研究对象的"不在场"特性,为后现代主义者解构历史知识留下余地。"正是通过对历史学家语言的关注与问题意识,怀特所表明的

---

① Geoffrey Roberts ed., *The History and Narrative Reader*, pp. 224–225.
② Hayden White, *Tropics of Discourse: Essays in Cultural Criticism*, pp. 59–60.
③ David Boucher, "In Defence of Collingwood: Perspectives from Philosophy and the History of Ideas", p. cxvii.
④ David Boucher, "In Defence of Collingwood: Perspectives from Philosophy and the History of Ideas", p. cxix.

不是不可能把握过去实在,而是历史学科中通常所抱持的关于如何达成这一目标的那种实证主义直觉的天真。更具体地说,这些实证主义直觉向我们骄傲展示的历史实在本身只不过是史学本身所创造的幽灵般的幻觉。诚然,历史实在是存在的,原则上它可以为历史学家所把握。但是,历史学家把这个历史实在给忘记了,错将自己对过去的喻义性编码视为过去本身。"① 后现代主义者通过强调价值观念多元化与历史理性的局限,在历史叙述与文学虚构之间画上了等号。

柯林武德的重演理论在这个问题上表述了与后现代主义者相反的立场。"学者们已经认识到,在历史学提出其特有的认识论问题之前,尽管这些问题通常被看作内在于而不是关于历史认识的方法问题,奥克肖特、柯林武德与戈登斯坦论证,关于过去陈述的真实性从来不能结论性地证实,因为过去是不在场的。因而我们不能将实际的过去与历史学家作出的有关过去的陈述进行比较。柯林武德试图解决这个问题,指出历史学家在自己的心灵中'重演'过去,因而使过去与他同处于当代,以使他能作出有关过去的可以证实的、真实的陈述。"② "对他来说,过去是不固定的和未完结的。他富有热情地坚持,每代人在价值观变化和当代问题的推动下为自己重写历史。"③ 这使柯林武德史学理论成为后现代主义者灵感来源的同时,也成为后现代主义者解构现代主义历史知识观过程中所攻击的标靶。

后现代主义者对以柯林武德为代表的认识论历史哲学,在批判地继承同时,也实现了20世纪西方历史哲学研究由分析的或批判的到后现代主义的范式转型。"在历史学和叙述辩论中,后现代主义者是那些强调语言在创造'意义'和人类过去故事'真实性'方面作用的人。像在其他领域一样,后现代主义者质疑客观性和历史叙述的表象性,得出的结论是:历史学家的故事的的确确是虚构,例如,语言的制品和叙述的制品。同时,在后现代主义者和叙述主义历史学家之间存在的共识是,讲述故事在历史学研究中的核心地位。分歧在于,历史学家一般认为在实践层

---

① 〔荷兰〕F. R. 安克斯密特:《历史表现》,周建漳译,北京,北京大学出版社,2011年,第267—268页。
② F. R. Ankersmit, *History and Tropology: The Rise and Fall of Metaphor*, Berkeley: University of California Press, 1994, p. 84.
③ David Boucher, "In Defence of Collingwood: Perspectives from Philosophy and the History of Ideas", p. cxix.

面上，他们的叙述既是真实的也是正确的。"① 在这一范式转型下发生的"语言学转向"，"一般指战后哲学研究语言在创造'意义'和'真相'过程中作用的一种转向。在历史学和叙述争论中，语言学转向与情节建构、隐喻、比喻、元叙述、后现代主义等相联系"②。柯林武德理解的历史故事既是真实的，又是有意义的或可理解的。后现代主义者的故事则只保留和强调可理解性，不论其真实性。

后现代主义者否定历史学家的语言（能指）与历史学家所研究的世界（所指）之间存在指涉关系，认为语言并不指涉存在，是具有自身独立意义与构成方式的符号体系。在历史叙述的语言并不指涉历史实在的意义上，历史学研究的真实性、客观性与历史知识的合法性就无法得到保证了。历史认识也就是人类所不能期望的功业了。与此相对，柯林武德的史学理论观点经常被当代学者援引，用以回应后现代主义解构论立场。"人类是语言的动物。通过语言，事物被赋予意义。这些象征性符号（语言）指涉世界，但语言和世界属于不同的种类。在不同的社会构想、不同文化中，人们说着/说过不同的语言：过去是个陌生的领域，那里的人们言说方式是不同的。"③ 除了强调语言与世界之间的指涉关系外，柯林武德对文学与史学关系的理解与后现代主义者的立场也是针锋相对的。

在后现代主义学术背景下，文学以强劲的势头侵袭着历史学领地，挑战着历史学知识的独特性与合法性地位。在中国学术文化传统中追求"不分家"这一和谐境界的文学与史学，在当代西方的学术语境中却呈现剑拔弩张之势。西方学者将这一现状称为"文学的复仇"，其矛头所指就是柯林武德的史学理论。"所谓'文学的复仇'攻击目标直指研究思想史的'柯林武德式'方法。大卫·哈伦宣称，受柯林武德影响强调语境的斯金纳、波考克和邓恩一类思想史家，近来轻信他们驱除了文学的恶魔，将历史学安放在一个客观方法和理性论证的坚实基础上。琳达·奥尔认为，现代史学在将自身与文学分离开来的过程中，试图模仿社会科学尤其是量化方面。基斯·詹京斯声称在埃尔顿和爱德华·卡尔的著作中不再能发现'历史是什么'这个问题的恰当回答了。在文本是

---

① Geoffrey Roberts ed., *The History and Narrative Reader*, pp. 436–437.
② Geoffrey Roberts ed., *The History and Narrative Reader*, p. 436.
③ Keith Jenkins, *Re-thinking History*, London & New York: Routledge Classics, 2003, p. 53.

事物和可能发现的意义无限广阔的后现代主义者中和后现代时代中,埃尔顿和卡尔作为现代主义者过时了。解释学和后现代主义理论家告诉我们,文本使自身与它们的作者和语境脱离开来,这是伽达默尔和利科所称的'陌生化'过程。"① 这不同于柯林武德"活着的过去"揭示的过去与现在紧密联系的历史过程观,也不同于他在历史想象作用下构建的意义之网。

与柯林武德观点相对,"德里达、福柯和保罗·德曼这些解构主义者进一步动摇了语境主义,宣称作者已死,文本消失,认识主体的消失,历史个体的幻象,作者的不在场,最终瓦解了思想话语的紧密联系的网络。过去本身是被构建的而不是被发现的,在证据上是被想象的而不是被发现的,因为过去已不存在了,不能作为衡量不同解释的标准"②。解构论者批判以柯林武德为代表的现代主义者的立论根基,仍然是历史学研究对象的"不在场"特性。

历史知识的这一特性牵涉传统史学的两个"透明"假设。"第一,历史学文本相对于潜在的历史实在是'透明的',文本实际上首先揭示的是实在。第二,历史学文本相对于历史学家对过去相关部分的判断,即相对于历史学家撰写的(史学)文本是'透明的'。根据第一个透明假设,文本给我们提供一种过去实在的观点。根据第二个透明假设,文本对历史学观点或历史学家目的来说是完全适当的方法。"③ 这种传统的历史知识观在19世纪末20世纪初西方史学研究转型过程中遭到质疑。

为了捍卫历史知识的独特性与合法性,柯林武德提出重演理论试图解决传统史学两个透明假设造成的双重困境。"首先,传统史学的两个透明假设存在一种奇怪的'进退两难的困境':一方面它们彼此冲突,另一方面它们互相依存。它们彼此冲突是因为作者目的透明破坏了过去是畅通无阻的观点,反之亦然。它们彼此依存:(1)因为过去的透明性假设使作者目的成为一个可以辨别的实体(因为这需要一种持续的、共同的背景);(2)因为相对于过去的透明性假设,一个文本依存于一种

---

① David Boucher, "In Defence of Collingwood: Perspectives from Philosophy and the History of Ideas", p. xcvi.

② David Boucher, "In Defence of Collingwood: Perspectives from Philosophy and the History of Ideas", pp. xcvi – xcvii.

③ F. R. Ankersmit, *History and Tropology: The Rise and Fall of Metaphor*, p. 126.

'让过去本身说话'的作者目的。这种双重困境的悖论只有通过完全辨识过去的实在性与作者的目的才能解决。从历史学对象——过去——本身的角度,兰克创造了这样一种可能性,要求历史学家为了过去'清除'自己。从认识主体——历史学家——的角度,柯林武德通过重演思想来解决这个困境。"① 历史学家积极介入研究过程,通过思考活动赋予过去实在性,通过理解活动赋予文本目的性。重演论以现在的历史学家为中心,克服了传统史学过去与现在、主体与客体二分法造成的困境。

柯林武德强调历史想象,强调历史学家所讲故事的真实性,承认想象在历史故事建构中的作用。但所有这一切都以强调历史学家主体性为出发点。海登·怀特强调虚构或想象,以及由此对历史学的解构性思考,则是以语言或叙事模式的结构性制约为出发点。我们循着后现代主义的思维路数进行思维训练时,却发现丢掉了历史研究中必须依凭的确定支点。对历史学家来说,思维训练固然重要,学术研究赖以生存的根本更是不能放弃。但这正是漠视历史根底与史学良知的后现代主义者要求历史学家进行思维训练的前提。

柯林武德是一位唯心主义者,其史学理论设想了一个独立于我们的过去。关于过去的实在性问题,他通过历史过程观表述的过去的观念性予以解决。这种观念性保证了历史研究的理性与目的性。尽管在解决上述传统史学困境的有效性方面,柯林武德的观点是有待商榷的,却体现了其一贯的现代主义立场。在现代西方学术界,过去的实在性是个少有人问津的问题。"在二战后的几十年里,学界对过去的实在性问题关注式微。理论几乎只关注历史学方法。这导致批判的历史哲学现在的状况。历史哲学家和历史学家都或多或少想当然地认为过去是研究对象。这是一个非常复杂的对象,当然不同于但不是本质上异于我们世界中的普通对象。如果讨论过去的实在性论题的话,它会汇合到历史真实性的论题上。这种趋势也存在于所谓的建构主义中,战后唯一详细阐述过去实在性的历史哲学派别。建构主义理论在20世纪30年代迈克尔·奥克肖特那里就已发轫,但列昂·戈登斯坦是晚近的坚定的建构论支持者。"② 笔者认为,在奥克肖特与戈登斯坦之间,柯林武德是建构主义史学理论系统的阐述者,历史学知识独特性坚定捍卫者。两相比较,后现代主义历

---

① F. R. Ankersmit, *History and Tropology: The Rise and Fall of Metaphor*, p. 126.
② F. R. Ankersmit, *History and Tropology: The Rise and Fall of Metaphor*, pp. 137–138.

史哲学呈现的学术逻辑是：问题意识鲜明，过程意识缺乏；将历史本体置于形而上的"物自体"地位，使其对历史写作与构思层面的制约力缺乏；重视文本与语言在历史写作中的地位，使之成为研究者可以无限释读的对象，史学研究应有的学术敬畏之心缺乏。

第三节 历史认识的客观性与价值判断问题

新、老实证主义者遵循一种机械的、照镜子式的认识论，要求研究者完全摆脱价值束缚，在价值观念上严守中立。他们所理解的客观性是排斥价值判断的。与此相对，柯林武德认为确定历史事实的过程，也是历史学家对事实进行价值判断的过程，价值判断是历史认识客观性的构成要素而非对立面。后现代主义者质疑甚至否定历史认识的客观性，认为历史研究不过是一种与文学写作无异的写作方式。当前新文化史、微观史的兴盛就是这种史学理念实践效果的表征。在历史认识客观性与价值判断问题上，柯林武德的建构主义立场既揭示了实证主义者重构论立场的不足，也彰显了后现代主义者解构论立场的过激之处。这些差异使柯林武德与实证主义者、后现代主义者的"对话"成为可能，也是必要的。

不同学术立场的历史哲学家关于历史学前提假设的观点是不同的。"在探究不同历史方法——科学的、解释的、话语的——的过程中，我的很多论证是批判性的。……那个假设是，哲学应当着力提供判断实践中一定如此的状况的标准。历史学在这方面是成功的。因而，实证主义者论证，解释必须预设相关的潜在规律。柯林武德论证历史知识必须以重演为先决条件。闻奇认为社会知识意味着存在能够被理解的规律。怀特认为，历史理解必须以将一种情节结构运用于一种没有表现出叙事结构的过去实体为前提条件。鉴于康德作为现代历史哲学的根源（特别是19世纪后期狄尔泰、李凯尔特和文德尔班的著作），那种论证的一般形式没有什么可称奇的。康德提出了超验的问题：对于X（道德准则、空间和时间的知识）来说，必须存在何种状况？我怀疑是否可以发现任何超验的预设，至少就历史学来说不存在。"[①] 历史知识赋予前提假设以经验维

---

① Mark Day, *The Philosophy of History: An Introduction*, pp. 231 – 232.

度,而前提假设又使历史知识呈现不同面貌。按照上述重演论、普遍规律或情节结构模式构建的历史知识,其性质、目的与方法都是不同的。

柯林武德抨击了实证主义者幼稚的重构观。"这个争论中的第三个问题源于固执的经验主义者持有的信念,历史学是一种建立在对事实客观建构之上的实践,我们由此接近真实的历史。这是英国历史哲学家柯林武德所称的'幼稚的实在论'。这是历史知识对象建立在经验之上的观念。为了维持这种立场,这样的经验主义者们否认历史学家应干预或利用过去,坚持他们在处理证据方面不仅是客观的,而且否定在解释过去时使用社会理论模型。后一种做法被他们看作对过去粗糙的建构或发明。"① 19 世纪末 20 世纪初,西方史学界由传统史学到新史学的过渡与转型,从历史学研究实践层面印证了柯林武德的学术判断。

艾伦·蒙斯洛在当代西方学术界观察到这一状况。"对于自己的提问'历史知识是可能的吗'?柯林武德的回答是,'历史知识能在历史学家的心灵中重演'。这对很多重构论者仍然是个问题,因为它不是建立在历史分析的方法上。柯林武德阐明'如果历史知识不是经验,而仅仅是经验的对象,那么就不可能有历史学。'为了解决历史解释中缺乏直接经验的问题,柯林武德式的历史学家们,像爱德华·卡尔沉浸在证据中,而且通过再思考尽可能充分地经验过去。尽管像埃尔顿这样愚钝的经验主义者认为这是一个十分固执错误的方法,反而坚持区分认识者与认识对象。但他们一般赞同柯林武德,无论使用什么方法,历史学家必须避免更严重的错误,即使利用仅仅凭想象遮蔽个人偏见的、一般性解释的社会学理论或者实证主义覆盖率的、没有出路的方法论。"② 埃尔顿坚持重构主义立场,坚持历史学家与过去经验的截然二分,是 20 世纪与兰克一脉相承的历史观念。比较之下,柯林武德的观点更具合理性:历史认识是历史学家在解释证据的基础上重新体验过去,不是凭借理论建构过去经验本身。

虽然亨佩尔的覆盖率模型在学术界没有广阔市场,但与之针锋相对的柯林武德重演思想也遭到学界质疑。"进一步否定历史学家意识形态、偏见和干涉主义的不良影响,埃尔顿强烈否定下述观念:撰写历史需要一种'在历史学家心灵中的重演'。在批评两位最重要的相对主义史学

---

① Alun Munslow, *Deconstructing History*, London & New York: Routledge, 1997, p. 9.
② Alun Munslow, *Deconstructing History*, p. 68.

家克罗齐和柯林武德过程中，埃尔顿认为'观念的历史'现在已经远不是其目标。克罗齐和柯林武德在20世纪上半叶主张历史学家再思考过去，对建构历史学有积极影响。今天大多数历史学家认为，如果不积极思考自身在获取历史知识过程中的作用，他们就不能'研究'历史。他们不具有埃尔顿的经验主义信念。"① 无论如何，历史学界认识到传统实证主义者的"如实直书"信念只是"那个高尚的梦"罢了，而柯林武德史学理论中昭示的相对主义立场与建构主义观念反而更加契合史学研究的实际。柯林武德挑战了20世纪形成的历史认识客观性与历史知识观念。

卡尔·亨佩尔的覆盖率模型虽名噪一时，但它对历史学的影响有限。"正如我们已经指出的，那些认为覆盖率理论是一种源于自然科学的历史解释模式的人，并不认可它。对其他人来说，覆盖率理论之所以不受欢迎是因为它解释过去时排除叙事。因而，几乎没有历史学家使用亨佩尔在20世纪40年代初提出的覆盖率理论。"② 但亨佩尔与柯林武德的分歧与争论推动了"二战"后西方史学理论研究的发展。历史认识客观性问题，是双方争论的核心问题之一。

柯林武德与亨佩尔都不再坚持历史研究中那种纯而又纯的、排斥价值判断的客观性立场，认为客观性是有其时空与语境限制的。"即使是柯林武德的干涉主义史学方法，'历史学家必须在他自己的心灵中重演过去'，也预设了最低限度的客观性。我已指出这如何提示了下述观点：通过彻底认识事实，重构论者否定社会科学制造应用于历史学的模型的愚蠢行为，著名的是应用社会学理论和覆盖率。尽管研究证据时的主观性问题，是历史学界关于覆盖率模式争论的一个核心问题，但它也是一个对解构意识具有重要意义的争论。它进一步阐发了叙述的认识论基础。"③ 争论双方的这种趋同为西方历史哲学的后现代主义转型做了铺垫。

这种状况使柯林武德与后代主义者在历史认识客观性问题上存在认知交集。"正如柯林武德和今天解构论转向的很多历史学家都赞同的，历史学的首要任务是研究'在历史学家心灵中进行的'思考。我们发现自

---

① Alun Munslow, *Deconstructing History*, p. 22.
② Alun Munslow, *Deconstructing History*, p. 68.
③ Alun Munslow, *Deconstructing History*, p. 67.

已承认这样的逻辑,即在历史学家心灵中进行的重演成为历史学方法论。历史理解的基本条件是历史学家的自我反思,这不仅是通过文体和比喻形成的表象实在效果,而且通过由海登·怀特和米歇尔·福柯确定的更深层、可能是决定性的比喻结构。对今天越来越多的历史学家来说,日益清晰的是,根据基本的认识论和语言学,科学的宏大模式理想——客观历史学的目标——是不可能实现的,我们至多能制造一种客观性效果。这就是柯林武德在半个多世纪前所做的研究。"① 在研究路径上,柯林武德通过分析历史想象、价值判断方面的主体介入,强调历史认识主观性。后现代主义者认为历史学家与过去的联系以个人化或"私化"为主,以往历史学研究倾心的大规模超个体力量由此完全肢解为历史学家的一家之言。随着历史学家不再过问部分与整体关系,以往强调整全知识图景的历史学不存在了。

但是,柯林武德只是规定了历史认识客观性的"限度",毕竟为历史认知客观性保留了空间,这使其与全面解构历史认识客观性的后现代主义者区分开来。"关于用来提问证据的社会(或修辞)结构的构建问题,解构意识将这看作历史学家的干涉。幼稚经验主义者怀疑历史理解批判方法,完全表现在他们敌视像柯林武德、克罗齐、比尔德、贝克尔和爱德华·卡尔这样的唯心主义和相对主义历史哲学家,以及很多社会、文化决定论的建构主义史学家,还敌视最近的叙述主义者,从米歇尔·福柯、海登·怀特和多米尼克·拉卡普拉,到路易斯·明克和弗兰克·安克斯密特。这些相对主义史学家之间的共同联系是,他们不仅假设自己处于与证据的问答对话中,而且假设自己就是干涉主义者。所有人以不同方式认识到,只有通过历史学家的解释策略得到解释时,过去才成为历史。作为一种普遍立场,主流历史学家接受内在于建构主义的相对主义,并不喜欢实际上放弃经验主义基础的解构论观点。"② 柯林武德虽然表达了相对主义历史知识观,但这是以保留历史真实性为前提的。

柯林武德影响了后现代主义历史哲学的解构意识。"源于不同传统,柯林武德和德里达都推动了解构意识的发展。柯林武德追问的是,为了确定人类行动背后的目的,我们如何解释文本证据?德里达追问的是,我们如何能解释文本?解构意识强调意识到历史学家干涉主义的重要性,

---

① Alun Munslow, *Deconstructing History*, pp. 124 – 125.
② Alun Munslow, *Deconstructing History*, p. 184.

强调创造历史知识过程中叙述的作用。21世纪以来，在后现代状况的影响下，我们正重新界定知识哲学和历史研究，因为我们面对着语言与事物不匹配的问题。当历史学家说他们面对过去时，他们实际上面对的是语言。像记忆一样，语言可以回忆，但它只是实在的一个替代品。"① 在后现代状况下，柯林武德坚持的文本或语言与实在之间的对应关系被解构了，呈现出一种不稳定状态：语言的存在未必以指涉存在为其要务，相反，语言自身内部有其固有的意义表述体系。在后结构主义与语言哲学影响下，后现代主义历史哲学对既往的历史知识观进行了解构性批判。

柯林武德表达了一种建构主义历史学研究立场，这使他成为后现代主义批判的主要对象。"《历史的观念》较早地研究了历史意义的产生，柯林武德认为历史学家在语境中安排可以获得的有关过去的信息。他将其描述为一张'想象构建的网'。当通过比较证实历史事实的时候，事实就被构建起来，在一个总体的历史语境中，被置于一种彼此有意义的联系中。"②"所有历史学研究都是选择性的。正如拖什指出的，'预设一个前提假设或理论，无论它多么不连贯'。因为这个提出假设的过程超越了证据，它对凭借'灵光一现的洞见或想象穿越'的历史学家有效。当然，没有一个这样的人接受解构主义者所强调的叙述认知功能。对主流建构论史学家来说，这种柯林武德—卡尔的方法比实证主义提供了一种更具同情性的历史学定义。这是一种对解构主义者强调语言转向的合理、有效的机敏回答。"③

后现代主义者并非以自说自话的形式表达自身观点，而是在与现代主义者"对话"中不断阐述其解构主义观点。"在语言构建叙述形式和历史学意识形态方面存在不透明性和不稳定性前提下，关于我们能否获得一种真实过去的真正知识，后现代主义史学家和现代主义史学家之间存在持续的争论。"④ 对柯林武德来说，语言是思想透明、稳定的载体。对后现代主义者来说，哲学问题是通过容易导致含混的语言陈述的，因而要通过细致的语言分析来解决哲学问题。语言并非透明的"载体"，

---

① Alun Munslow, *Deconstructing History*, p. 112.
② Alun Munslow, *Deconstructing History*, p. 90.
③ Alun Munslow, *Deconstructing History*, p. 99.
④ Alun Munslow, *Deconstructing History*, pp. 22 – 23.

这种能指与其所指的关系也是不稳定的。① 柯林武德并非后现代主义者"在场"的对话者，但因其史学理论系统表述了现代史学的建构主义立场，使他成为后现代主义者理想的论争对手。

虽然柯林武德否认在历史学研究中运用社会科学规律的可能性与必要性，但是"大多数建构主义者仍支持柯林武德在《历史的观念》中表达的叙述观点。在历史编纂中'剪切和粘贴'证据，并未很好地构建历史解释。对柯林武德来说，这种'历史学的前科学形式'是不合格的，因为它不允许历史学家挑战资料的权威地位。实际上，它造就的是一味实践被动归纳法（类似于简单的重构论立场）的历史学家。真正的历史学方法是应用可验证理论的证据的一个提问与回答过程，挑战与审问过程。换句话说，历史事实出现于卡尔所谓采取社会/政治分析形式的解释对话过程。证据成为一种提问的资料，而不是答案的资料。历史学是运用适当的社会理论对过去进行的一种拷问。事实同历史学中其他要素一样，是建构起来的。对建构主义者来说，缺乏理论的保守经验主义和否定社会理论而依靠一种有缺陷叙述的极端解构论，都不能捕获过去的真实性"②。强调历史学家在历史研究中的主体性作用，是建构主义者与柯林武德共有的立场。

历史学家作为研究主体的意义在于，"正是历史学家将资料变成历史。资料只有像原材料一样被加工成证据时才有用。历史事实是这些证据基础上创造的。正如柯林武德认为的，证据没有构成一种现成的历史知识，历史知识由历史学家掌控。只有历史学家将原材料用于他/她构划的语境中的知识时，原材料才是有用的。正如解构论者所理解的历史学家做法，历史学依靠历史证据的符合理论是不利的。基于证据的历史解释过程，比解构论史学家理解的简单描述资料更为复杂"③。"移情通常与英国历史学家柯林武德在《历史的观念》中支持的史学方法相联系，它意味着'触及'历史当事人思想和所处状况。理解这种情感和思想状态的方法是，在历史当事人所了解的语境中再思考他们的思想，以此解释历史学证据。对很多重构论历史学家来说，这是构成历史学的证据与

---

① F. R. Ankersmit, *Historical Representation*, p. 45.
② Alun Munslow, *Deconstructing History*, pp. 104–105.
③ Alun Munslow, *Deconstructing History*, p. 92.

语境之间的移情联系。"① 构成历史知识的关键是，历史学家选择、批判、想象与构建活动。历史资料的隐含意义由此彰显，其语境联系由此构建。

历史学家在构建历史叙述过程中运用的语言会影响历史理解，这"并不意味着历史学仅仅是另外一种虚构的文学。接受这一点意味着，赞同历史学在认识论上无异于诗学、戏剧或电视剧的观点。实践的实在论者否认这种解构论观点，因为在解释、事实与叙述之间存在着一个必须填补的、作为历史意义构成因素的空隙。如果历史学家继续认为他们的事业是研究语境中的证据和有效利用宣称解释事件之间关联的社会学理论，那么就像解构论者宣称的，作为一种文本的历史学类似于虚构。这种观点既不可靠，也是一种糟糕的逻辑"②。"即使柯林武德和爱德华·卡尔承认历史学家和他们所描述的事件之间存在一种持续的相互作用，他们最终仍不愿意接受历史学的研究成果主要是一种虚构。"③ 柯林武德强调历史想象，但历史学这张想象之网因其由证据提供固定结点而坐实。后现代主义者的历史之网由文学中的情节建构模式、论证模式与意识形态蕴含模式划定纹理，主旨是对过去的"私化"，力图以此实现历史学的去学科化。

海登·怀特是后现代主义解构论阵营中最权威的代表人物，提出任何叙述同等为真的历史解释观念。"理查德·汪认为，过去30年来在史学方法论方面最有影响的著作是海登·怀特的《元史学》。但在汪看来，怀特不幸地假定'历史事件可以构成无限多个叙述，甚至种类繁多的叙述。没有讨论根据社会理论组织的经验资料，对怀特来说，历史学是根据诗学的、情节的、意识形态的和道德的决定构建的。按照汪的观点，这'以新的方式提出相对主义问题，迫使历史学家比较可能的叙述，每个叙述都可能完全由真实陈述构成'。……大部分学者反感海登·怀特的叙述主义解构论。"④ 海登·怀特这种相对主义观点取消了历史叙述的真伪判断，否定了历史知识的求真功能。这是他将历史学等同于文学的论证前提。

---

① Alun Munslow, *Deconstructing History*, p. 195.
② Alun Munslow, *Deconstructing History*, p. 105.
③ Alun Munslow, *Deconstructing History*, p. 187.
④ Alun Munslow, *Deconstructing History*, p. 100.

柯林武德影响了海登·怀特的理论建构,其理论观点也是对海登·怀特立场最有效的回应。"大多数历史学家赞同柯林武德的观点:尽管我们不能获得终极的历史真理,我们乐于接受'我们能够而且在构建的一个接一个叙述的事实'。按照海登·怀特的解构论或相对主义立场,这显然是不能达成的。正如柯林武德所说,做到这一点'不是根据个人的偏好,而是根据完全客观的理由。这些理由是任何对其做了研究的人都乐于承认的,尽管还没有完全意识到我们自己的叙述并不是完全真实的,在某些方面当然也是不真实的'。麦克·格拉夫赞同泰勒(在这一点上也赞同柯林武德),历史学家不能脱离语言和话语。"[1] 而且,"现在的历史学家认识到,描述一种现象的行为不一定使那种描述不真实"[2]。历史叙述并不因史家立场而失去真实性,这种历史真实性观念能够在历史学家内部达成共识。而且语言并不是历史学家发现历史真理的阻碍,是获知历史真相的工具。

柯林武德继承了实证主义者重视原始史料的实证精神,但批判实证主义者排除价值判断的客观性观念,在西方传统史学遭受"十面埋伏"之际维护了历史学科的学术尊严与独立地位。在柯林武德所处时代,学者们已经认识到事实判断与价值判断的区别。事实判断是关于存在事物真假的判断,而价值判断是关于人类行为正当性或善恶的判断。在自然科学思维影响下的历史学家,认为自己是历史事实的观察者与记录者,价值判断问题是无需问津的。柯林武德将价值判断问题引入客观性观念,指出价值判断并不以牺牲历史知识客观性为前提。这在更新历史知识客观性观念同时,也站在新的时代立场上实现了历史知识观的"哥白尼革命"。

与实证主义者相对,后现代主义者的历史知识观存在价值判断维度,但是将价值判断问题泛化以至于撇开了客观性问题,认为历史知识毫无客观性可言,只是与文学构建无异的话语构建活动。后现代主义历史哲学在增强史学工作者反思意识与批判意识,拓宽史学研究领域等方面无疑有助力之功。但是其否认历史知识可能性,解构历史知识客观性的观念是应该引起也确实引起史学界注意的。当代西方史学理论研究者在一定程度上继承柯林武德理性的、建构主义历史知识观,并与后现代主义

---

[1] Alun Munslow, *Deconstructing History*, pp. 100–101.

[2] Alun Munslow, *Deconstructing History*, p. 106.

者进行论辩。当代西方史学理论研究在这种持续对话与论辩中呈现新的发展趋势。

后现代主义历史哲学不仅推动我们的历史认识论思考，也提供了一种重新评价学术史的视角。柯林武德史学理论在后现代主义视域下也呈现出新的学术史意义。柯林武德展现的独特思考方式及其史学理念，不仅直接影响了威廉·德雷、路易斯·明克等现代西方历史哲学家，而且还深刻影响了后现代主义历史哲学家海登·怀特等人。在后现代主义思潮下，西方历史哲学展现"叙事转向"、"语言学转向"等新的发展趋向。除却柯林武德对海登·怀特的直接影响外，受柯林武德影响的德雷、柯林武德研究者路易斯·明克也影响了西方历史哲学的后现代转向。德雷以叙事和历史理解为中心，梳理了西方学界分别以莫顿·怀特和伽利为代表的两条历史叙事研究线索，强调柯林武德问答逻辑在后现代历史叙事研究中的地位。① 明克早在1962年就指出："叙事是历史研究的核心"，"故事不是被经历的，而是被讲述的"。只不过后来这破旧立新之功为怀特、安克斯密特及其追随者夺取。当然，如果我们完全以这种以古非今的反讽态度评价后现代主义历史哲学家的地位，是不客观的，这等于以史学研究的"后见之明"曲解历史。柯林武德、明克等虽先于后现代主义者探讨了历史叙事、历史想象等问题，但这些探讨只有在后现代学术视野和问题脉络中才能凸显其地位。柯林武德只是为后现代主义者需要研究的问题做了学术铺垫，而这些问题系统的"问"与"答"仍要到后现代历史哲学体系中寻求。

第四节　中国学界史学理论研究中的回响

本节有两个问题需要处理：一、柯林武德《历史的观念》编辑出版及国内学界的翻译情况。二、在西方后现代主义思潮影响下，国内史学理论研究者对柯林武德史学理论的总体反响与评价。

《历史的观念》是由编者根据柯林武德不同时期、不同性质（1926年的演讲稿，1927年和1928年的手稿，1935年和1936年发表的论文，1936年的演讲稿和1939年的手稿）的文献编辑整理而成的。这部著作

---

① Geoffrey Roberts ed., *The History and Narrative Reader*, pp. 8-9.

在形式上有我们可感遗憾之处，但这却无损于其中所阐述观点的巨大影响力。①

1946年，柯林武德的遗作《历史的观念》由其学生兼好友、圣安德鲁大学道德哲学教授诺克斯编辑出版。1951年，沃尔什的《历史哲学导论》出版，这使我们看到了柯林武德所隶属的学术谱系——分析的或批判的历史哲学。《历史的观念》现在有两个编本。一个是诺克斯在1946年编辑出版的版本。这个版本的主体内容是，柯林武德1936年所作的历史哲学演讲，演讲主题是从古希腊到其所处时代的史学史。还有《史学原理》手稿中的部分内容，以及他当时已经发表的论文《历史学想象》（1935年）和《人性与人类历史》（1936年）。另一个是杜森于1994年编辑出版的版本。② 该版本1993年由克拉伦登出版社（Clarendon Press）出版，1994年作为牛津大学平装书之一由牛津大学出版社发行。杜森编辑的版本，仍以诺克斯版本的内容为主体，另外增补了三篇文献，分别是《历史哲学讲稿》（1926年）、《绪论：某某哲学、特别是历史哲学的观念》（1927年）和《历史哲学纲要》（1928年）。这三篇文献表明了早期柯林武德对历史哲学的思考，有利于我们认识其历史哲学的发展脉络。

杜森在增补版《历史的观念》编者导言中，详细列举了诺克斯屡次越过其作为编者的职责范围，擅自改动柯林武德文本的问题，最终篡改乃至忤逆了柯林武德的原意。杜森指出诺克斯编辑方法存在的三方面问题：

第一，诺克斯在根据柯林武德演讲与手稿编辑《历史的观念》时，只选用了《史学原理》手稿中三篇论述。诺克斯认为其余部分未达到出版所要求的质量。在牛津大学出版社的档案调查中，提到1944年3月1日将90页的《史学原理》手稿寄送给诺克斯。但当1978年柯林武德的手稿被存放到牛津大学图书馆时，《史学原理》手稿并不在其中。《史学原理》手稿此后就"丢失"了，被埋没在牛津大学出版社的档案库中。直到1995年初，案卷保管员彼得·福登（Peter Foden）和詹妮·麦克莫

---

① 舒小昀、袁勤俭：《学术共同体的构建——1998—2007年〈史学理论研究〉引文分析》，《史学理论研究》2010年第1期。其中对《历史的观念》引用率（位于《马克思恩格斯选集》和《马克思恩格斯全集》之后，排在第3位）的分析，从一个侧面表明了柯林武德《历史的观念》的影响。

② R. G. Collingwood, *The Idea of History*, Revised Edition with Lectures 1926 – 1928, Oxford: Oxford University Press, 1994, edited by Jan Van Der Dussen.

里斯（Jenny McMorris）在检查整理档案时，才发现《史学原理》手稿。这部分手稿从此引起柯林武德思想研究者注意，并被看作研究柯林武德史学理论的核心资料。①

柯林武德的原意是将《历史的观念》和《史学原理》分别独立成书（他生前，两书均未完成，也都未出版）。但诺克斯在编辑时，却将两书内容合并到一起，而且还决定不出版《史学原理》。柯林武德"在其写给考古学家辛普森的一封信中提到《史学原理》是'是我准备倾注一生时间来完成的著作。如果我能完成这部著作，就没有什么可抱怨的了'"②。这表明他对《史学原理》的重视程度。而且，柯林武德在一条笔记中明确委托他的妻子，即使在他未能完成该书的情况下，也要按照原来的标题出版。诺克斯上述做法明显违背柯林武德意愿。德雷和杜森将《史学原理》手稿和其他历史哲学著述整理后，在1999年由牛津大学出版社以《史学原理以及其他历史哲学著述》为名出版。这在一定程度上挽回了诺克斯不当做法的损失。

第二，上述《史学原理》手稿有幸得以保存并出版并未避免其部分章节丢失。与此相关，诺克斯当初在编辑《历史的观念》时，对所引用《史学原理》内容的选择上，也有可非议之处。他没有引用《史学原理》中柯林武德论述"行动"、"过程"和"重演思想"这些主题的两章内容。而这部分手稿现在已经丢失。如果诺克斯当初在编辑时将这部分内容纳入《历史的观念》的话，不仅可以保存这部分文献，而且对全面认识柯林武德史学理论也具有重要意义。而诺克斯的"刚愎自用"永久遮蔽了这部分文献展现其价值的机会。

第三，诺克斯编辑的"后论"部分，也就是"史学理论"部分所占篇幅过大。因为，从书名上可以看出，"史学史"部分才是《历史的观念》的主体。而且构成"后论"的各篇文献在体例上也不统一，是柯林武德在不同时间写的具有不同特点的文献。其中既有演讲，也有已经发表的论文，还有一本书的未完稿。③

---

① 有关这一情况的详细分析，请参阅：W. J. Van Der Dussen, "Collingwood's 'Lost' Manuscript of *The Principles of History*", *History and Theory*, 36 (1997), pp. 32–62.

② Jan van der Dussen, "Editor's Introduction", in R. G. Collingwood, *The Idea of History*, p. xi.

③ 具体情况请参见：Jan van der Dussen, "Editor's Introduction", in R. G. Collingwood, *The Idea of History*, pp. xiv–xv.

柯林武德与诺克斯之间的这种师生关系，不禁让人想到苏格拉底与柏拉图之间的师生关系。因为，现在我们主要通过柏拉图的描述，来认识苏格拉底的主张。但柏拉图将自己笔下的苏格拉底当作自己主张的传声筒，不免让人怀疑他要真实描述历史上的苏格拉底的诚意。柯林武德与诺克斯之间的关系虽然并未达到这种程度，但性质是相似的，即诺克斯在文本处理、文献取舍及内容编排方式等方面，都明显地体现出自己的意志，甚至因此而违背柯林武德的原意。

诚如杜森指出的，诺克斯在编辑过程中确实存在上述问题。但是，我们不能因此怀疑、甚至否认他所做工作的价值。这是因为：首先，"二战"后英美哲学家和历史哲学家研究柯林武德，主要依靠诺克斯编辑的《历史的观念》。至少在1993年杜森版面世之前，这个版本是人们研究柯林武德所依据的重要文献。诺克斯版的《历史的观念》是无可代替的，可以说，这个编本是柯林武德在"二战"后获得巨大声誉，对西方历史哲学发展产生深远影响的重要媒介。其次，如上所述，杜森编辑的增补版《历史的观念》，也以诺克斯版收录的文献为主体。杜森在评价诺克斯的编辑工作时，指出其中的问题，有利于我们更清楚地认识柯林武德史学理论，但也的确有些过分贬低诺克斯工作的价值。

柯林武德生前主要是作为一名罗马不列颠古代史研究方面的专家为人所知的。他在这方面出版了《罗马不列颠》和《罗马不列颠与英国殖民》两部专著。1927年以后，他担任牛津大学罗马史讲座教师。他还进行考古学方面的发掘与研究工作。尽管柯林武德生前在哲学方面发表了比历史学方面更为丰富和系统的论文和专著，也曾担任过牛津大学温弗莱特形而上学哲学教授，但他在当时实在论大行其道的哲学界是一个地道的"学术孤儿"。他的哲学研究并未引起哲学界同行注意。这一方面是由于，他主张的问答哲学是反对当时盛行的实在论的。因此尽管他曾一度担任牛津大学形而上学哲学教授，也未能在当时的哲学界引起共鸣；另一方面则是由于他本人的因素，即他只是进行著述阐发自己的观点，从来不参加当时举行的哲学学术会议，不参与哲学同道们的交流和论争。1946年，诺克斯编辑的《历史的观念》问世后，英美学界对柯林武德的研究由此兴盛，至今方兴未艾，学者们关注的主题包括历史哲学、政治哲学、考古学等方面。

通过上述对比分析，我们了解了《历史的观念》两个版本的关系及各自的优长。诺克斯编辑的版本，主要在于其学术史意义，即学界对柯林武德史学理论的持续关注及由此带动"二战"后分析的历史哲学发展。杜森的编本在内容上增补了三篇柯林武德早期历史哲学文献，在文本处理上，态度更加谨慎，尽量保持文本原貌。杜森对《历史的观念》文本的修订再版和海登·怀特对柯林武德观点的继承和"超越"，使我们具备了重新审视柯林武德的文本基础和学术视野。

何兆武、张文杰两位先生1986年翻译诺克斯编辑的《历史的观念》，由中国社会科学出版社出版。1997年，这个译本被收入商务印书馆"汉译世界学术名著丛书"。杜森编辑的《历史的观念》2010年由何兆武、张文杰、陈新翻译，在北京大学出版社出版。其译文内容仍以何兆武、张文杰之前翻译为主，陈新翻译了杜森的编者前言、导言和新增的三篇柯林武德手稿。陈静翻译了《柯林武德自传》，2005年由北京大学出版社出版。赵志义、朱宁嘉翻译了《精神镜像或知识地图》，2006年由广西师范大学出版社出版。宫睿翻译了《形而上学论》，2007年由北京大学出版社出版。

何兆武、张文杰不仅翻译了《历史的观念》，也深入研究了柯林武德史学理论。二者论文是国内学界柯林武德研究的代表性成果。何兆武的《评柯林武德的史学理论》[①] 特点是"全面"，以柯林武德史学理论为主，兼及论述他的哲学、历史哲学、艺术哲学、政治哲学和考古学。这种以点带面的论述思路使我们清晰地看到史学理论思考在柯林武德个人学术谱系中所处的地位。张文杰《"历史会重演论"新说》[②] 特点是"精专"，从本体论（历史发展规律性）与认识论（历史学研究对象不在场性）两个角度，以历史重演为主题，分析柯林武德与克罗齐、王船山、

---

① 柯林武德《历史的观念》"译序"。何兆武研究柯林武德的另一成果是《新黑格尔主义的史学理论（下）——柯林武德的史学理论》，何兆武、陈启能主编：《当代西方史学理论》，上海，上海社会科学院出版社，2003年。

② 文章载于《史学月刊》2006年第4期。2008年5月，张文杰先生参加笔者博士学位论文开题报告会时提到这篇论文：该文成文于1997年，当时投到中国社会科学院《哲学研究》杂志，后来该杂志编辑以论题"过时"为由未予刊发。这篇文章底稿一直在张先生手中留存并未再次投稿。《史学月刊》2006年第4期组织"西方思想史研究笔谈"，该文是刊发文章之一。实际上，从20世纪90年代的国内外史学理论研究横断面来看，这篇文章可以说达到国际水准了。美国专业历史哲学杂志《历史与理论》1990年第四卷研究专刊主题是"再评柯林武德"。柯林武德历史重演理论也成为90年代英美学者关注的史学理论研究主题之一。其中的代表性成果、威廉·德雷的《作为重演的历史学：柯林武德历史观念研究》1995年由克拉伦登出版社出版。

汤因比观点异同。

改革开放后，随着柯林武德著作与观点陆续译介到国内，国内学界对他的态度从"有限度的肯定"转变为"有选择的继承"。根据文献综述内容，这种态度转变的时间坐标大致可以确定为2000年。20世纪90年代可以看作国内柯林武德研究的一个高潮期。纵观国内的相关研究，大部分研究论文都在这一时期刊发。2000年后，随着国内史学理论研究发展，学界研究选题更为多样化，加之对西方历史学中后现代主义思潮的关注，柯林武德研究沉寂下来。

在"有限度的肯定"时期，国内学界肯定柯林武德所强调的历史学家主体地位和主观能动性，批判其唯心主义立场，过于强调思想在历史发展过程中的作用。这一时期的研究由于研究资料与研究视野的限制，止步于柯林武德唯心主义立场的认定上，未能深入研究其主要学术命题的真正内涵及其史学理论体系构成。

在"有选择的继承"阶段，国内学界对西方史学理论研究的大体脉络有了比较清晰的认识。在研究后现代主义历史哲学过程中，柯林武德作为认识论历史哲学的代表人物成为学界阐释历史学中后现代主义兴起的背景要素。韩震、董立河的《历史学研究的语言学转向——西方后现代历史哲学研究》、彭刚的《叙事的转向：当代西方史学理论的考察》是这方面的代表。除了这种被动的衬托作用外，柯林武德史学理论在某种程度上也成为国内学界建构具有中国风格、中国特色史学理论体系过程中借鉴的理论资源。这比较明显地体现在王学典主编的《史学引论》、陈新的《历史认识：从现代到后现代》、李杰的《历史观念：实践历史哲学的建构》的相关论述中。当然，上述国内史学理论研究著作在学识上是博洽多闻、兼容并蓄的。上述评价只是为了表达切合本书研究主题的相关学术史概况。

结语　在一个复杂世界中保持对理性的追寻

在西方历史学发展的长河里，希罗多德的《希腊波斯战争史》使历史学作为一种知识形态跻身于知识殿堂之中。但历史学在19世纪德国兰克史学出现之前，并未取得独立的学科地位。它或者作为神学的附庸，或者作为哲学的附庸。以兰克史学为代表的实证主义史学的形成和发展，使历史学取得了一门独立学科的地位。实证主义史学是在19世纪自然科学的影响下出现的。兰克继承并发扬了以往历史学家注重史料批判的传统，使史料批判成为历史学家公认的学术规范。实证主义史学家对历史学科学性的自信，来源于他们对史料的批判考察，对自身保持客观中立态度的自信以及对"如实直书"理想的坚信。兰克的"如实直书"主张，体现了一种朴素客观主义理想：历史作为曾经发生或存在的实在，是能够被历史学家认识的；历史学家要认识历史，就需要保持客观中立的态度，避免自己的感情、意志渗入历史著作；历史学家应成为历史的传话者，而不是对话者。

英国历史学家爱德华·卡尔提出的"历史是什么"这一问题是史学理论及史学史研究所要回答的核心问题。历史方法论变迁与历史思维模式嬗变是历史学家回答这一问题的两个基本维度。在历史方法论层面，学界围绕历史学从非职业化到职业化的发展历程回答这一问题。实在的历史作为一个复合体并非只有方法论这一个观察视角。但历史方法论对历史学研究的基础性意义，是现有西方史学理论及史学史著作都强调的。在历史思维模式层面，学界以历史学从自发的知识形态到自觉的学科研究转变为线索，回答"历史知识何以可能"这个问题。最具代表性的是柯林武德的史学理论。

柯林武德提出历史学在研究对象、方法、知识解释模式等方面，不同于自然科学，并不需要靠自然科学的思维方式保证历史学的合法性。如果非要将历史学称作一门科学的话，那么它也是一门不同于自然科学的独特的科学。柯林武德史学理论是他阐述的一种历史知识理论，目的是证明历史学相对于自然科学的独特性和独立性。与此相对，亨佩尔认为历史解释要依靠自然科学的普遍规律，因而历史解释和自然科学解释的性质是相同的。无论是柯林武德的历史知识独特论，还是亨佩尔的历史与自然科学知识同一论，都反映了学者们在自己所处的时代条件下对历史学的反思。"自从历史学作为一门专业学科成立以来，就一直没有间断过对其理论基础和方法论基础的思考，并不断为社会生活贡献力量，从而确立了它在有关人类世界的知识产物的地位，而且与其他学科形成了相辅相成的关系。"① 历史学作为时代的产物和表现，也随着时代的发展而不断发展。

柯林武德的史学理论不仅表明了他的历史知识观，也展现了他对人类历史观念的研究。后一方面是当代学者在研究跨文化话语中所关注的。这种研究的难点之一是中西历史观念的融通。"西方学者，正如伊格尔斯所说，对东方的了解远远比不上东方对西方的了解，所以，由于知识的欠缺，某些西方学者在观点上仍然暴露出西方中心论的偏见。"② 柯林武德用历史观念对抗自然科学思维模式，目的是重新打造其所处时代的人文科学。这种人文科学以历史学为底色，不同于之前以自然科学思维方式为基础的人文科学。与其前辈黑格尔一样，柯林武德的立场也是西欧中心论的。因为多数西方史学理论或史学史著作都在容纳历史方法论变迁与历史思维模式嬗变两个层面基础上遵循"古代—中世纪—现代"这一时间框架，以通史或断代史形式回答"历史是什么"这一问题。这一时间框架形成于文艺复兴时期，是西方历史发展的产物。在现代历史发展过程中，西方不断地通过将历史上曾经出现的、西方地域范围以外的文明描绘为异质的"他者"形象，以凸显自身的"文明"、"进步"特质。西方学者表达这一理念时所依凭的上述时间框架，因此就不单纯是可以指涉任何历史实在的时间概念了，而是以突出现代西方的优越性为

---

① 〔德〕约恩·吕森：《历史思考的新途径》，綦甲福、来炯译，上海，上海人民出版社，2005年，第3页。
② 姜芃等著：《世纪之交的西方史学》，北京，社会科学文献出版社，2012年，第194页。

归依的。换句话说，这种时间框架是一种进行价值判断的手段，具有明显的西方中心论色彩。黑格尔的《历史哲学》以史论互证的形式最为系统地体现了这种时间框架的价值负荷。如果说德国史学家兰克以其历史学研究方法论成为西方史学史上的重要人物，黑格尔则是在历史观念与成书形式方面影响了史学史写作。这种历史观念就是西欧中心论，将历史意识或历史理性看作西方社会独有的产物，不具备这种历史意识的非西方世界是没有历史的或没有真正的历史。柯林武德《历史的观念》的成书形式承袭黑格尔《历史哲学》，并将其中的历史观念演绎得更为简明易懂。

  方法论上的个人主义是柯林武德的学术特色，"在19世纪末20世纪初，通过狄尔泰、克罗齐和柯林武德的历史哲学著作，个性被表述为西方历史思想的特点"①。柯林武德强调历史学家从其当下生活的经验、感受出发，理解塑造其当代状态的历史事实，洞察过去事件透漏的信息。历史学家可以凭借思想理解历史现象，反过来，也可以借着一个历史现象理解其中的思想。柯林武德史学理论的重要性在于，它是一个关涉许多学术理念的化身，并非被动地吸取当时的历史思想资源，而是通过超越当时的历史思想而成为其整体史学理论状态的代表。史学理论思考是一种持续的批判过程。柯林武德在其史学理论思考中，不断批判各种史学理念的片面性，将其中与自身理念相关的侧面转化成自己的思想。当然，柯林武德的史学理论作为一个体系，也有其片面性。本研究遵循历史编年顺序与逻辑推理过程相统一的方法，在共时性层面超越以西方为中心的学术视野，通过深度描述柯林武德个体经历赋予其具体性。在将柯林武德还原为历史哲学发展史上生动的剧中人时，在关注国内外史学理论研究前沿的基础上叙述他所关涉的学术史，在学术层面构建以柯林武德为核心的20世纪西方历史哲学发展史的宏大叙事。

  我们在以史学流派或史学理论流派界定某个学者时，常常忽视学者自身经历在学术创作过程中的能动作用。时代与社会背景、史学或史学理论流派这些宏观背景因素，是大多数著作解释与评价个体史学家的整体因素。强调这些"整体"因素的解释能力，对史学思想史研究来说也是阿基里斯之踵，容易造成见物不见人的弊端，忽略具体历史思想家的

---

① 姜芃等著：《世纪之交的西方史学》，第170页。

主观能动作用。本书注重对柯林武德作为学术个体的详细叙述与对他所关涉学术史整体的宏观论述。在解释路径上，笔者并不是通过将柯林武德放置在某种学术流派中进行解释与描绘，而是将观察镜头进一步推近，着重描述其个体经历与学术创造的关联。因而，柯林武德的成长经历与其学术思想的因应关系，他在其所关联的学术谱系中的占位情况，他的个人情感诉求与价值取向这些个性化因素成为本书的关注点。选择一种研究视角，也就选择了一种历史分析方法。我们从不同角度整合、建构历史研究这种知识形态或学问技艺的原貌时，其实是靠想象将历史发展过程中的某个或若干"殊相"编织成一个知识网络，尽量使之成为世人认可的"共相"。建构历史的努力之于历史本身的关系，类似于克罗齐探讨的"专门史"与"普遍史"的关系。过分突出任何"专门史"的努力，都有僭越"普遍史"的倾向。相形之下，学术史可以作为建构历史知识的一种有益路径。通过微观分析与局部放大，我们就既往研究的可能性与局限性提出一些新问题。学术史中部分与整体关系问题，是本书着力解决的问题之一。"乍看起来，历史学研究碎片化状况看似不可抗拒。我们尊重他者并让他者为自己说话，似乎在道德上是正确的。但由此也会产生许多问题。第一个就是厌恶'元叙事'，我们仍逃避不了表象问题。"① 将对柯林武德学术思想的微观分析与对其所隶属学术谱系的宏观概括结合起来，是本书对这个问题作出的折中处理。

柯林武德史学理论体系作为一项认真的学术研究能够引起读者共鸣，不仅在于研究思路、方法及材料解读上独具一格、严谨认真，更在于它关注历史上或社会中的"人"及"人"所关注的问题。经历"二战"爆发的柯林武德，在其《新利维坦》中表达了对西方文明命运的忧思。在思考这个饱含政治意蕴的学术课题中，柯林武德同在学术理念上与其有姻缘关系的金蒂利分道扬镳。同克罗齐一样，柯林武德反对法西斯主义专制集权统治，期望通过历史思考寻找西方文明未来的锁钥。他在这一思考过程中所关注的"人"无疑是复数的，处于一定社会历史背景中，为了保证分析论述的科学性，也必然处于一定的学术语境或思想氛围中。对"人"的关注，体现了学术研究的"温度"，也是其"美学"所在。历史学研究是一门人性科学，是人类的自我认识。心灵或精神是历史分

---

① Marnie Hughes-Warrington, *Fifty Key Thinkers on History*, p. xxiii.

析的重要维度。更好地理解他者心灵,是为了更透彻地认识自我。柯林武德强调历史认知上的个人主义,强调历史学研究的反思意识。他有一种历史学危机意识,其体现之一是反对心理分析方法对历史学的影响。心理学以其结论的可证实性、可实验性,似乎成为理解他者心灵的可靠保证。为了维护历史知识的独特性与合法性,柯林武德在《历史的观念》中从宏观上构建了西方历史意识发展史。

柯林武德是 20 世纪西方史学理论发展过程中的重要人物之一。其史学理论内涵丰富、见解深刻,体现了他对历史学的学科定位和对历史认识的理解。梳理和探讨柯林武德的史学理论,不仅能帮助我们区分柯林武德历史思想中的合理因素与值得商榷之处,也有利于我们把握现代西方历史哲学的发展脉络与走向。

柯林武德无疑是现代西方最重要的史学理论家之一。他独特的思考方式及其思想,不仅直接影响了威廉·德雷、爱德华·卡尔等现代西方史学理学家,而且还深刻地影响了当代后现代主义历史哲学家海登·怀特等人。更为重要的是,在柯林武德思想中,我们不仅能够清楚地看到西方传统实证主义重构论历史知识观与现代建构主义历史知识观之间的区别,而且也能够清楚地看到两者之间内在而深刻的联系。这就是说,从西方史学理论发展史上说,只有经过柯林武德,西方史学理论研究才完成了从传统转向现代的转型。因此,柯林武德的思想不仅是传统实证主义历史知识观的深化,而且也是现代建构主义历史知识观的雏形。然而,人们对此的研究还不够。因为大多数研究只将柯林武德看作唯心主义的、新黑格尔主义历史哲学的开创者之一,没有注意到他对传统历史学的批判和继承。

如果说柯林武德是现代建构主义历史知识观的开创者这个判断能够成立的话,那么,这个判断也必须奠基在他对传统实证主义史学的批判和继承之上。因为如果没有对传统实证主义史学的批判和继承,现代建构主义史学理论,甚至整体西方现代史学理论也是很难产生的。因此,我们应该弥补以往研究中非此即彼的方法的局限,在对立统一方法论的基础上研究西方史学理论经由柯林武德所实现的从传统到现代再到后现代的转型,突出传统、现代与后现代因素的"合力"在西方史学理论范式转型过程中的作用。当然,强调"合力"并不以抹杀每种因素的个性为前提,而是为了凸显 20 世纪及至当代西方史学理论研究的多元发展趋势。在这一认识前提下,我们应该更加深入研究柯林武德思想的内在理路和逻辑,特别是他对西方传统历史知识观的批判和继承,以及对后现代历史知识观的"警示"这个方面,从而展现出其思想的独特性。因为只有这样,我们才能清楚地看到柯林武德思想在现代西方史学理论研究中的地位。

在当前世界形势下,历史学这门传统知识学科在焕发勃勃生机的同时,似乎也处在暗流涌动的"十字路口":跨学科方法的运用从方法论上诘问着历史知识的独特性,网络史学等新兴史学研究形态的兴起挤占着历史学知识的社会受众空间,全球变暖与社会转型中的矛盾和问题追问着史学研究的时效性,历史学研究中的虚无主义、实用主义思潮在一定程度上冲撞着主流史学观念,满足人们浅阅读层次需要的"恶搞"、"戏说"类历史逼迫着历史知识传播方式的更新……在当下的史学研究中,传统、现代与后现代的因素并存,主流与新兴趋势并立,并形成你中有我、我中有你,相互融合并存的知识格局。

当代西方史学理论研究在"语言学的转向"、"叙事的转向"后过分务虚,不仅远离了历史学研究的实际,而且弱化了史学理论研究的意识形态属性、社会功能与时代责任。后现代主义者切断能指与所指关系,将被表象者与表象置于同等的本体论地位,其意在于打破以往历史认知中存在的学科等级制。后现代主义者由此否定现代历史认识论中事物与语言的裂隙,代之以事物之间的裂隙。历史知识判断中的连接词由"是"变为"关于",历史不"是"对历史事件的确定认知,而是"关于"历史事件的可选择的、或然的表象。而历史知识合理性的判断标准不在于其真实性,而在于其独创性。"最好的历史表现是最具独创性、离惯常习见者最远的表现,是看上去最不像是真的——然而却不可能根据现存历史证据加以驳斥的那一个表现。就像在科学中那样,理智上的勇气是所有成功史学的条件。"① 语言哲学、文学理论与美学是后现代主义者在解构现代历史知识观过程中积极汲取的学术资源。

与柯林武德一样,后现代主义史学理论家也强调历史学家的主体性和在历史发展过程中实现人的自由。就历史学家来说,完全跨越学科边界、放弃自身专业伦理的获取自由的代价太大,是需要认真权衡的。在

---

① 〔荷兰〕F. R. 安克斯密特:《历史表现》,周建漳译,北京,北京大学出版社,2011年,第22页。

后现代主义历史知识观中,历史学家的自由更像是一种没有责任感的放任。后现代主义者在理论上完成历史学去学科化,打碎历史认知过程中的所谓等级制时,也破坏了历史学的专业伦理。与后现代主义者反对的学科与认知等级制一样,这种弱化学科界限的专业伦理可能是另一个吞噬一切的巨型利维坦,它的负面效应会随着专业伦理的弱化日益呈现。与此相比,柯林武德的历史知识独特论观点彰显其价值。

历史学家与史学理论家无论以何种方式研究、反思历史学,都不能放弃历史学的专业与伦理规范,"回首来时路,莫忘初衷"。在这个复杂世界里呈现的复杂学术生态中,我们应该如何构建自身的历史知识观?本书在结合相关学术史研究现况、系统研究柯林武德史学理论的基础上,得出对这个问题的回答是——保持对理性的追寻,把握历史的真实,用历史研究回应时代拷问:历史学是一门以事实为训的实证科学,作为人类的一种认识形式,以"求真"为其本性,历史研究中理性因素作用的彰显与非理性因素作用的昭示都服从和服务于这一本性。历史学作为一种社会意识形态,以"致用"为其要务,历史研究不能脱离以历史观为指导的价值判断。系统研究柯林武德史学理论,有利于我们深刻理解与客观评价20世纪及至当代西方史学理论研究的发展历程。

参考文献

一、柯林武德的著述

1. *Religion and Philosophy*, London: Macmillan, 1916.

2. *Roman Britain*, Oxford: Oxford University Press, 1923, 1953.

3. *Speculum Mentis or The Map of Knowledge*, Oxford: Clarendon Press, 1924, 1946.

4. *An Essay on Philosophical Method*, Oxford: Clarendon Press, 1933, 1962.

5. *Roman Britain and the English Settlements*, co-authored with J. N. L. Myers, Oxford: Clarendon Press, 1936, 1937. Collingwood contributed with material of pp. 1 – 324. and pp. 462 – 478.

6. *The Principles of Art*, Oxford: Clarendon Press, 1938, 1945.

7. *An Autobiography*, London: Oxford University Press, 1939, 1951.

8. *An Essay on Metaphysics*, Oxford: Clarendon Press, 1940, 1979.

9. *The New Leviathan: or Man, Society, Civilization and Barbarism*, Oxford: Clarendon Press, 1941. Revised Edition with "*Goodness, Rightness, Utility*" and "*What 'Civilization' Means*". Edited and Introduced by David Boucher, Oxford: Clarendon Press, 1992.

10. *The Idea of Nature*, Oxford: Clarendon Press, 1945.

11. *The Idea of History*, Oxford: Clarendon Press, 1946, ed. T. M. Knox; Revised Edition with Lectures 1926 – 1928, Oxford: Oxford University Press, edited with an introduction by Jan Van Der Dussen, 1994.

12. *Essays in the Philosophy of History*, Edited with an Introduction by William Debbins, Austin: University of Texas Press, 1965, 1967.

13. *Faith & Reason*: *Essays in the Philosophy of Religion*, Edited with an Introduction by Lionel Rubinoff, Chicago: Quadrangle Books, 1968.

14. *Essays in Political Philosophy*, Edited with an Introduction by David Boucher, Oxford: Clarendon Press, 1989.

15. *The Principles of History and other Writings in Philosophy of History*, Edited with an Introduction by W. H. Dray and W. J. Van Der Dussen, Oxford: Oxford University Press, 1999.

16. *The Philosophy of Enchantment*: *Studies in Folktale, Cultural Criticism, and Anthropology*, Edited by David Boucher, Wendy James and Philip Smallwood, Oxford: Clarendon Press, 2005.

二、柯林武德生前未刊手稿

17. "Lectures on the Philosophy of History", 1926.

18. "The Idea of a Philosophy of Something and, in Particular, a Philosophy of History", 1927.

19. "Outlines of Philosophy of History", 1928.

20. "History as the Understanding of the Present", 1933.

21. "Notes towards a Metaphysic", 1934 – 5.

22. "Conclusions to Lectures on Nature and Mind", 1934, 1935.

23. "Inaugural: Rough Notes", 1935.

24. "Reality as History", 1935.

25. "Can Historians be Impartial?", 1936.

26. "Notes on the History of Historiography and Philosophy of History", 1936.

27. "Note on Historiography", 1938 – 9.

28. "The Principles of History", 1939.

三、英文研究著作

29. Boucher, David, *The Social and Political Thought of R. G. Collingwood*, Cambridge: Cambridge University Press, 1989.

30. Boucher, David; Connelly, James; Modood, Tariq, *Philosophy, History and Civilization*: *Interdisciplinary Perspectives on R. G. Collingwood*,

Cardiff: University of Wales Press, 1995.

31. Boucher, David; Haddock, Bruce, *Collingwood Studies* (4), *Variations: Themes from the Manuscripts*, Cardiff: R. G. Collingwood Society, 1998.

32. Boucher, David; Haddock, Bruce, *Collingwood Studies* (6), *Idealist Context*, Cardiff: R. G. Collingwood Society, 1999.

33. Boucher, David; Haddock, Bruce; Vincent, Andrew, *Collingwood Studies* (7), *Identities and Differences*, Cardiff: R. G. Collingwood Society, 2000.

34. Boucher, David; Haddock, Bruce; Vincent, Andrew, *Collingwood Studies* (10), *W. G. Collingwood and R. G. Collingwood*, Cardiff: R. G. Collingwood Society, 2004.

35. Browning, Gary. K, *Rethinking R. G. Collingwood: Philosophy, Politics and the Unity of Theory and Practice*, London: Palgrave Macmillan, 2004.

36. D'Oro, Giuseppina, *Collingwood and the Metaphysics of Experience*, London and New York: Routledge, 2002.

37. Donagan, Alan, *The Later Philosophy of R. G. Collingwood*, Oxford: Clarendon Press, 1962.

38. Dray, William, *History as Re-enactment: R. G. Collingwood's Idea of History*, Oxford: Clarendon Press, 1995.

39. Gardiner, Patrick, *The Philosophy of History*, Oxford: Oxford University Press, 1974.

40. Helgeby, Stein, *Action as History: The Historical Thought of R. G. Collingwood*, Charlottesville: Imprint Academic, 2004.

41. Hughes-Warrington, Marnie, '*How Good an Historian Shall I Be?*' *R. G. Collingwood, the Historical Imagination and Education*, Charlottesville: Imprint Academic, 2003.

42. Inglis, Fred, *History Man: The Life of R. G. Collingwood*, New Jersey: Princeton University Press, 2009.

43. Krausz, Michael, *Critical Essays on the Philosophy of R. G. Collingwood*, Oxford: Clarendon Press, 1972.

44. Mink, Louis. O, *Mind, History, and Dialectic: The Philosophy of R. G. Collingwood*, Bloomington & London: Indiana University Press, 1969.

45. Parker, Christopher, *The English Idea of History from Coleridge to Collingwood*, Burlington: Ashgate, 2000.

46. Rotenstreich, Nathan, *Philosophy, History and Politics: Studies in Contemporary English Philosophy of History*, The Hague: Martinus Nijhoff, 1976.

47. Rubinoff, Lionel, *Collingwood and the Reform of Metaphysics: A Study in the Philosophy of Mind*, Toronto: University of Toronto Press, 1970.

48. Skagestad, Peter, *Making Sense of History, The Philosophies of Popper and Collingwood*, Oslo: Universitetsforlaget, 1975.

49. Strevens, Steve, *Keeping the Faith: Collingwood…the Pleasure, the Pain, the Whole Damned Thing*, Australia: Allen & Unwin, 2005.

50. Tomlin, E. W. F, *R. G. Collingwood*, London: Longmans, Green & Co. , 1953.

51. Van Der Dussen, W. J, *History as a Science: The Philosophy of R. G. Collingwood*, The Hague: Martinus Nijhoff Publishers, 1981.

四、英文参考著作

52. Ankersmit, F. R. , *Historical Representation*, Stanford: Stanford University Press, 2001.

53. Ankersmit, F. R. , *History and Tropology: The Rise and Fall of Metaphor*, Berkeley: University of California Press, 1994.

54. Ankersmit, F. R, *Narrative Logic: A Semantic Analysis of the Historian's Language*, The Hague: Martinus Nijhoff Publishers, 1983.

55. Bloch, Marc, *The Historian's Craft*, New York: Vintage Books, A Division of Random House, 1953.

56. Bradley, James, *Philosophy after F. H. Bradley*, Bristol: Thoemmes Press, 1996.

57. Breisach, Ernst, *Historiography: Ancient, Medieval & Modern*, Chicago: The University of Chicago Press, 1994.

58. Bulhof, Ilsen N. , *Wilhelm Dilthey, A Hermeneutic Approach to the Study of History and Culture*, The Hague: Martinus Nijhoff Publishers, 1980.

59. Carr, Edward Hallett, *What is History?*, New York: Vintage Books,

A Division of Random House, 1961.

60. Danto, Arthur C., *Narration and Knowledge*, New York: Columbia University Press, 2007.

61. Day, Mark, *The Philosophy of History: An Introduction*, London: Continuum, 2008.

62. Dray, William H, *Philosophy of History*, New Jersey: Prentice Hall, Englewood Cliffs, 1993.

63. Evans, Richard J., *In Defense of History*, New York & London: W. W. Norton & Company, 1999.

64. Fischer, David Hackett, *Historians' Falacies: Toward a Logic of Historical Thought*, New York: Harper & Row Publishers, 1970.

65. Gardiner, Patrick, *Theories of History*, New York: The Free Press, 1959.

66. Gardiner, Patrick, *The Nature of Historical Explanation*, Oxford: Oxford University Press, 1961.

67. Gilderhus, Mark T., *History and Historians: A Historiographical Introduction*, New Jersey: Prentice Hall, 2003.

68. Jenkins, Keith, *Re-thinking History*, London & New York: Routledge Classics, 2003.

69. McCullagh, C. Behan, *Justifying Historical Description*, Cambridge: Cambridge University Press, 1984.

70. Macfie, Alexander Lyon ed., *The Philosophy of History: Talks Given at the Institute of Historical Research, London, 2000–2006*, New York: Palgrave Macmillan, 2006.

71. Marwick, Arthur, *The New Nature of History: Knowledge, Evidence, Language*, Hampshire: Palgrave, 2001.

72. Munslow, Alun, *Narrative and History*, New York: Palgrave Macmillan, 2007.

73. Munslow, Alun, *Deconstructing History*, London & New York: Routledge, 1997.

74. Oakeshott, Michael, *What is History?*, Edited by Luke O'Sullivan, Charlottesville: Imprint Academic, 2004.

75. Roberts, Geoffrey ed. , *The History and Narrative Reader*, London & New York: Routledge, 2001.

76. Tucker, Aviezer, *Our Knowledge of the Past: A Philosophy of Historiography*, Cambridge: Cambridge University Press, 2004.

77. Vincent, John, *History*, New York: Continuum, 2005.

78. Walsh, W. H, *Philosophy of History: An Introduction*, New York & Evanston: Harper & Row Publishers, 1960.

79. White, Hayden, *Tropics of Discourse: Essays in Cultural Criticism*, Baltimore & London: The Johns Hopkins University Press, 1978.

80. White, Morton, *Foundations of Historical Knowledge*, New York & London: Harper & Row Publishers, 1965.

五、英文研究论文

81. Ankersmit, F. R, "The Dilemma of Contemporary Anglo-Saxon Philosophy of History", *History and Theory*, Vol. 25, No. 4, (Dec. , 1986).

82. Bain, Robert; Mirel, Jeffrey, "Re-Enacting the Past: Using R. G. Collingwood at the Secondary Level", *The History Teacher*, Vol. 15, No. 3. (May, 1982).

83. Bates, David, "Rediscovering Collingwood's Spiritual History (In and Out of Context)", *History and Theory*, Vol. 35, No. 1. (Feb. , 1996).

84. Boucher, David, "Human Conduct, History and Social Science in the works of R. G. Collingwood and Michael Oakeshott", *New Literary History*, Vol. 24 (1993).

85. Boucher, David, "The Significance of R. G. Collingwood's *Principles of History*", *Journal of the History of Ideas*, April 1997 Vol. 58. No. 2.

86. Boucher, David, *The Social and Political Thought of R. G. Collingwood*, Cambridge: Cambridge University Press, 1989.

87. Burns, Robert M, "Collingwood, Bradley, and Historical Knowledge", *History and Theory* 45 (May 2006).

88. Coady, C. A. J, "Collingwood and Historical Testimony", *Philosophy*, Vol. 50, No. 194. (Oct. , 1975).

89. Cohen, Jonathan L, "Has Collingwood been Misinterpreted?", *The*

Philosophical Quarterly, Vol. 7, No. 27. (Apr., 1957).

90. Connelly, James, "Was R. G. Collingwood the Author of 'The Theory of History'?", *History and Theory*, Vol. 29, No. 4, Beiheft 29: Reassessing Collingwood. (Dec., 1990).

91. Deininger, Whitaker T, "Some Reflections on Epistemology and Historical Inquiry", *The Journal of Philosophy*, Vol. 53, No. 14. (Jul. 5, 1956).

92. DeVries, Willem A, "Meaning and Interpretation in History", *History and Theory*, Vol. 22, No. 3. (Oct., 1983).

93. Donagan, Alan, *The Later Philosophy of R. G. Collingwood*, Oxford: Clarendon Press, 1962.

94. D'Oro, Giuseppina, "Re-enactment and radical interpretation", *History and Theory* 43 (May 2004).

95. Dray, William H, "R. G. Collingwood on Reflective Thought", *The Journal of Philosophy*, Vol. 57, No. 5. (Mar. 3, 1960).

96. Dray, William H, "Re-enactment: A Study in R. G. Collingwood's Philosophy of History", *The American Historical Review*, Vol. 91, No. 4. (Oct., 1986).

97. Dray, William H, *History as Re-enactment: R. G. Collingwood's Idea of History*, Oxford: Clarendon Press, 1995.

98. Ducasse, C. J, "Mr. Collingwood on Philosophical Method", *The Journal of Philosophy*, Vol. 33, No. 4. (Feb. 13, 1936).

99. Gilliam, Harriet, "The Dialectics of Realism and Idealism in Modern Historiographic Theory", *History and Theory*, Vol. 15, No. 3. (Oct., 1976).

100. Goldstein, Leon J, "Collingwood's Theory of Historical Knowing", *History and Theory*, Vol. 9, No. 1. (1970).

101. Goldstein, Leon J, "Dray on Re-enactment and Constructionism", *History and Theory* Vol. 37, No. 3 (Oct., 1998).

102. Harris, Errol E, "Collingwood's Theory of History", *The Philosophical Quarterly*, Vol. 7, No. 26. (Jan., 1957).

103. Hearnshaw, L. S, "A Reply to Professor Collingwood's Attack on

Psychology", *Mind*, *New Series*, Vol. 51, No. 202. (Apr., 1942).

104. Kissell, Michael A, "Progressive Traditionalism as the Spirit of Collingwood's Philosophy", *History and Theory*, Vol. 29, No. 4, Beiheft. 29: Reassessing Collingwood. (Dec., 1990).

105. Leyden, Wolfgang von, "Categories of Historical Understanding", *History and Theory*, Vol. 23, No. 1. (Feb., 1984).

106. Mink, Louis O, "Collingwood's Dialectic of History", *History and Theory*, Vol. 7, No. 1. (1968).

107. Mink, Louis O, "Collingwood's Historicism: A Dialectic of Process", in Krausz Michael, Ed., *Critical essays on the Philosophy of R. G. Collingwood.* Oxford: Clarendon Press, 1972.

108. Munslow, Alan, "Objectivity and the Writing of History", *History of European Ideas* 28 (2002).

109. Mure, G. R. G, "Benedetto Croce and Oxford", *The Philosophical Quarterly*, Vol. 4, No. 17. (Oct., 1954).

110. Nielsen, Margit Hurup, "Re-Enactment and Reconstruction in Collingwood's Philosophy of History", *History and Theory*, Vol. 20, No. 1. (Feb., 1981).

111. Parker, Christopher, "English Historians and the Opposition to Positivism", *History and Theory*, Vol. 22, No. 2, (May, 1983).

112. Parkinson, G. H. R, "From Descartes to Collingwood: Recent Work on the History of Philosophy", *Philosophy*, Vol. 50, No. 192. (Apr., 1975).

113. Patrick, James, "Is 'The Theory of History' (1914) Collingwood's First Essay on the Philosophy of History?", *History and Theory*, Vol. 29, No. 4, Beiheft 29: Reassessing Collingwood. (Dec., 1990).

114. Passmore, John, "Evidence for the Past", *History and Theory*, Vol. 38, No. 1 (Feb., 1999).

115. Rotenstreich, Nathan, "From Facts to Thoughts: Collingwood's Views on the Nature of History", *Philosophy*, Vol. 35, No. 133. (Apr., 1960).

116. Salas, Charles G, "Collingwood's Historical Principles at work",

History and Theory, Vol. 26, No. 1. (Feb., 1987).

117. Stueber, Karsten R, "The Psychological Basis of Historical Explanation: Reenactment, Simulation, and the Fusion of Horizons", *History and Theory* 41 (February 2002).

118. Van Der Dussen, W. J, "Collingwood and the Idea of Progress", *History and Theory*, Vol. 29, No. 4, Beiheft29: Reassessing Collingwood. (Dec., 1990).

119. Van Der Dussen, W. J, "Collingwood's 'Lost' Manuscript of *The Principles of History*", *History and Theory*, 36 (1997).

120. Van Der Dussen, W. J, "Collingwood's Unpublished Manuscripts", *History and Theory*, Vol. 18, No. 3. (Oct., 1979).

121. Van Der Dussen, W. J, *History as a Science: The Philosophy of R. G. Collingwood*, The Hague: Martinus Nijhoff Publishers, 1981.

122. Walsh, W. H, "R. G. Collingwood's Philosophy of History", *Philosophy*, Vol. 22, No. 82. (Jul., 1947).

123. Wilkins, Burleigh Taylor, "Collingwood Reconsidered", *The British Journal for the Philosophical of Science*, Vol. 15, No. 57. (May, 1964).

六、中文译著

124. 〔德〕约恩·吕森:《历史思考的新途径》,綦甲福、来炯译,上海,上海人民出版社,2005年。

125. 〔德〕德罗伊森:《历史知识理论》,耶尔恩·吕森、胡昌智编选,胡昌智译,北京,北京大学出版社,2006年。

126. 〔法〕马克·布洛赫:《为历史学辩护》,张和声、程郁译,北京,中国人民大学出版社,2006年。

127. 〔芬〕凯瑞·帕罗内:《昆廷·斯金纳思想研究——历史·政治·修辞》,李宏图、胡传译,上海,华东师范大学出版社,2005年。

128. 〔美〕伊格尔斯:《二十世纪的历史学——从科学的客观性到后现代性的挑战》,何兆武译,沈阳,辽宁教育出版社,2003年。

129. 〔荷兰〕F. R. 安克斯密特:《历史表现》,周建漳译,北京,北京大学出版社,2011年。

130. 〔美〕伊格尔斯：《德国的历史观》，彭刚、顾杭译，南京，译林出版社，2006年。

131. 〔挪〕G. 希尔贝克、N. 伊耶：《西方哲学史——从古希腊到二十世纪》，董世骏、郁振华、刘进译，上海，上海译文出版社，2004年。

132. 〔意〕贝奈戴托·克罗齐：《历史学的理论和实际》，傅任敢译，北京，商务印书馆，2009年。

133. 〔意〕贝奈戴托·克罗齐：《作为思想和行动的历史》，田时纲译，北京，中国社会科学出版社，2005年。

134. 〔英〕F. H. 布莱德雷：《批判历史学的前提假设》，何兆武、张丽艳译，北京，北京大学出版社，2007年。

135. 〔英〕杰弗里·巴勒克拉夫：《当代史学主要趋势》，杨豫译，上海，上海译文出版社，1987年。

136. 〔英〕柯林武德：《历史的观念》，何兆武、张文杰译，北京，商务印书馆，1997年。

137. 〔英〕柯林武德：《历史的观念（增补版）》，扬·冯·德·杜森编，何兆武、张文杰、陈新译，北京，北京大学出版社，2010年。

138. 〔英〕柯林武德：《精神镜像或知识地图》，赵志义、朱宁嘉译，桂林，广西师范大学出版社，2006年。

139. 〔英〕柯林武德：《自传》，陈静译，北京，北京大学出版社，2005年。

140. 〔英〕乔治·皮博迪·古奇：《十九世纪历史学与历史学家》，耿淡如译，卢继祖、高健校，谭英华校注，北京，商务印书馆，1997年。

141. 〔英〕沃尔什：《历史哲学导论》，何兆武、张文杰译，北京，北京大学出版社，2008年。

七、中文著作

142. 陈启能主编：《二战后欧美史学的新发展》，济南，山东大学出版社，2005年。

143. 陈新：《西方历史叙述学》，北京，社会科学文献出版社，2005年。

144. 陈新：《历史认识：从现代到后现代》，北京，北京大学出版社，2010 年。

145. 韩震、董立河：《历史学研究的语言学转向——西方后现代历史哲学研究》，北京，北京师范大学出版社，2008 年。

146. 韩震：《西方历史哲学导论》，济南，山东人民出版社，1992 年。

147. 韩震、孟鸣岐：《历史·理解·意义——历史诠释学》，上海，上海译文出版社，2002 年。

148. 何兆武、陈启能 主编：《当代西方史学理论》，上海，上海社会科学院出版社，2003 年。

149. 李杰：《历史观念——实践历史哲学的建构》，北京，人民出版社，2013 年。

150. 姜芃主编：《世纪之交的西方史学》，北京，社会科学文献出版社，2012 年。

151. 彭刚：《精神、自由与历史——克罗齐历史哲学研究》，北京，清华大学出版社，1999 年。

152. 彭刚：《叙事的转向——当代西方史学理论的考察》，北京，北京大学出版社，2009 年。

153. 王晴佳：《西方的历史观念——从古希腊到现代》，上海，华东师范大学出版社，2002 年。

154. 王晴佳、古伟瀛：《后现代与历史学：中西比较》，济南，山东大学出版社，2006 年。

155. 于沛：《20 世纪的西方史学》，武汉，武汉大学出版社，2009 年。

156. 朱本源：《历史学理论与方法》，北京，人民出版社，2007 年。

八、中文论文

157. 陈宇光：《柯林武德历史哲学研究透视》，《国际关系学院学报》2006 年第 6 期。

158. 董淮平：《章学诚与柯林武德史学思想比较散论》，《四川大学学报》（哲学社会科学版）1992 年第 1 期。

159. 何兆武：《从思辨的到分析的历史哲学》，《世界历史》1986 年第 1 期。

160. 何兆武：《评柯林武德的史学理论》，《〈历史的观念〉译序》，北京：商务印书馆 1997 年。

161. 胡辉华：《柯林武德对历史哲学发展的贡献》，《江西社会科学》1991 年第 6 期。

162. 贾鹤鹏：《柯林武德进步思想研究》，《史学理论研究》2003 年第 2 期。

163. 罗冬阳：《柯林武德历史哲学思想发展简论》，《学习与探索》1989 年第 3 期。

164. 田晓文：《"批判的历史哲学"的批判》，《历史研究》1990 年第 3 期。

165. 田晓文：《当代西方人本主义历史哲学》，《历史研究》1991 年第 1 期。

166. 王晴佳：《思想之树常青——评柯林武德的〈历史的观念〉》，《读书》1987 年第 2 期。

167. 王正：《柯林武德历史哲学思想分析与评价综述》，《史学理论研究》1992 年第 2 期。

168. 于沛：《历史认识：主体意识和主体的创造性》，《历史研究》2003 年第 1 期。

169. 于沛：《关于历史认识的价值判断》，《历史研究》，2008 年第 1 期。

170. 袁吉富：《对"一切历史都是思想史"观点的反思》，《北京大学学报》（哲学社会科学版）1995 年第 2 期。

171. 张文杰：《"历史会重演论"新说》，《史学月刊》2006 年第 4 期。

172. 张艳国、黄长义：《评"一切历史都是思想史"》，《学习与探索》1991 年第 6 期。

173. 张志刚：《论克罗齐和柯林武德的历史观念》，《社会科学家》1989 年第 3 期。

后　记

　　这份书稿完成时，距我2009年博士毕业已经有五年时间了。工作之后，为了保证读书时间，我逐渐改变原来规律的作息，白天完成相应工作后就抓紧时间休息，利用晚上时间读书、写作。为了尽可能高质量地完成科研任务，为了可能只有自己在意的我个人的学术声誉，为了这份书稿中凝结的个人经历，我无论怎样努力都责无旁贷。我的每一点成长都离不开以下诸位师友的关怀与帮助。

　　我的博士导师于沛教授，在我工作后一直关心我的生活状况。这让我心里感到温暖。我始终谨记于老师在教导我们时反复强调的事情。首先，为学先为人。要把学问做好，必须首先把人做好。做事要踏实、认真，待人诚恳，经常换位思考。其次，要有时代使命感。一位历史学者应该关注他或她所处的社会，努力对一些时代问题作出自己的解答。历史学研究有自己的历史与现实，历史学者只有认真地将这种学术的历史与学术的现实结合起来，才有可能认清社会的历史与社会的现实。再次，学术研究的民族立场与开放胸怀。坚持学术研究的民族立场，是为了在国际交流中保持民族话语权，以及在重大历史和现实问题上的发言权。同时，对其他国家有价值的学术理论与研究方法，要保持开放心态，积极地学习和借鉴。

　　东北师范大学周巩固教授是我的硕士导师，也是我人生中重要的心灵坐标。每当我因自己所属社会交往中人情冷漠、亲情疏离而倍感苦恼时，我总会想起周老师对我的肯定和帮助。

　　我的本科老师、现在的同事张晓校教授是我的好朋友，也是我非常崇敬的学者。每当我在读书、研究乃至生活中遇到困惑时，都毫不犹豫地向张老师请教，他总是干脆、利落地化解我的疑惑。他率真的性格、广博的学识和一直坚持努力的品格，是我学习的榜样。

国家社科基金项目匿名评审专家对我的书稿提出了很多建设性意见。在修改书稿过程中，我认真吸取了各位专家的建议。如果将这一过程比作一个问答过程的话，我希望通过自己的努力尽可能给各位专家当时提出的问题一个满意的回答。我在此也真诚地向他们表达我的谢意。

我还要感谢东北师范大学历史文化学院王邵励教授、北京师范大学历史学院贾珺副教授、中国社会科学院世界历史所张炜博士。为人稳重、学问扎实、工作高效，是他们给我留下的印象。希望我们的友谊长存。

本书研究还得到霍英东教育基金会第十四届青年教师基金基础性研究课题（141102）与黑龙江省哲学社会科学规划项目（12D075）资助。特此感谢。

图书在版编目(CIP)数据

柯林武德史学理论研究 / 张作成著.
—北京:中央编译出版社,2015.6
ISBN 978-7-5117-2644-5

Ⅰ. ①柯…
Ⅱ. ①张…
Ⅲ. ①柯林武德,R. G. (1889~1943) –历史哲学–研究
Ⅳ. ①B561.59

中国版本图书馆CIP数据核字(2015)第090742号

柯林武德史学理论研究

出 版 人:刘明清
出版统筹:董　巍
责任编辑:曲建文
责任印制:尹　珺
出版发行:中央编译出版社
地　　址:北京西城区车公庄大街乙5号鸿儒大厦B座(100044)
电　　话:(010)52612345(总编室)　　(010)52612370(编辑室)
　　　　　(010)52612316(发行部)　　(010)52612317(网络销售)
　　　　　(010)52612346(馆配部)　　(010)55626985(读者服务部)
传　　真:(010)66515838
经　　销:全国新华书店
印　　刷:北京金瀑印刷有限责任公司
开　　本:787毫米×1092毫米　1/16
字　　数:318千字
印　　张:17.25
版　　次:2015年6月第1版第1次印刷
定　　价:56.00元

网　　址:www.cctphome.com　　邮　　箱:cctp@cctphome.com
新浪微博:@中央编译出版社　　微　　信:中央编译出版社(ID: cctphome)
淘宝店铺:中央编译出版社直销店(http://shop108367160.taobao.com)
　　　　　(010)52612349

本社常年法律顾问:北京市吴栾赵阎律师事务所律师　闫军　梁勤
凡有印装质量问题,本社负责调换,电话:(010)55626985